Wilhelm Gottlieb Tennemann

System der platonischen Philosophie

Wilhelm Gottlieb Tennemann

System der platonischen Philosophie

ISBN/EAN: 9783741168956

Hergestellt in Europa, USA, Kanada, Australien, Japan

Cover: Foto ©Klaus-Uwe Gerhardt /pixelio.de

Manufactured and distributed by brebook publishing software (www.brebook.com)

Wilhelm Gottlieb Tennemann

System der platonischen Philosophie

System

der

Platonischen Philosophie

von

M. Wilhelm Gottlieb Tennemann

Erster Band

Einleitung

Leipzig
bei Johann Ambrosius Barth
1792

Vorrede.

Nachdem der menschliche Verstand lange Zeit mit rastlosem Streben sich emporgearbeitet hatte, um die Wolken der Unwissenheit, die ihn drükten, zu lüften, den engen Gesichtskreis zu erweitern, und sich ein Gebiet der freien Wirksamkeit zu verschaffen, so brach endlich, wie es schien, durch die Bemühungen eines Plato der helle Tag für die Philosophie an, welcher den Nebel, der bisher noch den freien Blick des Geistes gehindert hatte, völlig zerstreuete. Dieser große Mann bestimmte zuerst den Begrif, den Umfang, Gegenstand und Methode der Philosophie, und führte nach diesen Ideen und Grundsätzen ein Gebäude auf, welches sich durch seinen mehr befassenden Umfang, seinen eigenthümlichen Gang, durch größere Klarheit und Deutlichkeit von allen vorhergehenden Versuchen der räsonnirenden Vernunft auszeichnete; ein System, welches nichts geringeres als ein Versuch war, die Erkenntniß der Dinge an sich und die Regeln der freien Handlungen aus Principien a priori herzuleiten; ein System, welches der Vernunft ein eignes Gebiet eröfnete, worin sie ganz unabhängig und gesetzgebend sein sollte. Mit dieser Philosophie fängt daher auch billig eine neue Epoche für die Geschichte der Philosophie an.

Sie war das Resultat von den vereinigten Arbeiten vieler Denker, welche die Vernunft zu dem Grade der Kultur entwickelt und vorbereitet hatten, aus dem sie als natürliche Folge entsprang. Allein ob sie gleich das erste mit Ueberlegung angelegte System war, ob sie sich gleich ihr Feld vorgezeichnet, ihre Aufgaben in bestimmten Ausdrücken vorgeleget, den Ursprung und die Quelle ihrer Principien entdekt hatte: so konnte sie doch die Probleme nicht befriedigend auflösen, so lange es an einer Wissenschaft fehlte, welche die Principien vollständig auffuchte und ihren Gebrauch bestimmte; eine Wissenschaft, welche mehr Kultur und Anstrengung der Vernunft voraussezt, als alle dogmatische Systeme zusammen genommen. So lange die Principien nicht bis zur äußersten Grenze alles Denkens verfolgt, und die Begriffe, die sie voraussetzen, nicht bis zu ihren lezten Merkmalen entwickelt worden sind, so lange bleiben sie auch selbst unbestimmt und schwankend, und können der forschenden Vernunft keine volle Befriedigung gewähren. Dieser lezten Bedingung alles philosophischen Wissens entbehrte die Platonische Philosophie, so wie jede andere, die vor der Kritik entstanden ist. Daher war sie auch nicht im Stande, Einverständniß der denkenden Köpfe über die ersten Grundsäze und Grundwahrheiten hervorzubringen, oder zu verhindern, daß nicht beinahe zu gleicher Zeit mit ihr verschiedene neue Lehrgebäude aufkamen, welche mit ihr und unter einander im Streite lagen.

Ungeachtet dieses Mangels, welcher eine natürliche Folge von dem Grade der Aufklärung der Ver-

Vernunft war, stimmen doch die größten Denker aller Zeiten darin überein, daß das philosophische System, welches aus dem Geiste des Plato hervorgequollen war, ein grosses und seines Urhebers würdiges Unternehmen war, die wichtigsten Angelegenheiten der Menschheit, so viel als er vermogte, auf sichere Gründe der Vernunft zu stützen. Die kritische Philosophie hat freilich die Mängel und Fehler dieser Philosophie aufgedekt, und ihren Entstehungsgrund zur Befriedigung gezeigt; aber sie hat auch auf der andern Seite einen sichern Maaßstab und Gesichtspunkt angegeben, aus welchem der Werth und das Interesse der Platonischen Philosophie beurtheilet werden muß. Aus ihr erhellet die Wahrheit, daß jedes System der Philosophie vor ihr etwas Wahres enthält, welches aber auf einem einseitigen Gesichtspunkte beruhet, und daher mit etwas Falschen vermischt ist. Dieses Wahre und Falsche von einander zu scheiden, ist eine von den vielen Vortheilen, welche die vollständige Untersuchung des Vernunftvermögens gewähret. Man kann also annehmen, daß, je mehr Wahres ein System enthält, desto mehr muß es sich der kritischen Philosophie nähern, und in umgekehrten Verhältniß, je mehr es sich der kritischen Philosophie nähert, desto wahrer muß es sein. Und dieses Verhältniß findet sich bei der Platonischen Philosophie. In dem Platonischen System wird Sittlichkeit über alles geschäzt, und der vorzüglichste Zweck der Philosophie in der Aufsuchung der Principe derselben gesezt; sie fing zuerst an, diese Principe in dem Vermögen der Vernunft aufzusuchen; sie entdekte zuerst das Bedürfniß reiner Principien für das Erkennen und Handeln; und enthlet die erste Idee einer solchen Wissenschaft. Ueberhaupt kann man sagen, daß sich die Platonische Philosophie zu den vorhergehenden Systemen verhielt, wie die kritische zu allen dogmatischen Philosophien. Jene enthielt eine Censur, diese eine Kritik der Vernunft. Durch diese Aehnlichkeit und dieses Verhältniß zur kritischen Philosophie muß sie nothwendig die Aufmerksamkeit und das Interesse jedes denkenden Kopfes auf sich ziehen, welches sie schon als ein vorzügliches Geistesprodukt verdienet.

Doch nicht allein an sich betrachtet, sondern auch wegen ihres großen und ausgebreiteten Einflusses ist diese Philosophie der Aufmerksamkeit werth. Aus ihr entstand die akademische und die peripatetische Philosophie, die gründlichste in den alten Zeiten. Das wurde sie aber nur durch die systematischere Aufstellung der logischen Gesetze, wozu die erste Veranlassung in der Platonischen Philosophie lieget. Aristoteles verfolgte die Entdeckungen seines Lehrers, verband damit seine eignen, und ordnete sie zu einem systematischen Ganzen. Der Einfluß der Platonischen Philosophie auf die Aristotelische kann aber nicht bestimmt angegeben werden, ehe wir eine vollständige Bearbeitung der erstern haben werden. Es wird sich vielleicht auch alsdann zeigen, daß die Entstehung und die Beschaffenheit der übrigen griechischen Systeme zum Theil durch die Platonische Philosophie ist bestimmt worden.

Die Platonische, Peripatetische, Stoische, und Epicuräische Philosophie wurden lange Zeit als die einzi-

einzigen möglichen Systeme der Vernunft angesehen, und die meisten Gelehrten und Staatsleute unter den Griechen und Römern bekannten sich zu einem von den vieren. Daher hat auch die Platonische Philosophie immer einen beträchtlichen Einfluß auf die Bildung einzelner Männer, und auf die Angelegenheiten des Staates gehabt. Als durch mancherlei ungünstige Umstände der innere Trieb der Geistes, kultur geschwächt worden war, und Vielwissen oder Gelehrsamkeit mehr geschäzt wurde, als Selbstdenken und Selbstforschen, so entstand die eklektische Philosophie, welche die verschiedenen Systeme zu vereinigen suchte, ohne in den Geist ihrer Urheber einzudringen. Vorzüglich arbeitete man daran, die Platonische Philosophie mit der Pythagoräischen und der Peripatetischen zusammen zu schmelzen. Auf der andern Seite fehlte es nicht an Männern, welche die eine oder die andere von den vier Hauptparthien allen übrigen vorzogen, und glaubten, nur auf ihrer Seite sei Vernunft und Wahrheit. Das vergebliche Bemühen, das eine System gegen alle übrigen geltend zu machen, oder sie alle zusammen zu mischen, beschäftigte eine lange Zeit die meisten Köpfe, die ohne einen fremden Führer nicht denken konnten. Zur Erweiterung des Reichs der Wahrheit und Beförderung der Kultur des Geistes ist dadurch freilich nichts gewonnen worden.

Die Peripatetische und Platonische Philosophieschulen endlich eine gewisse Ueberlegenheit über die andern Parthien zu erlangen. Beide bekamen mehr Anhänger und einen stärkern Einfluß auf die Angelegenheiten der Menschheit, welche aber sehr unglücksliche Folgen hervorbrachte. — Schwärmer erwählten den Plato zu ihrem Führer, und brauchten seine Philosophie als ein Mittel, die überschwenglichen Träumereien ihrer Phantasie in ein System zu bringen. Es entstand die neue Platonische Philosophie, welche, an statt die Beherrschung der Sinnlichkeit durch Vernunft als die Bestimmung der Menschen zu lehren, die Sinnlichkeit ganz auszurotten strebte, während sie sich gänzlich dem Spiel der Phantasie überließ, und, anstatt die Ausbildung des Geistes zu befördern, den unsinnigsten Aberglauben in Schutz nahm. Es war eigentlich keine Platonische Philosophie, sondern vielmehr eine Ausartung derselben, und überhaupt nicht sowohl Philosophie, als vielmehr das Widerspiel von aller gesunden Philosophie. Mit den Kirchenvätern, welche die Philosophie des Plato mit dem Christenthum vereinigten, bekam diese ausgeartete Denkungsart größere Ausbreitung, und sie erzeugte endlich den Mönchsgeist, welcher so lange Zeit eine Geisel des menschlichen Geschlechts gewesen ist. Durch das ausgeartete Christenthum bekam also die Platonische Philosophie den größten Wirkungskreis; aber sie wurde auch selbst dadurch verfälscht, und ihres eigenthümlichen Geistes beraubt. — Bis an die Zeiten der Reformation erklärten sich die Religionslehrer, welche zur Schwärmerei geneigt waren, für den Plato, und diejenigen, welche mehr Hang zur kalten Spekulation hatten, für den Aristoteles: mit Hülfe beider Männer erzeugten jene den Mysticismus, diese den Dogmatismus der Theologie.

Die Platonische Philosophie hat auch auf manche der vorzüglichsten Köpfe Einfluß gehabt. Ich darf hier nur mit den großen Leibnitz nennen, der sie sehr schätzte, und in einigen Punkten sogar mit dem Plato auf dem nehmlichen Wege zusammentrifft ¹).

Eine Philosophie, welche schon an sich eine merkwürdige Erscheinung ist, und einen so beträchtlichen Einfluß durch eine so lange Reihe von Jahren gehabt hat, und für die Kultur des menschlichen Geschlechts so nachtheilig geworden ist, verdienet eine besondere Aufmerksamkeit der Geschichtsforscher. Nur nach einer gründlichen Darstellung derselben in ihrem Zusammenhange und nach ihrem eigenthümlichen Geiste, läßt sich die Frage entscheiden, ob und in wiefern sie die Ursache von den vielen schädlichen Folgen gewesen sei, oder wie sie es habe werden können. Daher bekommt die Bearbeitung derselben durch den zweifachen Gesichtspunkt ein unläugbares Interesse sowohl für die Geschichte der Philosophie, als für die Geschichte der Menschheit.

Die Bearbeitung dieser Philosophie war immer ein vorzüglicher Gegenstand für die gelehrten Geschichtsforscher, wie die große Anzahl von Schriften beweiset, welche sie veranlasset hat; und unter ihnen zeichnen sich einige Schriftsteller durch ihre Talente und philosophischen Geist aus. Aber bemohngeachtet fehlet es uns sowohl an einer vollständigen und gründlichen Darstellung als an einer vollständigen Geschichte der Platonischen Philosophie. Damit ich mir

1) Leibnitz in einem Briefe, welcher vor M. Gottl. Hanschii Diatriba de Enthusiasmo Platonico vorgedruckt ist.

mir nicht den Vorwurf zuziehe, als verkennte ich die großen Verdienste derjenigen Männer, welche die Resultate ihres Nachdenkens über den Plato der Welt bekannt gemacht haben, so muß ich mich über den Werth der vorzüglichen Werke dieser Art näher erklären.

Ein eignes Werk über das System und die Geschichte der Philosophie des Plato ist, so viel ich weiß, noch nicht vorhanden. Hansch hatte sich zwar entschlossen, diese Arbeit zu übernehmen, wozu ihn Leibniz aufmunterte; aber es ist nichts davon erschienen *). Die Werke, welche den ganzen Umfang der Geschichte der Philosophie befassen, sind daher bis jetzt die einzige Quelle gewesen, woraus man Bekanntschaft mit dem vollständigen Inhalte seiner Philosophie machen konnte. Unter diesen nimmt die Bruckerische kritische Geschichte in Ansehung des Umfangs den ersten, in Ansehung aber der Zuverläßigkeit und des unkritischen Geistes den lezten Rang ein. Es ist freilich bis jezt ein unentbehrliches Werk, weil der Verfasser mit unerschöpflicher Gedult eine solche Menge von Materialien zusammengetragen hat, als man noch in keinem einzelnen Buche zusammen findet. Allein eben wegen der außerordentlichen Reichhaltigkeit der Sachen war es nicht leicht möglich, die philosophischen Fakta selbst immer aus den Quellen zu schöpfen, sie zu verarbeiten, und in ein zusammenhängendes System zu ordnen, wenn auch der Verfasser mit mehr philosophischen Geiste ausgerüstet gewesen wäre. Man findet daher nur Fakta,

die

*) In der Vorrede zu der angeführten Abhandlung.

die noch sehr oft sowohl der Berichtigung durch die Kritik, als der Aufklärung durch die Philosophie bedürfen; aber man vermißt fast durchgängig die Zusammenstellung derselben unter Grundsätze, woburch der allgemeine Ueberblick befördert werde. In der Geschichte der Platonischen Philosophie hat Brucker zwar die Sätze derselben unter verschiedene Fächer georbnet; allein diese Abtheilung kann nur dazu dienen, um die Materialien, welche zusammen gehören, zusammen zu stellen, und den Zusammenhang des Systems leichter zu verfolgen; sie ist die Ordnung und Verbindung nicht selbst. Man darf diese Bearbeitung aus keinem andern Gesichtspunkte betrachten, als daß sie nur eine Sammlung derjenigen Sätze ist, und nach der Methode des Verfassers sein konnte, welche den Inhalt der Platonischen Philosophie ausmachen. Ihr Verdienst kann nur darin bestehen, daß sie diese Fakta vollständig, rein, und in leichter Uebersicht zusammengestellt hat. Wenn man nun die Bruckerische Geschichte der Platonischen Philosophie aus diesem Gesichtspunkte beurtheilet, so muß sie sehr viel von ihrem Werthe verlieren. Denn die Sammlung ist nicht vollständig. Es fehlen ihr oft die Hauptsätze, und eine große Menge der abgeleiteten Sätze. Z. B. die Eintheilung der Dinge, in veränderliche und unveränderliche, worauf der Begrif der Philosophie beruhet, der Begrif von Wissenschaft, der Unterschied zwischen dem reinen und dem mit der Sinnlichkeit verbundenem Verstande; so viele scharfsinnige Reflexionen über das Vorstellungsvermögen, werden gar nicht oder nur mit ein paar Worten berühret. Zweitens. Die Begriffe und Sätze werden

werden oft nicht in dem bestimmten Sinne, den ihnen Plato gab, dargestellet, es werden Bestimmungen weggelassen, oder hinzugesetzt. Z. B. das Denken sei gleichsam ein Selbstgespräch der Seele mit sich selbst, die Gottheit sei das höchste Gut. Brucker konnte schon aus dem Grunde keine reine Platonische Philosophie aufstellen, weil er nach den einzelnen Bruchstücken aus falschen durch die positive Theologie verrückten Gesichtspunkten über die Platonische Philosophie räsonniret, und die Lehrsätze nicht aus der reinen Quelle allein, sondern auch aus den ältern und neuern Kommentatoren geschöpfet hat. - Er macht zwar selbst einen Unterschied zwischen der reinen und der durch die Ausleger mannichfaltig verfälschten oder entstellten Philosophie des Plato. Der hilft ihm aber nichts, weil er die Räsonnemens der leztern von den Gedanken des Philosophen so lange nicht unterscheiden konnte, als die leztern noch nicht rein und vollständig gesammlet waren. Drittens, die Begriffe werden in den vom Plato gewählten Ausdrücken angegeben, aber ohne weitere Zergliederung oder Erläuterung ihres Inhalts. Diese Fehler betreffen die Darstellung der Platonischen Philosophie selbst. Als Geschichte derselben hat sie keinen geringern Fehler, als diesen, daß sie gar keine Rücksicht auf die Thatsachen nimmt, welche auf die Entstehung derselben Einfluß gehabt haben, z. B. von welchen Plato ausging, welche seinen Gesichtspunkt bestimmten.

So verdienstlich und schätzbar auch die Werke des Herrn Meiners in vielen Rücksichten sind, so haben sie doch eine neue Bearbeitung der Platonischen Philo-

Philosophie um so weniger entbehrlich gemacht, je weniger er in allen seinen Schriften das ganze System der Platonischen Gedanken in ihrem vollständigen Zusammenhange dargeleget hat. In seiner Geschichte vom Ursprung und Verfall der Wissenschaften beschäftiget er sich mehr mit dem Leben und Schriften dieses Philosophen, und hebet nur einige Behauptungen aus, welche ihm der Bemerkung vorzüglich werth schienen. — Um die Platonische Philosophie hat unstreitig Herr Tiedemann unter allen philosophischen Bearbeitern das größte Verdienst. Seine argumenta dialogorum sind ein sehr schätzbares Hülfsmittel zum Studium der Platonischen Schriften, und reichhaltig an trefflichen Aufklärungen über die Philosophie dieses Mannes. Die Darstellung des speculativen Theiles derselben in seinem Geist der speculativen Philosophie übertrift an Vollständigkeit, Verbindung, Deutlichkeit der Entwickelung, Eindringen in den Geist des Plato und philosophischer Beurtheilung, alles, was in diesem Felde bisher gethan worden ist. Allein es ist nur ein Theil des Ganzen, welchen der Verfasser nach dem Zweck und Plane seines Werkes nicht ganz ausführlich, sondern nur den Hauptsätzen nach entwickeln konnte.

Ich befürchte daher nicht, daß ich den Verdiensten dieser Geschichtschreiber der Philosophie, und dem Werthe ihrer Arbeiten zu nahe trete, oder die Hochachtung verletze, welche ich den Talenten und dem Ansehen eines Tiedemanns und eines Meiners schuldig bin, wenn ich behaupte, daß die Darstellung der Platonischen Philosophie in ihrem ganzen Umfange,

Umfange, und nach ihrem Zusammenhange keine
überflüssige Arbeit sei, und glaube nichts Unnützli-
ches zu thun, wenn ich mich derselben unterziehe,
woferne die Ausführung nicht meine Kräfte übersteiget.

Da ich hier den Anfang meiner Arbeit dem
Publikum vorlege, in welchem ich einige allgemeine
Betrachtungen über die Platonische Philosophie an-
gestellet habe, und wodurch ich mir den Weg zu seinem System öfnen zu müssen glaubte, so bin ich
schuldig, Rechenschaft von dem Plane abzulegen,
welchen ich mir zur Ausführung vorgelegt habe. Das
Werk soll alles dasjenige, was Plato über
irgend einen Gegenstand der Philosophie selbst gedacht hat, rein und vollständig enthalten. Die
Vollständigkeit erfodert, daß keine Behauptung,
die auf einem deutlich gedachten, oder dunkel geahndeten Grunde beruhet, kein Satz, der ein Resultat
seines Denkens war, er mag übrigens völlig entwickelt und bestimmt sein, oder nicht; kein Begrif,
den er philosophisch bearbeitete, oder unentwickelt zum
Behufe seines Räsonnemens brauchte; überhaupt
nichts vermißt werde, was zum Inhalte seiner Philosophie wesentlich gehöret. Alles dieses soll rein
gesammelt werden, d. h. nur das und so wie es aus
dem Geiste des Plato entsprungen ist, ohne fremden
Zusatz, ohne die Veränderungen, welche diese Philosophie in spätern Zeiten erfahren hat, auch sogar
ohne den Erläuterungen oder Erklärungen der spätern
Ausleger einen bestimmenden Einfluß einzuräumen.
Die auf diese Weise vollendete Sammlung alles
dessen, was zur Philosophie gehöret, würde aber

noch

noch nicht diese Philosophie selbst sein, sondern nur ein philosophischer Apparat. Die Materialien müssen geordnet werden, und zwar, so viel als nur möglich ist, auf diejenige Art, wodurch sie in ihrer Verbindung am wenigsten von dem eigenthümlichen Charakter verlieren, welchen sie von der Denkart des Philosophen erhalten haben. Dieses kann nur alsdann geschehen, wenn man den obersten Gesichtspunkt des Philosophen richtig gefaßt, und sein erstes Princip entdeckt hat. Hat man sich einmal desselben bemächtiget, so ist nicht allein der Schlüssel zu der ganzen Philosophie gefunden, sondern auch die Zusammenstellung und Anordnung zu einem Ganzen kann mit glücklicherm Erfolge geschehen. Dieses System kann alsdann aus einem zweifachen Gesichtspunkte beurtheilet werden: erstlich aus dem philosophischen, welcher den Werth desselben als System betrift; zweitens aus dem historischen, welcher die Entstehung und die Folgen desselben aus Faktis begreift. Dieses ist die Idee, welche ich mir von der vollständigen Bearbeitung der Platonischen Philosophie gebildet habe. Der Begrif aber, welcher dieser Arbeit zum Grunde lieget, ist von etwas beschränkterem Umfange. Mein Plan ging für das erste nur auf das System selbst, mit Ausschließung der historischen Betrachtungen. Wegen der Eigenthümlichkeiten aber der Quellen und des Vortrages dieser Philosophie sahe ich mich genöthiget, auch einen Theil von der Geschichte derselben in meinen Plan aufzunehmen. Man findet nehmlich, wie bekannt ist, in seinen Schriften keine vollständige und absichtliche Erklärung über den Zweck, über die Form und den

ersten

erſten Grundſatz ſeiner Philoſophie, ſondern nur einzelne Winke und Aeußerungen, die er bei Gelegenheit einſtreuet. Um alſo ſeinen Geſichtspunkt und Grundſatz, und den Begrif ſeiner Philoſophie zu finden, glaubte ich, müßt ich erſt unterſuchen, wie ſein Syſtem entſtanden ſei, d. h. durch welche Fakta und Umſtände ſeine Art zu philoſophieren äußerlich beſtimmt worden ſei. Durch die Verbindung dieſer Thatſachen mit den Bemerkungen, welche in ſeinen Schriften vorkommen, kann alles dasjenige, was die Einſicht in ſein Syſtem vorausſezt, mit mehr Klarheit und Zuverläſſigkeit abgehandelt werden. Seine Schriften aber ſchienen mir noch eine beſondere Betrachtung zu erfodern, in wie fern ſie als die einzig reine Quelle ſeiner Philoſophie ſollen gebraucht werden. Dieſes macht den Inhalt dieſes erſten Buches aus, als Einleitung zu den folgenden, die das Syſtem der Platoniſchen Philoſophie ſelbſt enthalten ſollen. Die Einleitung beſtehet aus drei Theilen. Der erſte enthält die Biographie des Philoſophen, oder vielmehr-Fragmente aus derſelben; der zweite, eine Betrachtung über ſeine Schriften als Quelle ſeiner Philoſophie; der dritte endlich eine allgemeine Unterſuchung über ſeine Philoſophie.

Die Biographie iſt eigentlich nur Skizze. Meine Abſicht war, die alle bekannten Schriftſteller, in welchen nur etwas von dem Leben des Plato zu erwarten war, noch einmal durchzuſehen, um wo möglich mehrere Nachrichten von demſelben aufzufinden, als bisher geſchehen war. Unterdeſſen habe ich doch durch alle dieſe Arbeit nur einige, im Ganzen aber vielleicht nicht unbeträchtliche Fakta erhalten können.

können. In seinen Schriften entdeckte ich auch einige bisher noch nicht benuzte Nachrichten und Winke, welche doch zum wenigsten dazu dienen konnten, einige Fakta in einigen begreiflichen Zusammenhang zu bringen. Da ich nur wirkliche Fakta in ihrer natürlichen Beziehung und Verbindung erzählen wollte, so ist es meine Schuld nicht, daß es nur eine Skizze und keine ausführliche Lebensbeschreibung geworden ist. Einige neuere Werke über das Leben des Plato, z. B. von Dacier, und dem ungenannten Schottländer, habe ich nicht gelesen, weil ich sie nicht haben konnte. Ich kann also nicht beurtheilen, in wie fern durch ihre Arbeiten die meinige ist entbehrlich gemacht worden. Unterdessen kenne ich doch von deutschen Werken keines, welches in gedrängter Kürze alles das enthielt, was ich hier zusammengetragen habe, und hoffe deswegen, daß diese Biographie auch ohne die bestimmte Beziehung, in welcher sie hier mit der Platonischen Philosophie, als meinem eigentlichen Zwecke stehet, nicht ganz ohne allen Werth sein soll. Ich muß hier noch etwas von den Schriftstellern sagen, welche Nachrichten von dem Leben des Plato geliefert haben, und jezt noch unmittelbar oder mittelbar Quellen für uns sind. Es ist zu bedauern, daß die meisten von diesen Schriften bis auf einige Fragmente verlohren gegangen sind, und daß wir nicht einmal von allen den Werth in Ansehung der historischen Treue bestimmen können.

Unter denen, deren Schriften verlohren gegangen sind, stehet Speusippus billig als der älteste oben an. Ob gleich die Schrift, so hieher gehöret, nur eine Lobrede auf den Plato war (περι δειπνου

b ober

oder εγκωμιον) so ist der Verlust derselben doch sehr zu beklagen, weil die Nachrichten von seinem Leben, welche in derselben vorkamen, desto schäzbarer waren, da sie von einem Zeitgenossen und Augenzeugen herrührten [3]). Diogenes führet noch eine Lobrede auf den Plato von dem Philosoph Klearchus an, der wahrscheinlich ein Schüler des Aristoteles war.

Hermodorus. Diogenes führet einiges aus ihm an, ohne das Buch zu nennen. Aber beim Simplicius (Commentar. in Aristotel. Physic. l. 1) führet es Dercyllides an unter dem Titel: περι Πλατωνος. Wahrscheinlich ist es eben derselbe, welcher die Dialogen des Plato in Sicilien bekannt machte, also ein Schüler und Zeitgenosse des Plato.

Aristoxenus, der bekannte Schüler des Aristoteles, schrieb über das Leben des Plato und anderer Philosophen. Wahrscheinlich waren diese Lebensbeschreibungen Theile seines Werkes περι ανδρων, welches Plutarch in der Abhandlung, daß man nach Epicurs Grundsäzen nicht angenehm leben könne, sehr rühmet. Unterdessen scheint er doch kein ganz zuverläßiger Schriftsteller gewesen zu sein, weil er die höchst unwahrscheinliche Sage verbreitete, daß Plato in drei Feldzügen gedienet habe.

Phavorinus unter dem Trajan. Er schrieb nach dem Zeugniß des Suidas περι Πλατωνος, auch περι της διαιτης των Φιλοσοφων und παντοδαπης υλης ιστορικης. Er wird zwar für einen zuverläßigen

3) Diogenes III, 2. IV, 5. Apulelus, S. 366.

gen Schriftsteller gehalten, aber vielleicht erstrekt sich dieses Lob nicht auf das letzt genannte Werk.

Zosimus, dessen Zeitalter ungewiß ist, schrieb nach dem Suidas das Leben des Plato.

Diogenes führet noch mehrere Schriftsteller an, welche βιος, also wahrscheinlich auch das Leben des Plato geschrieben haben, als Dicäarchus, Hermippus, Heraclides, Neanthes, Timotheus, Philon und Sotion; oder die Geschichte der Philosophen vorgetragen haben, als Alexander περι της των Φιλοσοφων διαδοχης; Anaxilides περι των Φιλοσοφων.

Unter den noch vorhandenen Quellen setze ich den Plutarch oben an. In dem Leben des Dion findet man ziemlich vollständige Nachrichten von Platos Aufenthalte in Sicilien, welche im Wesentlichen mit denen übereinstimmen, welche Plato selbst in seinen Briefen gegeben hat. Plutarch scheint mir in seinem biographischen Werke gründlich und mit historischer Kritik verfahren zu sein. In dem Leben des Dio führet er an einem Orte Schriftsteller an, welche in einer Sache von dem Bericht des Plato abweichen [4]). Man darf also erwarten, daß er die verschiedenen Schriftsteller geprüft und verglichen hat, und kann also seiner Erzählung sowohl als dem Plato selbst desto mehr Glaubwürdigkeit zutrauen.

Apulejus hat seiner Abhandlung über die Platonische Philosophie einige Nachrichten von seinen Lebensumständen vorgesetzt. Ungeachtet der Kürze hat

---

4) Plutarchus Dione, S. 966.

hat er doch einige Fakta, welche bei andern fehlen, und stellt sie zuweilen in besserer Ordnung auf. Die Quellen hat er zwar nicht angegeben, aber es scheint doch, als wenn er einige gute, z. B. Speusipps Lobrede benutzt habe. Da er und Diogenes in den meisten Punkten übereinstimmet, so ist es wahrscheinlich, daß sie aus einerlei Quellen geschöpft haben.

Diogenes von Laerte unter dem Alexander Severus oder noch etwas später, handelt in dem dritten Buche ganz allein vom Plato. Das Urtheil, welches die Kritiker über den Werth dieses Schriftstellers gefället haben, bestätiget sich vollkommen in Ansehung dieses Theiles. Er hat blos ausgeschrieben und zusammengetragen; die Fakta ohne Auswahl und Ordnung hingeworfen; die Quellen nicht allezeit angegeben, und den Leser über ihren Werth und Glaubwürdigkeit ganz in Ungewißheit gelassen. Wenn abweichende Berichte vorkommen, so werden sie ohne alle Kritik vorgetragen. Auch als bloße Kompilation betrachtet, hat seine Arbeit nicht einmal einen Werth von Seiten der Vollständigkeit. Es fehlet auch nicht an zweckwidrigen Abkürzungen und Verstümmelungen der Berichte, und an Widersprüchen. Bei allen diesen Fehlern ist es doch ein ganz unentbehrliches Buch, wegen der vielen Materialien, die wir sonst gar nicht finden würden.

Olympiodor setzte seinem Kommentar über den Alcibiades eine kurze Lebensbeschreibung vor, welche aber noch weit mehr Fehler als die des Diogenes hat. Weil er ein so junger Schriftsteller ist, seine Quellen nicht angegeben hat, und in der Erzählung einiger Umstände sich einer sehr großen Nachläßigkeit

keit schuldig macht, so kann man sich noch weit weniger auf ihn verlassen. Unterdessen kommen doch auch einige Fakta vor, welche man bei andern Schriftstellern vermisset.

Hesychius Illustris schrieb den Diogenes mit großer Nachlässigkeit aus, und verdienet daher wenig Aufmerksamkeit.

Herr Professor Heeren hat noch in dem fünften Stück der Bibliothek der alten Litteratur und Kunst S. 1 — 19, eine Lebensbeschreibung des Plato von einem unbekannten Verfasser aus einer Pergamentnen Handschrift vom Jahr 925. abdrucken lassen. Sie stimmt zwar in den meisten Punkten mit dem Olympiodorus überein, enthält aber doch auch einige Berichtigungen seiner Fehler und einige sonst nicht bekannte Nachrichten.

Dieses sind die Quellen, aus welchen ich die meisten Nachrichten geschöpft habe, bis auf einige Beiträge, welche ich in andern Schriftstellern fand. Da aber die Nachrichten oft abweichend, oft widersprechend sind, so habe ich nur diejenigen für die wahrscheinlichern gehalten, welche entweder auf dem Zeugnisse eines glaubwürdigen Schriftstellers, als des Plutarchs, beruhen, oder von mehreren übereinstimmend erzählet werden. In Ansehung derjenigen Thatsachen, welche nur von einem Schriftsteller erzählet werden, wenn er auch früher lebte, und überhaupt in der Zusammenstellung der Begebenheiten befolgte ich die Regel, daß ich die Fakta, welche innere Wahrscheinlichkeit haben, und mit andern ver-

ein-

einbar sind, in eine solche Ordnung stellte, welche der Zusammenhang der Begebenheiten zu erfodern schien.

Ich lege bei Bearbeitung der Platonischen Philosophie seine Schriften als die reinste und zuverlässigste Quelle zum Grunde. Wir können aus ihnen am sichersten erfahren, worüber und wie Plato philosophieret hat. Die übrigen Schriftsteller, welche einige philosophische Gedanken des Plato aufbewahret haben, können so lange keine sichern Führer sein, als wir nicht eine blos aus seinen Schriften geschöpfte Darstellung seiner Philosophie haben, weil wir nur aus dieser ihre Treue und Zuverlässigkeit prüfen können. Die Untauglichkeit der spätern Schriftsteller als Quellen für die Bearbeitung dieser Philosophie ist längst entschieden. Bei ihrem Hang zum Syncretismus und zur Schwärmerei mußten die Behauptungen des Plato gar oft einen andern Sinn bekommen, als in welchem sie vom Plato waren gedacht worden. Aber auch Aristoteles, welcher sonst für die Geschichte der Philosophie so interessante Beiträge enthält, kann bei der Platonischen Philosophie keinen Führer abgeben, weil seine Treue und Zuverlässigkeit in der Darstellung der alten Philosopheme noch bezweifelt wird, oder doch noch nicht entschieden ist. Herr Tiedemann hat zwar diesen Philosophen gegen alle von dieser Seite vorgebrachten Anklagen sehr nachdrücklich vertheidiget, und in Ansehung des Pythagoras seine Unschuld mit unwiderleglichen Gründen dargethan. Hätte es ihm doch gefal-

gefallen, auch die Vorwürfe, welche dem Aristoteles in Rücksicht auf die Philosophie seines Lehrers gemacht werden, eben so lehrreich und gründlich zu prüfen. Aristoteles führet meistentheils nur diejenigen Behauptungen an, welche er widerlegen will, einige Stellen ausgenommen, wo er etwas im Allgemeinen über die Platonische Philosophie saget, und diese scheinen nicht allezeit richtig dargestellt zu seyn, z. B. Plato behaupte in dem Timäus, das Aehnliche werde durch das Aehnliche erkannt, und die Seele bestehe aus allen Elementen. Aristoteles mag nun diese Lehrsätze aus einem besondern Gesichtspunkte angesehen, oder nicht recht verstanden haben, oder wie man sich das sonst erklären mag, so können doch seine Erklärungen nicht anders als durch eine Vergleichung mit der Platonischen Philosophie, welche daher unabhängig von ihm ausgeführt werden muß, geprüft, oft nicht einmal ohne diese verstanden werden. Cicero hat in seinen Schriften viele Materialien aus der Platonischen Philosophie, und den ersten Versuch eines Systems, welches in Ansehung der Reinheit vielleicht allen andern vorzuziehen ist. Es kommt aber noch darauf an, ob er den Inhalt derselben richtig gefaßt, und aus dem wahren Gesichtspunkte zusammengeordnet hat. Die Abhandlung des Apulejus über die Platonische Philosophie enthält viele Materialien mit vielen Zusätzen aus andern Systemen; Plutarch verwebt die Platonischen Lehrsätze mit seinen eignen Gedanken. Sextus Empiricus enthält größtentheils nur Widerlegungen der Platonischen Philosophie aus dem skeptischen Gesichtspunkte, welche aber doch über den Gesichtspunkt und

die

die Tendenz derselben viel Licht verbreiten. Diogenes ist nur Kompilator. Das Beste unter diesen Materialien sind die Eintheilungen aus dem Aristoteles, welche aber doch nicht ohne Prüfung gebraucht werden dürfen. Von dem Stoffe, welchen alle diese Schriftsteller enthalten, kann nur dann ein vollkommener Gebrauch gemacht werden, wenn die Philosophie des Plato aus seinen Schriften vollständig bearbeitet ist, weil sich nur daraus bestimmen läßt, in wie fern ein Gedanke und in welchem Sinne er wirklich Platonisch ist. Wenn diese Prüfung geschehen ist, dann kann man denjenigen Stof aus ihnen nehmen, welcher zu dem Ganzen der Platonischen Philosophie paßt.

Ich wähle daher den Plato selbst zu meinem Führer, und seine Schriften zur Quelle seiner Philosophie. Die Schwierigkeiten, welche sich von dieser Seite meiner Arbeit entgegensetzen, sind groß, aber ich hoffe sie zu überwinden. Die Schreibart des Plato, die dialogische Form, die Art wie über Gegenstände disputieret wird, die Neuheit der Materien, der Mangel an bestimmter philosophischer Sprache, machen es zu keiner leichten Arbeit, immer den richtigen Sinn zu finden, den Zusammenhang unter den Sätzen zu entdecken, und überhaupt den Inhalt seiner eignen Philosophie von allen andern zu unterscheiden. Ueber diese Schwierigkeiten und die Art wie ich sie zu heben suche, habe ich mich in dem zweiten Theile dieser Einleitung ausführlich erkläret. Ich habe noch einige Untersuchungen über die Aechtheit und die Zeitfolge der Platonischen Schriften hinzugesezt, weil sie mir bei meiner Bearbeitung nicht gleich-

gleichgültig schienen, und wir über diese Sachen noch
keine ausführliche Abhandlung haben. Sie können
daher nur als unvollkommene Versuche betrachtet
werden. Ich bediene mich der Zweibrücker Ausgabe, werde aber die vortreflichen Verbesserungen
und Bemerkungen eines Fischers, Wolfs und Schütz
benutzen. Es wäre zu wünschen, daß wir einmal
eine vollständig kritisch bearbeitete Ausgabe vom
Plato bekämen.

Nach diesen Vorarbeiten wird meine Arbeit nur
in der Sammlung der Materialien, und in der Anordnung derselben zu einem System bestehen. Ob
ich gleich die Materialien schon beinahe vollständig
gesammelt habe, so werde ich doch zu dem Ende noch
einmal den Plato studieren, um mich der nur möglichen Vollständigkeit zu nähern. Indem ich bei jedem Begrif die Merkmale untersuche, unter welchen
ihn Plato dachte; bei jedem Satze dem Grunde
nachforsche, auf welchem er beruhet, und die Verbindung mit andern verfolge, lassen sich die Fäden,
an welchen und durch welche alles zusammenhänget,
leicht entdecken. Auf diese Art erleichtert das Sammlen das Geschäft der Zusammenstellung. Durch
dieses Verfahren und durch beständige Rücksicht auf
seinen Gesichtspunkt und obersten Grundsatz hoffe ich
die ganze Platonische Philosophie in eine systematische Verbindung zu bringen, welche sich derjenigen,
in welcher ihr Urheber sich dieselbe dachte, so weit
als möglich ist, nähern soll. In Ansehung der Ordnung, in welcher die einzelnen Theile folgen
sollen, will ich nur jezt so viel sagen. Die natür-
lichste Ordnung scheint mir die zu sein, daß ich mit
der

der Dialektik anfange, darauf die Physiologie folgen laſſe, und zulezt mit ſeiner praktiſchen Philoſophie ſchließe. An die Spitze werde ich eine Abhandlung über die Begriffe des Plato von dem Vorſtellungsvermögen ſtellen, durch welche ich mich bemühen werde, Aufſchluß über das ganze Syſtem zu geben. Am Ende ſetze ich noch vielleicht eine kritiſche Prüfung dieſer ganzen Philoſophie hinzu. Alle und jede abweichende Erklärung eines Lehrſatzes, die von neuern und ältern Auslegern iſt gegeben worden, anzuführen und zu beurtheilen, liegt außer dem Plane meiner Arbeit. Es würde zu viel Zeit koſten, alle dieſe Schriften durchzuleſen, und die Mühe nicht ſehr verlohnen. Aber die vorzüglichſten Erklärungsarten hauptſächlich der neueſten Denker ſollen nicht vergeſſen werden.

Es iſt vielleicht nicht zwecklos, wenn ich hier ein Verzeichniß von den Schriften über den Plato und ſeine Philoſophie einrücke, damit man mit einem Blick überſehen kann, wie reichhaltig unſere Litteratur in dieſem einzelnen Fache iſt. Für vollſtändig kann ich es nicht ausgeben, ob ich gleich einige Zeit daran geſammelt habe. Ergänzungen werden ſich in der Folge leicht nachtragen laſſen.

I. Ueber Platos Leben.

Außer den ältern die ich ſchon oben angeführt habe, und den Schriftſtellern der Geſchichte der Philoſophie gehören hieher

a)

a) solche welche über das ganze Leben des Plato geschrieben haben.

Guarini vita Platonis, in der Uebersetzung des Plutarchs. Plutarchi Graecorum Romanorumque illustrium vitae. Basileae, 1535. fol.

Marsilii Ficini vita Platonis vor seiner lateinischen Uebersetzung des Plato 1482 Fol. auch in seinen Werken abgedruckt.

Phil. Melanchthon, oratio de vita Platonis in dem zweiten Bande seiner Reden.

Joh. Mich. Bosch vita Platonis vor seiner Ausgabe der Apologie Sokratis. Strasburg, 1591 8.

Fleury Discours sur Platon an dessen Traité du choix et de la méthode des etudes. Brüssel, 1687. 12.

La vie de Platon avec l'exposition des principaux dogmes de sa philosophie par Mr. Dacier. Paris 1699, 12. an seiner französischen Uebersetzung der Werke des Plato.

Remarks on the Life and Writings of Plato, with answers to the principal objections against him, and a general view of his Dialogues. Edinburg 1760, 8.

Vies d' Epicure de Platon et de Pythagore. Par M**
Amsterdam 1752, 12.

b) Ueber einzelne Materien.

Io. Guil. Iani Dissertat. de institutione Platonis. Wittemberg 1706, 4.

Ebendeßf. Dissert. de peregrinatione Platonis. Wittemberg 1706, 4.

Christoph Ritteri de praeceptoribus Platonis. Ortipswald 1701, 4.

Plato, Ueber ihn und seine Philosophie. Altona 1790, 8.

II. Ueber Plato als Schriftsteller.

Albini introductio in dialogos Platonis.

An Essay on the Composition and Manner of Writing of the Ancient, particularly Plato. By Iames Geddes. Glasgow 1748, 8. deutsch in der Sammlung vermischter Schriften zur Beförderung der schönen Wissenschaften und freien Künste. Berlin 1766.

Abt Massieu Vergleichung Homers mit dem Plato in den Memoires de l'Academie des Inscript.

Abt Fraguier, wie Plato die Dichter gebraucht habe. Ebendas.

De mythis Platonis scripsit Ioh. Christ. Hüttner. Lipsiae 1788. 4.

III. Ueber seine Philosophie.

a) Von allgemeinen Inhalt.

Außer den ältern Werken, Fleury und Dacier, deren Schriften schon angeführet worden, gehören hieher die größern Werke über die Geschichte der Philosophie, in denen die Platonische weitläufig abgehandelt worden, als Gale, Stanlei, Brucker, Meiners; und vorzüglich Tiedemanns Geist der speculativen Philosophie.

Alcinous de doctrina Platonis.

The true intectual System of the Universelle. By Rulph Cudworth. London 1743, 4. vorzüglich Mosheims Uebersetzung.

A free and impartial censure of Platonik Philosophy, by Sam. Parker. London 1666, 4.

Petri Calannae Philosophia senior, sacerdotia et Platonica. Panormi 1599, 4.

Ludov. Morainvilliere Examen Philosophiae Platonicae. 1650, 8.

Gud.

Rud. Goclenii Idea Philofophiae Platonicae. Marpurg. 1612, 8.

Ioh. Bapt. Bernardi Seminarium philofophicum continens Platonicorum definitiones conclufiones. Venetiis 1599, Fol.

Tiedemann, Argumenta dialogorum Platonis. Zweibrücken 1786, 8.

b) Bearbeitungen einzelner Theile der Platonifchen Philofophie.

Georgii Acanthii Kehlhaimenfis libri III de antiqua Philofophia ex Platone. Bafel 1554, 8.

Magni Dan. Omeifii Ethica Platonica. Altorfi 1696, 8.

Marf. Ficini Theologia Platonica. Florenz 1482, Fol.

Livii Galantis de Chriftianae Theologiae cum Platonica comparatione libr. XX. Bononiae 1627, Fol.

Chryfoftomi Iauelli difpofitio moralis philofophiae Platonicae. Venedig 1536, 4.

Ebendeffelben difpofitio philofophiae ciuilis ad mentem Platonis. Venedig 1536, 4.

Ioh. Sleidani fumma doctrinae Platonis de republica et de legibus. Strasburg 1548, 8.

Pauli Benii Eugubini Theologia Platonis et Ariftotelis. Patauii 1624, 4.

Ebendeffelben Commentarius in Timaeum Platonis, Romae 1594, 4.

Seb. Foxius Morzillus Commentarius in Timaeum, Bafel 1554, Fol.

Matth. Fragillani, Commentarius in Timaeum. Paris 1560, 4.

Michel Mourges Plan Theologique du Pythagorisme et des autres fectes favantes de la Grece, Touloufe 1712. 2 B. 8.

Difci-

Difciplina civile di Platone divifa in quatre parti, e
riformata da Troilo Lancetta. Venedig 1687,
Fol.
Ioa. Zentgrauii Specimen doctrinae iuris naturalis fecundum difciplinam Platonicam.
Meiners hiftoria de vero Deo. Lemgouiae 1780.
J. J. Engels Verſuch einer Methode die Vernunftlehre aus Platoniſchen Dialogen zu entwickeln. Berlin 1780, 8.
Pleſſings Memnonium, zter B. Leipzig, 1787. S. 291. metaphyſiſches Syſtem des Plato.
Ebendeſſ. Verſuch zur Aufklärung der Philoſophie des älteſten Alterthums. Leipzig 1788, 8.

c) Ueber das Verhältniß der Platoniſchen und Ariſtoteliſchen Philoſophie.

Georgii Trapezuntii comparatio Ariſtotelis et Platonis.
Beſſarionis in Platonis calumniatorem libr. V. Venedig 1503, Fol.
Beſſarionis Tractatus in Platonis Philoſophiae laudem. Venedig.
Stephani Theupoli Academiarum contemplationum libr. X. Venedig 1576, 8.
Pauli Benii Theologia Platonis et Ariſtotelis. Patauii 1624, 4.
Iacob. Carpentarii Commentarius continens Platonis cum Ariſtotele in vniuerſa Philoſophia comparationem. Paris 1573, 4.
Bernh. Donatus de Platonicae et Ariſtotelicae Philoſophiae differentia. Graece et Latine. Venedig 1540, 8. Paris 1541, 8.
Vb. Folieta de nonnullis in quibus Plato ab Ariſtotele defenditur. Rom 1574, 4.

Seb

Seb. Foxii de Naturae Philofophia fiue de Platonis et Ariftotelis confenfione libr. V. Lömen 1554. Wittemberg 1589, 8. Leiden 1622, 8.

Pag. Gaudentius de Dogmatum Ariftotelis cum Philofophia Platonis comparatione. Florenj 1539, 4.

Gemifthii Plethonis libellus de Platonicae atque Ariftotelicae Philofophiae differentia. Bafel 1574, 4.

Francifci Patricii Discuffionum Peripateticarum tomi IV. Bafel 1581, Fol.

Renat Rapin comparaifons de grands hommes de l'antiquité. Paris 1684, 8.

Ioh. Bachmanni comparatio Ariftotelis cum Platone. Northufae 1629.

d) Ueber einzelne Materien.

Ioh. Baptiftae Crifpi liber de Platone caute legendo. Rom 1594, Fol.

Efai. Pufendorfii Differt. de Theologia Platonis. Lipfiae 1653.

Henr. Fergii Differt. de Theologia Platonis. Gieffae 1664.

Ioh. Weifii Differt. de Theologia Platonis. Gieffae 1683

Ioh. Phil. Treuneri Theologia Platonis et Ariftotelis comparata. Ienae 1690.

Ioh. Frid. Wucherer Differtat. II de defectibus Theologiae Platonis. Ienae 1706.

Maximi Sandaei Plato Chriftianus. Moguntiae 1624, 4.

Nicolai Securi, Plato beatus fiue de falute Platonis pia contemplatio. Wentbig 1666, 12.

Georg Pafchius de re litteraria potiffimum morali Platonis. Kiel 1706, 8.

Philip. Labbei Synopfis Graecorum Ariftotelis et Platonis Interpretum. Paris 1657, 4.

Franc.

Franc. Patricii Plato myfticus et exotericus et Ariftoteles myfticus et exotericus. Wenedig.
Ioh. Bapt. Weiganmeieri Differtat. de Philofophia Platonis. Tübingen 1623, 4.
(Souverain) Le Platonisme devoilé ou Effay touchant le Verbe Platonicien. Köln 1700, 8.
Scipionis Agnelli difceptationes de ideis Platonis. Wenedig 1615, 4.
Sibeth Diff. de ideis Platonicis. Roftochii, 1720.
Brucker hiftoria de ideis. Augsburg 1723, 8.
Brucker Differtat. de conuenientia numerorum Platonicorum cum ideis Platonis.
Iac. Thomafii Oratio de ideis Platonis.
Balth. Stolberg Differt. de λογγ et ρη Platonis. Wittemberg 1676.
Ioh. Frid. Hilleri Difput. de campo veritatis Platonicae. Wittemberg 1741.
Ioh. Iac. Zimmermann, de Atheismo Platonis.
Ebenbef. Vindiciae differtationis de atheismo Platonis contra Gundlingium. Beide Abhandl. ftehen in amoenitatibus litterariis.
Nicol. Hier. Gunding de Atheismo Platonis in den Gundlingianis.
Ioh. Nic. Hartfchmidt Disp. Plato de immortalitate animae. Strasburg 1698.
Sam. Weikhmann Diff. de platonica animorum immortalitate. Wittembergae 1740.
Chrift. Ernft de Windheim examen argumentorum Platonis pro immortalitate animae humanae. Göttingen 1749.
Mofes Mendelsfohn Phädon 4te Aufl. Berlin 1775, 8. Lehren und Meinungen der Sofratifer über Unfterblichkeit. Jena 1791.
Io. Iac. Leibnitz Differt. Respublica Platonis. Leipzig 1676.
Gottl. Hanfch, de Enthufiasmo Platon. Lipf. 1716, 4.

Meiners

Meiners Betrachtung über die Griechen, das Zeitalter des Plato, über den Timäus dieses Philosophen und dessen Hypothese von der Weltseele.

Ebendeff. Ueber die Natur der Seele, eine Platonische Allegorie. Beide Abhandl. in dem 1sten Bande seiner vermischten Schriften.

Henke de philosophia mythica Platonis inprimis. Helmstedt 1776.

Nast Progr. de methodo Platonis philosophiam tradendi dialogica. Stuttgard 1787.

G. E. Schulze de summo secundum Platonem Philosophiae fine Helmstedt 1789.

I. G. A. Oelrichs Commentatio de doctrina Platonis de Deo a Christianis et recentioribus Platonicis varie explicata et corrupta. Marburg 1788, 8.

J. A. Eberhards Abhandlung über den Zweck der Philosophie des Plato.

Ebendeff. Ueber die Mythen des Plato, in den neuesten philosophischen Schriften. Halle 1788.

F. W. L. Plessing über den Aristoteles und über die Ideen des Plato zwei Abhandlungen in Cäsars Denkwürdigkeiten 3ten B. Leipzig 1786.

G. E. Schulze Diff. de Ideis Platonis. Wittemberg 1787.

Untersuchungen über den Plato. Zwei Abhandlungen vom Abt Garnier, in Hißmans Magazin, 3tem Bande. Göttingen 1780.

Ueber den göttlichen Verstand aus der Platonischen Philosophie, eine Abhandlung von mir in Herrn Prof. Paulus Memorabilien. Erstes Stück. Leipzig 1791.

Ich wünsche nichts mehr, als daß diese Einleitung und die folgende Darstellung der Platonischen Philosophie alles das Gute, welches sich in den. angezeigten Schriften findet, vereinigen, und alle Fehler vermeiden möge, welche in vielen derselben so sehr in die Augen fallen. Dieses ist das Ziel, wornach ich unaufhörlich gestrebt habe, und streben werde, so viel es meine Kräfte und gewisse Verhältnisse, die ich allein nicht ändern kann, mir möglich machen. Ich bin daher weit entfernt zu glauben, daß sich nicht hier und da Fehler und Mängel eingeschlichen haben sollten, und wünsche deswegen, daß einsichtsvolle Kenner und Richter, wenn sie diese Arbeit ihrer Durchsicht nicht ganz unwerth finden, durch ihre Kritik beitragen mögen, die Platonische Philosophie auf eine richtigere Weise zu verstehen und zu studieren. Ich erwarte aus der Beurtheilung dieser Einleitung vorzüglich viele Belehrungen, Zurechtweisungen und Winke, welche mir bei der Ausarbeitung der folgenden Theile sehr nützlich werden können. Der zweite Band, welcher die Logik und Physiologie enthalten wird, kann vielleicht in einem Jahre erscheinen. Jena im März 1792.

Wilhelm Gottlieb Tennemann.

Inhalt.

Erster Theil. Leben des Plato. Seite 80

Zweiter Theil. Betrachtungen über seine Schriften in Beziehung auf seine Philosophie. 81

    Erster Abschnitt. Aechtheit der Platonischen Schriften. 87

    Zweiter Abschnitt. Ueber die Zeitfolge der Platonischen Schriften. 115

    Dritter Abschnitt. Betrachtungen über seine Schriften in so fern sie die Hauptquelle seiner Philosophie sind. 125

    Vierter Abschnitt. Regeln, welche bei dem Gebrauch seiner Schriften beobachtet werden müssen. 151

Dritter Theil. Allgemeine Betrachtungen über seine Philosophie. 165

    Erster Abschnitt. Betrachtungen über den Zweck der Platonischen Philosophie. 171

Zweiter Abschnitt. Ueber den Begrif, Umfang, Eintheilung und Form seiner Philosophie.   Seite 283

Dritter Abschnitt. Von den Quellen der Platonischen Philosophie, oder dem Verhältniß derselben zu den vorhergehenden philosophischen Systemen.   267

Erster Theil.

Leben des Plato.

Plato stammte aus einem alten und edlen Geschlechte ab. Sein Vater war ein Nachkomme des Kodrus, des berühmten lezten Königes von Attica. Perictione seine Mutter leitete ihre Abkunft von dem Dropides, dem Bruder des Solon ab¹). Wenn man den fabelhaften Berichten vieler alten Schriftsteller Glauben beimessen wollte, so hätte unser Philosoph sogar dem Apollo, der die Perictione unter der Gestalt einer Schlange umarmte, sein Daseyn zu verdanken²). Der Umstand, daß Aristo seine Gattin nicht eher berührte, bis sie den Plato gebohren hatte, und daß ihm dieses nach dem Bericht anderer im Traume anbefohlen worden war, könnte den Verdacht erregen, daß die ganze Sache vielleicht in den ersten Zeiten des Christenthums aus besondern

---

1) Apuleius, Leben 1623. S. 265. Diogenes III, 1. Diompider (an dem Diogenes von Laerte, S. 502.) leitet sein väterliches Geschlecht vom Solon, und das mütterliche von Kodrus gegen das ausdrückliche Zeugniß anderer Schriftsteller ab.
2) Apuleius, S. 263. Diogenes, III, 2. Plutarch. Sympos. VIII, 1. Olympiod. S. 583.

dern Abſichten erdichtet worden ſei, wenn ſie nicht von alten Schriftſtellern, als dem Speuſippus, Clearchus, Anapiliöes erzählet würde. Allein auch dieſe ſind weit entfernt, dieſes für ein wirkliches Faktum auszugeben, ſondern geſtehen ganz aufrichtig, daß es ſich auf bloße Sagen gründete, welche in Athen im Umlauf waren. Nach Chriſti Geburt, da der Wunderglaube mehrere Apoſtel fand, wurde dieſes Wunder von ſehr vielen Schriftſtellern nur nicht bezweifelt. Der abergläubiſche Plutarch ſpricht ganz ernſthaft davon, und verſichert, Apollo dürfe ſich ſeines Sohnes nicht ſchämen ³). Olympiodor ſagt, Plato habe ſich ſelbſt für einen Sohn des Apollo ausgegeben, indem er von ſich bekenne, daß er mit den Schwänen in deſſen Dienſt ſtehe, da ſich dieſes doch auf den Sokrates beziehet ⁴). Wahrſcheinlich hat dieſes Wunder, wie ſo viele ähnliche, einem bloßen Spiele der Einbildungskraft ſeinen Urſprung zu verdanken, wozu vielleicht beſondere Umſtände, die ſeine Mutter betreffen, am meiſten aber der, daß er an dem nehmlichen Tage gebohren wurde, an dem Apollo die Welt erblickt hatte, die Veranlaſſung gegeben hatten. Der Geburtstag des Plato war nehmlich der ſiebende des Monats Thargelion, welcher in der Folge als ein feſtlicher Tag von den Platonikern geſeiert wurde ⁵).

Die Schriftſteller ſtimmen nicht mit einander überein, wenn ſie das Geburtsjahr angeben. Ich will die verſchiedenen Angaben anführen, und durch Vergleichung die wahrſcheinlichſte zu beſtimmen ſuchen. Nach dem Zeugniß des Phavorinus ⁶), berichteten einige Schriftſteller, er ſei nicht zu Athen, ſondern auf der Inſel Aegina

---

3) l. c.
4) l. c. Phaedo 1ſter B. der Zweibr. A. S. 193.
5) Diogenes III, 2. Plutarchus Sympoſ. VIII, 1.
6) Diogenes III, 3.

gina gebohren worden, als die Athenienser die Einwohner vertrieben, und neue Kolonisten, unter welchen Platos Vater Aristo gewesen sei, dahin geschickt hätten. Da diese Begebenheit in das zweite Jahr des Peloponnesischen Krieges fällt, der Ol. 87, 2. seinen Anfang nahm, so müßte Plato nach dieser Angabe in dem 4ten Jahr der nehmlichen, oder im ersten der 88sten Olympiade gebohren seyn. Eben dieses Jahr giebt auch Apollodorus und Hermippus an. Nach dem Athendus ist er Ol. 87, 3. unter dem Archon Apolloborus, nach dem Chronicon des Eusebius Ol. 88, 4. unter dem Archon Stratoclas, nach dem Alexandrinischen Chronicon Ol. 89, 1, unter dem Archon Isarcleus gebohren. Neanthas läßt ihn 84 Jahr alt werden, daher müßte er, wenn man annimmt, daß er Ol. 108, 1. gestorben ist, Ol. 87, 2. gebohren seyn. Eydorus giebt auch noch den Archon Umenias an, welcher nach dem Diodor in das zweite Jahr der 87sten Olympiade fällt. Von dem Hermippus haben wir die Angabe nicht ausdrücklich, da er aber den Plato im 82sten Jahre seines Alters in dem ersten Jahre der hundert und achten Olympiade sterben läßt, so folgt sie doch von selbst daraus.

Damit wir aus diesen widersprechenden Zeitangaben die zuverläßigere heraus finden können, müssen wir von andern Thatsachen ausgehen, welche mit mehr Einstimmigkeit erzählet werden. Hieher gehöret nun sein Todesjahr. Dionysius von Halicarnaß, Plutarchus, Diogenes, Athendus geben alle das erste Jahr der hundert und achten Olympiade an. Diese Zeitrechnung bekommt durch das Ansehen des Hermotimus, welcher das Leben berühmter Philosophen beschrieben, und des Apolloborus, eines berühmten Chronologen, noch mehr Gewicht. Was kann zu diesen immer noch den Neanthes, der Lebensbeschreibungen berühmter Männer mit vielem Fleiße verfertiget hatte, zählen, weil Diogenes gewiß nicht vergessen haben würde zu sagen, daß er von andern

Schriftstellern in Ansehung des Sterbejahres abgegangen sei. Eusebius verdienet gegen die einstimmige Zeitrechnung so alter und zum Theil angesehener Schriftsteller kein Gehör, wenn er das 4te Jahr der nehmlichen Olympiade annimmt. Wenn nun in Ansehung seiner Lebensdauer eine so große Einhelligkeit herrschte, so wären wir im Stande, das Geburtsjahr des Plato mit der größten Zuverlässigkeit zu bestimmen. Allein hier giebt es wiederum drei verschiedene Meinungen. Neanthes giebt dem Plato ein Alter von 84 Jahren [7]; Hermotimus, Cicero, Seneca, Lucian, Censorinus 81 Jahre [8]; und endlich Valerius Maximus, und Athenäus 82 Jahre [9]. Die letzte Angabe kann sich zwar gegen das Gewicht der andern Schriftsteller nicht behaupten, aber sie beruhet doch vielleicht mit der zweiten auf einem gemeinschaftlichen Grunde. Denn weil Plato gerade an seinem Geburtstage gestorben sein soll, so konnte sein Tod sowohl in das abgelaufene als in das folgende Jahr gesetzt werden, und man hatte gleiches Recht zu sagen, er starb in seinem 81sten oder 82sten Jahre. Es bleiben also nur noch die zwei Angaben von 81 und 84 Jahren übrig.

Nach dem Zeugniß des Plutarchus und Dionysius von Halicarnaß, war Isocrates in dem zweiten Jahre der 86sten Olympiade gebohren, sieben Jahr früher als Plato, fünf Jahr vor dem Peloponnesischen Kriege [10]. Diogenes von Laerz setzt die Zwischenzeit zwischen dem Isocrates und Plato nur auf 6 Jahr, wahrscheinlich nach der Zeitrechnung des Neanthes [11]. Sollte dieses seine Richtigkeit haben, so würde Plato in dem zweiten
Jahre

7) Diogenes. III, 3.
8) Diogen. III, 2. Cic. de Senect. c. 5. Seneca Epist. 58. Lucianus de longaevis, Censorin. de die natali c. 15.
9) Valer. Maxim. VIII, 7. Athenaeus V, 18.
10) Plutarch. vita Isocratis, Dionysius iudicio de Isocrate.
11) Diogenes, III, 3.

Jahre des Peloponnesischen Krieges oder in dem vierten Jahre der 87 Ol. gebohren sein. Wenn man von diesem Jahr rückwärts bis zu dem zweiten Jahr der 86sten Ol. rechnet, so kommen nur 6 Jahr, und vom Anfange des Peloponnesischen Krieges nur 4 Jahr heraus, man müßte denn die beiden äußersten Gränzen mitzählen. Hierin liegt auch die einzige Bedenklichkeit, die noch nicht gehoben ist. Diese Rechnung führet uns wieder auf das 4te Jahr der 87sten oder das erste der 88sten Ol. als das Geburtsjahr zurück, welches ich daher nach der größten Wahrscheinlichkeit für das zuverläßigere halte; denn wir kamen immer auf diesen Punkt zurück, ob wir gleich von verschiedenen Wegen ausgingen. Jetzt wollen wir zu den vorigen Entscheidungsgründen noch einen neuen hinzuthun. Plato hat acht Jahre als Jögling mit dem Sokrates gelebet, nehmlich von seinem zwanzigsten bis an sein acht und zwanzigstes Jahr [12]). Brucker findet hier eine sonderbare Schwierigkeit. Plato, sagt er, kann in dem ersten Jahre der 95sten Ol., in welchem Sokrates den Giftbecher ausleerte, nicht acht und zwanzig Jahr, sondern er muß zum wenigsten dreißig Jahr alt gewesen sein, denn er war damals Senator, zu welcher Würde keiner vor dem dreißigsten Jahre gelangen konnte [13]). Ich kann nicht sagen, aus welcher Quelle Brucker erfahren hat, daß Plato ein Senator gewesen sei, denn ich habe nicht das geringste davon auffinden können. — Wenn man also von dem Sterbjahr des Sokrates 28 Jahre zurückzählet, so wird das 1ste Jahr der sieben und achtzigsten oder das erste Jahr der acht und achtzigsten Olympiade als das Geburtsjahr des Plato bestimmet. Diese Zeitrechnung wollen wir

A 3 einst-

12) Diogen. III, 5, 6. Suidas Platone. αγωγης δε τουτου εφιλοσοφησε παρα Σωκρατει ετι ετη κ. Die richtigere Lesart ist wahrscheinlich ετι ετη η.
13) Histor. Critica Philosoph. I. 1 p.

einstweilen annehmen, bis die Gelehrten' aus bessern
Gründen eine andere gefunden haben werden.

Von seinem Vater und Mutter sind übrigens nur
sehr wenige Umstände bekannt. Sein Vater starb sehr
früh, ehe Plato seine philosophische Laufbahn betreten
hatte, also wahrscheinlich vor seinem 28sten Jahre [14]).
Seine Mutter aber lebte noch, als er schon an dem Hofe
des zweiten Dionysius gewesen war [15]). Seine Geschwi-
ster waren, Abimantus, Glauco, Potone; Plutarchus
setzt noch einen, den Antipho, als den jüngsten Bruder
hinzu [16]). Es war aber nur ein Halbbruder, von mütterlicher Seite, weil Perictione nach dem Tode des Aristo
den Pyrilampas geheurathet haben muß, wie man aus
der unten angeführten Stelle schließen kann [17]). Doch
wir kehren nun zum Plato selbst zurück.

Die Natur hatte ihn mit mancherlei Vorzügen
und Vollkommenheiten ausgerüstet, welche ihn in Stand
setzten, einen großen Mann zu spielen. Sein Körperbau war zwar stark und dauerhaft, aber vielleicht eben
nicht regelmäßig. Nicht alle Theile hatten ihr propor-
tionirliches Verhältniß zum Ganzen, denn nach dem Bericht einiger Schriftsteller war entweder die Brust, oder
die Schultern, oder die Stirn zu breit, und er bekam
daher seinen Nahmen, da er zuerst nach seinem Großva-
ter Aristocles war genennet worden [18]). Plutarch erzählet auch, daß er buckelicht gewesen sei, welches aber vielleicht kein Naturfehler, sondern erst später eine Folge
von seinem zu emsigen Studieren war [19])

Wenn

14) Plutarch. περι Φιλοσοφιας 2ten B. Franlf. 1620. S. 496.
15) Epist. XIII. 2ten B. S. 174.
16) Diogenes III, 4. Apuleius S. 366. Plutarch. περι Φιλαδελφιας, S. 484.
17) Parmenides, 10ten B. S. 73.
18) Diogen III, 4. Seneca Epist. 58. Apuleius, S. 365.
19) Plutarch. de audiend. Poet. S. 26. 53.

Wenn aber auch sein Körperbau nicht ganz vollkommen war, so muß er ihn doch nicht entstellt haben, sondern vielmehr so beschaffen gewesen sein, daß man von dem Aeußerlichen, sonderlich seiner Gesichtsbildung, auf einen vortreflichen Geist schließen konnte. So urtheilte zum wenigsten Socrates, der mit einem ausserordentlichen Schiefblicke die innern verborgenen Anlagen zu sehn gewohnt war, und darin täuschte er sich zum wenigsten bei dem Plato nicht ²⁰). Eine starke Empfänglichkeit und Reitzbarkeit, eine feurige Einbildungskraft, Witz und Scharfsinn, ein hoher Grad von Verstand und Vernunft waren die Geschenke, welche er von der Natur erhalten hatte; und es fehlte weder an Erziehung, noch glücklichen Umständen, noch an eigener Thätigkeit, um diese Talente zu bilden, in Wirksamkeit zu setzen, und ihnen eine bestimmte Richtung zu geben.

Sein Vater wendete alles an, was nach den damaligen Zeitumständen möglich war um seinem Sohn eine gute Erziehung geben zu lassen. Zuerst lernte er Gramatik, das ist, Lesen und Schreiben von dem Dionysius. In der Gymnastik war Aristo sein Lehrmeister. Er brachte es in diesen körperlichen Geschicklichkeiten so weit, daß er in den Isthmischen und Pythischen Spielen den öffentlichen Kampfplatz betreten konnte ²¹). Er lernte die Mahlerkunst und die Musik, in welcher ihm Draco, ein Schüler des berühmten Damon, und Metellus aus Agrigent Unterricht gaben ²²). Seine Lieblingsbeschäftigung war aber in seinen jüngern Jahren die Dichtkunst, weil sie seinem emporstrebenden Geiste mehr Nahrung gewährte, und sowohl an sich als auch durch die Aussicht auf Ehre und Ruhm, wornach er so sehr strebte, ein

A 4 mannich-

---

20) Apuleius. S. 366. Quem vbi adspexit ille, ingenium-
que intimum de exteriore conspicatus est facie.
21) Diog. III, 4. Olympiodor. Apuleius. S. 366.
22) Diogen. III, 5. Apulei. S. 366. Plutarch. de Musica.

mannichfaltigeres Vergnügen versprach. Nachdem er
die Anweisung der berühmtesten Lehrer derselben in allen
ihren Arten benutzt hatte, fing er an in dem Heldengedicht Versuche zu machen. Als er aber fand, daß sie
nicht gar zu glücklich gerathen waren, und einen zu
großen Abstand zwischen seinem Gedicht und den Meisterstücken des Homers bemerkte, vertilgte er dasselbe sogleich mit Feuer. Sein Ehrgeiz, der seine Hauptleidenschaft war, erlaubte ihm nicht, Einen über sich zu haben, und sein Selbstgefühl lehrte ihn, daß es unmöglich sei, den Homer zu übertreffen [23]). Seine Arbeiten
in der Lyrischen Poesie gelangen ihm nicht besser, zum
wenigsten konnten sie ihm selbst nicht Befriedigung geben.
Zuletzt versuchte er sein Glück in der dramatischen Poesie,
er arbeitete vier Stücke (oder eine Tetralogie) aus, um
mit andern Dichtern um den Preiß zu ringen. Allein ein
Zufall bestimmte ihn, diese Laufbahn auf immer zu verlassen, wozu er wahrscheinlich nicht bestimmt war. Kurz
vor dem Bacchusfeste, an welchem sein erstes Stück auf
das Theater gebracht werden sollt, wurde er mit dem
Sokrates bekannt, der in ihm Talente von einem größern
Wirkungskreise entdeckte, und seinem Ehrtriebe eine ganz
andere Richtung gab, wie wir weiter unten erzählen
werden [24]). Wenn er aber gleich dichterische Arbeiten
aufgegeben hatte, so blieb doch die Lektüre der Dichter,
vorzüglich des Homers, Aristophanes und Sophrons,
eine seiner Lieblingsbeschäftigungen [25]), und er lernte
daraus zum Theil die dramatische Oekonomie der Dialogen.

Es war damals gewöhnlich, daß Jünglinge, welche sich zur feinen Welt rechneten, und sich, es sei auf
welche

---

23) Aelianus, II, 30.
24) Aelian. II, 3. Diogen. III, 5. Olympiod. S. 385. Apuleius, S. 366.
25) Olympiodorus, S. 384.

welche Art, hervorthun wollten, einen philosophischen Cursus machten. Plato hörte also die Philosophie bei dem Kratylus, einem Anhänger der Heraclitischen Philosophie ²⁶). Wenn Diogenes Olympiodor und noch andere Schriftsteller meinen, daß er erst nach dem Tode des Sokrates ein Schüler vom Kratylus geworden sei, so verdienen Aristoteles und Apulejus mehr Glauben; jener, weil er ein Zeitgenosse war, dieser, weil er diese Nachricht aus dem Speusipp haben konnte ²⁷). Es giebt noch andere Gründe, welche die Nachricht des Diogenes, der auch seine Quellen nicht angegeben hat, um alle Wahrscheinlichkeit bringen. Denn erstlich ist es nicht glaublich, daß Plato bis in sein zwanzigstes Jahr gar nicht Philosophie studieret haben sollte, da es allgemeine Sitte edeler Jünglinge war; da in Athen Philosophen von aller Art in großer Menge ihre Profession trieben; und da Aristo, wie aus allem erhellet, keine Summen scheuete, die er auf die Erziehung des Plato anwenden konnte. Zweitens, wenn Plato den Kratylus nicht eher als nach Sokrates Tode hörte, so hätte es doch wohl, selbst nach Diogenes Meinung, unmittelbar darauf geschehen müssen. Allein gleich darauf erzählet er aus dem Hermodorus, daß sich Plato in seinem acht und zwanzigsten Jahre zu dem Euclides nach Megara begeben habe. Wie konnte er aber sich noch zu Athen aufhalten, wenn er mit den andern Sokratikern deswegen Athen verließ, weil sie glaubten, daß sie von dem Athenienssischen Volk ein ähnliches Schicksal, als Sokrates, zu befürchten hätten?

---

26) Aristoteles Metaphysic. 1, 6. τα μεν τε γαρ συγγενομενος πρωτον Κρατυλω και ταις Ἡρακλειτειοις δοξαις. Apulejus S. 366. et antea quidem Heracliti secta fuerat imbutus.

27) Diog. III, 6. Olympiod. S. 385. Der Ungenannte in der Bibliothek der alten Litteratur.

Diogenes sagt noch, daß er nebst dem Kratylus auch den Hermogenes einen Eleatischen Philosophen gehöret habe, und zwar ebenfalls nach dem Sokrates. Da dieses Hermogenes kein alter Schriftsteller, auch nur mit einem Worte gedenket, so bin ich geneigt zu glauben, es sei der nehmliche, der in dem Kratylus als unterredende Person vorkommt, der Sohn des Hipponicus, ein Athenienser. Weil Kratylus ein Lehrer des Plato war, so trug dieses Diogenes, oder war sonst ihm zu dieser Meinung verleitete, auch auf die andere Person über, und da Kratylus für einen Haraclitischen Philosophen gilt, so würde Hermogenes mit gleicher Unbedachtsamkeit zu einem Eleatiker gemacht.

Es ist aber sehr wahrscheinlich, daß Plato sich schon in seiner Jugend mit mehreren Arten von Philosophien, die damals ihre Anhänger fanden, bekannt gemacht habe. Denn an Gelegenheit konnte es in Athen, welches der eigentliche Sammelplatz aller sogenannten Philosophen, Sophisten und Rhetoren war, nicht fehlen. Soviel ist zum wenigsten gewiß, daß Plato eine unbeschreibliche Wißbegierde besaß, und keine Arbeit und Mühe scheuete, wenn er Kenntnisse einsammlen konnte [28]). Apulejus setzt noch hinzu, er sei sehr schamhaftig gewesen, welches auch Heraclides bestätiget [29]). Schon in seiner Jugend soll er so ernsthaft und gesetzt gewesen sein, daß er nie unmäßig war, oder, wie einige sagten, nie in seinem Leben lachte [30]). Es verlohnet kaum die Mühe, das Uebertriebene in solchen lächerlichen Erdichtungen zu rügen. Aber

28) Apulei. S. 366. Nam Speusippus domesticis instructus documentis et pueri eius acre in percipiendo ingenium et admirandae verecundiae indolem laudat: et pubescentis primitias labore atque amore studendi imbutas refert.
29) Diogen. III, 26.
30) Diogen. III, 26. Olympiodor. S.

Aber bedeutender ist das, was einige gegen die Versicherung des Speusippus und Heraclides behaupten, daß er in seiner Jugend in der Liebe ausgeschweift, auch sogar schöne Knaben nicht verschmähet habe. ³¹)

Dieser Punkt, welcher den Freunden und den Gegnern des Plato von jeher eine schöne Gelegenheit gegeben hat, ihre Geschicklichkeit in Beschuldigungen und Vertheidigungen zu zeigen, läßt sich in unsern Zeiten nicht mit erforderlicher Strenge ausmachen, und man ist dabei immer in Gefahr den Menschen mit dem Philosophen zu verwechseln, einen Mann ohne sein Verschulden entweder zum Heiligen oder zum Sünder zu machen. Die Gründe von den Gegnern zu prüfen ist alles, was wir dabei thun können. Man schließt die ausschweifende Liebe des Plato hauptsächlich aus drei Gründen. Erstens, daß er den Umgang mit schönen Jünglingen suchte. Dies that auch Sokrates, und ist an sich kein Verbrechen. Zweitens, es sind noch einige kleine Liebesgedichte auf Mädchen und Knaben vorhanden, welche ganz etwas anders als unschuldige Liebe und zärtliche Freundschaft athmen ³²). Allein es ist nicht ausgemacht, ob diese Spiele einer jugendlichen Phantasie von dem Plato herrühren. Die meisten von ihnen werden in der griechischen Anthologie andern Verfassern beigelegt. Sollte wohl Plato diese Verse nicht mit seinen andern Gedichten verbrannt haben? Apulejus sagt zwar ausdrücklich, daß er diese allein verschont habe; allein er scheint keinen andern historischen Grund als ihre Existenz gehabt zu haben, welcher aber noch sehr schwankend ist ³³). Sollten sie auch endlich wirklich ihn

zum

---

31) Diogenes, III, 34. Athenaeus, I XI.
32) Diogen. III, 35. Athenaeus, L XIII. Apulejus, Apol. S. 250.
33) Apulejus Apolog. S. 249 Gellius, l. XIX. c II. sagt, einige hielten den Plato für den V. von einem dieser Gedicht

zum Verfasser haben, so müssen sie als Spiele einer jugendlichen feurigen Einbildungskraft, welcher man vieles zu Gute hält, und nach den Begriffen der Griechen vom Wohlstande und Schicklichkeit beurtheilet werden. In dem reifern Alter würde freilich Plato sich solche Gedichte nicht erlaubet haben. Drittens, Antisthenes verfertigte, um dem Plato wehe zu thun, einen Dialog, Satho, der sowohl eine Anspielung auf den Nahmen Plato, als auch eine Satyre wegen seiner Ausschweifungen in der Liebe enthielt [34]). Ob diese aber Plato verdient hatte, ist eben noch nicht klar. Denn wenn er ausschweifte, so that er es doch wahrscheinlich nicht in seinem reifern Alter.

Es wäre wohl möglich und dem Charakter des Antisthenes ziemlich gemäß, daß er das Andenken jugendlicher Fehler wieder erneuert hätte, um seinen Stolz und seine Neigung zu Spöttereien zu befriedigen. Es ist meine Meinung gar nicht den Plato von aller Schuld freizusprechen; aber die angegebenen Gründe sind nicht zureichend, um seinem Leben einen Schandflecken anzuhängen; und nach seinen Neigungen und Bestrebungen zu urtheilen, konnte er, wie mir dünkt, kein Wollüstling sein.

Es scheint ein besonderes Phänomen in dem Leben des Plato zu sein, daß er bei seinem Streben nach Ehre und Ruhm, mit seinen Talenten unter sehr günstigen Umständen, nicht denjenigen Weg betrat, welcher in Republiken der gewöhnlichste ist, durch Thaten und Verdienste um das Vaterland sich einen glänzenden Nahmen zu erwerben. An Neigung fehlte es ihm so wenig als andern jungen Männern; er wünschte, so bald es in seiner Gewalt stunde, an den öffentlichen Angelegenheiten

---

dichte, welches er zu der Zeit verfertiget habe, als er Tragödien schrieb, also ehe er den Sokrates hörte.
34) Diog. III, 35. Athenaeus, l. II, et III.

tern thätigen Antheil zu nehmen, es sei nun, daß ihn eine bloße Ehrbegierde, oder der Wunsch sich gemeinnützig zu machen, und das Bewußtsein der Pflichten gegen das gemeine Wesen dazu bestimmte ³⁵). Kritias, einer von den Dreißigern, war ein naher Anverwandter, nehmlich sein Onkel von mütterlicher Seite, und andere Bekannte munterten ihn sogar dazu auf, und stellten ihm die Sache von der reizendsten Seite vor ³⁶). Die erfoderlichen Eigenschaften und Geschicklichkeiten kann man ihm nicht absprechen; Cicero zum wenigsten glaubt, daß er schon als Volksredner eine glänzende Rolle hätte spielen können ³⁷). Allein ungeachtet aller dieser glücklichen Verhältnisse, ungeachtet aller Antriebe von Außen und von Innen, hielt er sich in einer gänzlichen Entfernung von allen öffentlichen Beschäftigungen und Bedienungen; trat er nicht ein einzigesmal in der Volksversammlung auf um einen Rath zu ertheilen, oder Vorschläge zu thun ³⁸). Ueber die Ursachen dieser merkwürdigen Erscheinung haben wir Platos eigenes Geständniß. Er war zu bedachtsam, überlegte alles mit kaltem Blute, und ließ sich zu keinem raschen Entschlusse verleiten. Daher wollte er erstlich beobachten, nach welchen Maximen

---

35) Epist. VII. B. 11. S. 93. νέος ἐγὼ ὥστε ἐν πολλοῖς δὴ ταυτον ἐπαθον· ᾠηθην, εἰ θαττον ἐμαυτου γενοιμην κυριος, ἐπι τα κοινα της πολεως εὐθυς ἰεναι. Epistol. V. S. 89. Epistol. IX. S. 165.

36) Epist. VII. S. 94. τουτων δη τινες οἰκειοι τε ὀντες και γνωριμοι ἐτυγχανον ἐμοι· και δη και παρεκαλουν εὐθυς ὡς ἐπι προσηκοντα πραγματα με.

37) Cic. Officior. 1, 1.

38) Epist. V. S. 88. Man weiß nicht einmal, ob er nur ein einzigesmal Kriegesdienste gethan habe. Die Nachricht des Diogenes III, 8. aus dem Aristoxenus und des Aelianus VII, 14. daß er bei Tanagra, Delos und Korinth mit gefochten habe, kann nicht wahr sein, denn Plato war zu der Zeit nur noch ein Kind.

wen diejenigen Männer, welche das Staatsruder in Händen hatten, handeln würden; und er fand bald genug Ursache sich zu überzeugen, daß sie mit seinen Grundsätzen im geringsten nicht harmoniren könnten. Vermuthlich war durch den Umgang mit dem Sokrates sein moralisches Gefühl so weit entwickelt und gebildet worden, daß die grausamen Handlungen, die Gewaltthätigkeiten und despotischen Grundsätze der Dreißiger seine Seele mit Abscheu erfülleten, und die erste Abneigung gegen das Geschäftsleben erzeugten. Denn nach ihren Maximen wollte er nicht handeln, und seine konnte er nicht befolgen, ohne sich in die augenscheinlichste Lebensgefahr zu stürzen, und er sahe keinen Nutzen für das gemeine Beste daraus entspringen [39]. Als darauf die Gewalt der Dreißiger zernichtet worden war, und eine neue Umformung des Staatssystems erfolgte, wachte zwar seine Neigung wieder etwas auf. Allein sehr viele neue Auftritte, vorzüglich die ungerechte Hinrichtung des Sokrates, gaben seinem ersten Entschlusse, mit der Staatsverwaltung nichts zu thun zu haben, Festigkeit und Dauer; sie gaben seinem Geiste die besondere Richtung auf Beobachtung der Grundfehler und Hauptgebrechen, nicht allein des attischen, sondern auch anderer Staaten, und reizten ihn zum Nachdenken über die Ursachen dieser Uebel und die Mittel sie aus dem Grunde zu heben [40].

Vielleicht wirkte noch eine andere Ursache mit. So stark auch seine Neigung einen politischen Wirkungskreis sich zu verschaffen sein mochte, so war sie doch nicht die einzige, welche seine ganze Seele erfüllte. Aus dem Eifer, mit welchem er sich bestrebt hat, seinen Geist zu bilden und Kenntnisse einzusammlen, kann man, wie mir dünkt,

---

39) Epist. V. S. 19. ετι καιτοι ας γλτα, καθαπερ πατρι, συνεβουλευσα αυτω, ει μη ματην μεν αποδημησειν αυτη, ελων ὁλην πολιτειαν.

40) Epistol. VII. S. 93, 94.

dünkt, sicher schliessen, daß er das Vergnügen, welches Geistesbeschäftigung gewähret, in hohem Maaße genossen hatte. Hieraus mußte ein eigenes Interesse für gewisse Gegenstände, und eine besondere Richtung seiner Thätigkeit entstehen, wenn er sich auch anfänglich bloß zum Staatsmann zu bilden vorgesetzt hatte. Es fehlte also nicht an andern Gegenständen und Reizen zur Thätigkeit, und an Quellen der Befriedigung, als seine erste Absicht ihm fehlschlug, und das Mittel, welches jene bewirken sollte, nahm alsdann die Stelle des Zweckes ein.

Diese Ursachen scheinen mir zureichend zu seyn, um das Phänomen zu erklären. Brucker glaubt, er habe deswegen an der Staatsverwaltung keinen Antheil genommen, weil er mit den Gesetzen des Drako und Solon nicht zufrieden war [41]; allein er hat, wie mir scheint, die Folge und Wirkung mit der Ursache verwechselt. Von den Gesetzen des Draco kann überhaupt die Rede nicht seyn, denn sie waren durch den Solon aufgehoben. Nicht die Beschaffenheit der Gesetze, auch nicht die Staatsverfassung konnte sein Streben nach politischer Thätigkeit hemmen, denn sonst hätte er nicht einmal daran denken können; die Menschen, ihre Maximen und Handlungen waren es, worauf er für das erste seine Aufmerksamkeit richtete, und welche ihm Unzufriedenheit und Unwillen einflößten. Jetzt wünschte er sogar, daß die Athenienser ihren Vorfahren an Sitten und Denkungsart ähnlich seyn, und die Gesetze des Solons ihren völligen Einfluß noch haben möchten. Nur in der Folge, als die verfehlte Absicht und die Beobachtung der Menschen nach ihren sittlichen und politischen Verhältnissen sein Nachdenken auf diese Gegenstände gerichtet hatte, glaubte er den Grund der so mannichfaltigen

Uebel

---

41) Historia Crit. Philos. T. I. S. 648.

Uebel in der Staatsverfassung, in der Gesetzgebung und Erziehung zu finden 42).

Dieser Umstand war übrigens von großem Einfluß auf die Bildung und Richtung seines Geistes, auf seine Philosophie, auf seine Reisen und manche andere Begebenheiten. Wäre Plato in Erreichung seiner Absichten glücklich gewesen, oder vielmehr wären nicht so entgegengesetzte Maximen und Triebfedern ihm in den Weg getreten, so wüßten wir vielleicht von einem Philosophen Plato nichts; so würden vielleicht seine geistreichen Schriften nicht in das Publikum gekommen sein. Sein Beobachtungsgeist wurde vorzüglich auf die Menschen in ihren gesellschaftlichen Verbindungen, auf ihre Handlungen, auf ihre Triebfedern und Maximen geleitet. Seine Beurtheilungskraft bekam daher Gelegenheit, das was gewöhnlich geschieht, und das, was geschehen soll, zu unterscheiden. Wir dürfen aber hier nicht vergessen, daß die Bildung, welche sein Geist durch Sokrates Umgang, Unterricht und Leitung erhielt, an allen diesen Folgen den größten Antheil hatte, und daß jener Umstand nur als Anlaß und mitwirkende Ursache betrachtet werden muß. Doch es ist nun Zeit, daß wir den Faden, wo wir ihn oben abgerissen haben, wieder anknüpfen.

Plato hatte schon den Kreis von Kenntnissen, welche junge Leute damals gewöhnlich lernten, durchlaufen, philosophische Vorlesungen bei dem Kratylus und wahrscheinlich bei noch mehreren gehöret, vielleicht auch Werke von ältern Philosophen, als Xenophanes und Parmenides gelesen; er hatte bereits, wie wir gesehen haben, in verschiedenen Arten der Dichtkunst Versuche gemacht, und wollte eben vier dramatische Stücke auf das Theater bringen, als er mit dem Sokrates, diesem liebenswürdigen

42) Epistol. VII. S. 94, 96.

würdigen Weisen bekannt wurde, und dadurch die Ausbildung seines Geistes beschleunigte. Nach den Zeugnissen der meisten Schriftsteller führte Aristo selbst seinen zwanzigjährigen Sohn zum Sokrates, indem er glaubte, daß der Umgang mit diesem Manne sehr nützlich für denselben seyn werde [42]). Diese Begebenheit ist mit einigen wunderbaren Umständen, vielleicht bloßen Zusätzen, verflochten, die aber doch einigen Grund haben konnten. Die Nacht zuvor hatte Sokrates folgenden Traum gehabt: Ein junger Schwan flog von dem Altar, welcher in der Academie dem Amor geweihet war, weg, sezte sich auf den Schoos des Sokrates, und erhob sich endlich mit einem alles bezaubernden Gesang in die Lüfte. Als Sokrates den Morgen darauf seinen Schülern diesen Traum erzählte, kam eben Aristo mit seinem Sohn gegangen. Der Anblick eines Jünglinges, dessen Aeußeres so viel Vortreffliches versprach, entzückte den Sokrates; er wandte sich zu seinen Schülern und sagte: der dort ist der Schwan aus der Academie. Die angeführten Schriftsteller erzählen dieses nur als Sage, welcher es an den gehörigen historischen Gründen fehlte. Unterdessen wer die lebhafte Einbildungskraft des Sokrates, und seine Ueberzeugung von dem Bedeutungsvollen der Träume bedenkt, der kann es gar wohl annehmen, daß so etwas habe geschehen können.

Von den acht Jahren, welche Plato in dem Umgange mit dem Sokrates verlebte, wissen wir wenig mehr als Nichts, so interessant auch der Detail aller kleinen Umstän-

---

42) Apuleius; S. 366. Diog. III, 5. Olympiodor. S. 385. Aelian erzählet den Anfang der Bekanntschaft beider Männer auf eine andere Art, deren Wahrheit er aber selbst nicht verbürgen will. Plato war aus Armuth genöthiget des Soldatenlebens zu ergreifen: als er aber im Begriff war, seine Rüstung sich einzukaufen, führte ein Zufall den Sokrates zu ihm, der durch seine erste Unterredung ihn zu einem andern Entschluß brachte.

Umstände und Begebenheiten für uns sein müßte, weil er uns zwei große Männer des Alterthums vielleicht von ganz neuen Seiten zeigen würde. Wie viel merkwürdiges würden wir insbesondere über den Gang der Entwickelung und Ausbildung des Geistes des Plato erfahren, wenn die Geschichte dieser Periode seines Lebens etwas anders, als die dürftigste Sammlung einiger Bruchstücke sein könnte.

Sokrates mußte sich sehr freuen, daß eine kleine Bekanntschaft schon das Urtheil bestätigte, welches er bei dem ersten Anblick aus seiner Physiognomie gezogen hatte, und seine Erwartung befriedigte. Er entdeckte an ihm alle die schönen Eigenschaften, deren Aeußerung das Interesse seiner Schriften ausmachet: eine lebhafte für alles Schöne empfängliche Einbildungskraft, Witz, Scharfsinn; er bemerkte aber auch, daß das Triebwerk, welches alle seine Seelenkräfte in Thätigkeit gesetzt hatte, nichts als Ehrbegierde war. Sokrates hatte daher nicht nöthig, durch gewisse Reize diese Vermögen aufzuregen, sondern er gab ihnen nur eine bestimmte Richtung vermöge des Ehrtriebes, welchen er, als ein guter Erzieher, sehr zweckmäßig zu benutzen wußte. Er veredelte diesen Trieb, indem er ihn von den Gegenständen abzog, an welchen er äußern Glanz suchte, und auf diejenigen hinleitete, welche uns in unserm eignen Bewußtsein erheben 43). Eine Folge davon war, daß er alle seine dramatischen Gedichte verbrannte, und der Dichtkunst auf immer entsagte. So leicht übrigens das Geschäft der Erziehung von Seiten des Geistes sein mußte, weil Plato sehr folgsam war, und, wie mir scheint, außer seinen guten Anlagen schon viel Empfänglichkeit für das Sittliche

43) Apuleius. S. 366. Iamque carminum confidentia elatus, certatorem se profiteri cupiebat, nisi Socrates humilitatem cupidinis ex eius mentibus expulisset, et verae laudis gloriam in eius animum inferre curasset.

liche besaß, so schwer wurde es dem Sokrates, seine Wißbegierde, seinen Forschungsgeist zu befriedigen. In
allen seinen Unterhaltungen warf er Fragen auf, erhob
Zweifel, foderte immer von neuen Gründe, ohne sich
durch die gegebenen befriedigen zu lassen, und machte
seinem Lehrer damit nicht wenig zu schaffen [44]). Diese
Lebhaftigkeit und Thätigkeit des Geistes konnte dem Sokrates nach seiner Denkungsart nicht mißfallen, eben so
wenig, als daß Plato schon bei seinen Lebzeiten Dialogen schrieb, in denen er selbst die Hauptperson vorstellte,
und auf eine Art disputirte, welche nicht ganz die seini-
ge war. Es giebt zwar viele Schriftsteller, welche glauben entdeckt zu haben, daß Sokrates keinesweges damit
zufrieden gewesen sei, daß er ihm so viele Sachen andich-
tete, an welche er nie gedacht hatte. Allein sie können
keinen einzigen befriedigenden Grund oder vollgültiges
Zeugniß für ihre Behauptung aufbringen. Das einzige,
worauf sie sich berufen, kann nichts für sie beweisen,
weil es zweideutig ist. Als Plato seinen Lysis in Gegenwart des Sokrates vorlas, soll er, wie man sagt, aus-
gerufen haben: O Hercules! Hercules, wie viel dichtet
mir der Jüngling an [45]). Einmal ist es nicht ausgemacht, daß Sokrates dieses Urtheil, mit diesen Worten
und auf diese Art ausgesprochen hat, es ist vielmehr
wahrscheinlich, daß diese Sage auf verschiedene Weise
erzählet worden ist [46]). Gesezt aber auch, das Faktum
habe seine Richtigkeit, so kann man doch auf keine Weise
irgend

---

44) Der Ungenannte Verfasser seines Lebens in der Bibliothek der alten Litteratur, S. 23. μετα δε το την ωραν
αφειληφεναι Σωκρατει, και πραγματα παρεχειν αυτω τω Σωκρατει εν ταις προς αυτον εντευξεσι.

45) Diog. III, 35. φασι δε και Σωκρατην ακουσαντα τον λυσιν
αναγινωσκοντος Πλατωνος, Ἡρακλεις, ειπειν, ὡς πολλα μου
καταψευδεθ' ὁ νεανισκος.

46) Der unbekannte Biograph erzählet das Faktum so, S. 23.
τον γαρ λυσιν διαλογον συγγεγραφως, ᾧ εντυχε και ὁ Σωκρατης.

irgend einen Verweiß, Beschuldigung, oder auch nur Mißbilligung des Sokrates daraus schließen. Es wäre schon Unbesonnenheit von dem Plato gewesen, wenn er eine Schrift dem Sokrates hätte vorlesen wollen, welche so beschaffen gewesen wäre, daß sie seinen Unwillen hätte reizen müssen. Nun können aber jene Worte gar wohl die Bedeutung haben, daß Sokrates die Reichhaltigkeit und Fruchtbarkeit des Geistes des jungen Mannes mit attischer Feinheit, welche sich mit solchen Ironien sehr gut vereinigte, loben wollte, worauf auch schon die Worte des unbekannten Biographen Anleitung geben. Athenäus erzählet noch eine Anekdote, welche die Unzufriedenheit des Sokrates vielleicht eher beweisen könnte als die vorhergehende, wenn sie nur nicht alle historische Wahrscheinlichkeit gegen sich hätte. Es träumte mir, soll einst Sokrates in Beisein des Plato und anderer Schüler gesagt haben, du wärest eine Krähe geworden, und hättest mir den Kahlkopf zerhackt; ich ahnde daher, daß du einst den Leuten viel Lügen von mir verschwatzen wirst [47]. Verdiente auch Athenäus bei seinen vielen Anekdoten von den Philosophen überhaupt viel Glauben, so wäre doch diese ganz gewiß ungegründet, da wir für das Gegentheil ein viel gültigeres Zeugniß haben, und das von einem Schriftsteller, welcher ein Zeitgenosse und Mitschüler des Plato, dabei aber auch sein Nebenbuhler war. Xenophon, der, wie auch Plato im umgekehrten Fall thut, fast geflissentlich vermeidet, des Plato nur mit einem Worte zu erwähnen, kann doch nicht umhin, einmal gleichsam im Vorbeigehen anzumerken, daß Sokrates den Plato auf eine vorzügliche Art hochgeschätzt habe [48]. Dieses einzige Zeugniß, oder viel-

κρατη, εφη τους ετερους αυτω ύτοι ὁ νεανίας αγει με εσω ἰδλει, και ἰδ᾿ ίσον ἰδλει, και προς ιε ἰδλει.

47) Athenaeus Dipnos. edit. Casaub. L. XI. C. 507.
48) Xenoph. Memor. Socr. III, 6. Σωκρατης δε ουτως ος αυτη διο τε Χαρμιδην τον Γλαυκωνος και δια Πλατωνα.

vielmehr dieser Wink, wiegt alle neuern Sagen auf, und bekommt durch die Gesinnung und das Betragen des Plato gegen seinen Lehrer noch mehr Gewicht.

Plato liebte und schätzte den Sokrates so sehr, als er nach seinem vortreflichen Charakter verdiente. Hiervon geben nicht allein seine Schriften sehr viele Proben, indem er den Sokrates nach seiner Denkungsart mit den treflichsten Zügen darstellet, und ihn gegen alle ungerechte Beschuldigungen mit aller Wärme vertheidiget, sondern er bewährte auch seine Gesinnung durch Handlungen. Als er angeklagt war, bestieg er den Rednerstuhl, um die Richter von seiner Unschuld zu überzeugen, obgleich der Erfolg seinem Wunsch nicht entsprach. Denn das Geschrei des versammelten Haufens nöthigte ihn herabzusteigen, als er kaum angefangen hatte[49]) Crito, Critobulus, Apollodorus und Plato redeten dem Sokrates zu, er sollte den Richtern eine Summe als freiwillige Geldbuße anbieten, um sich von einem härtern Urtheil loszukaufen, und sie wollten aus ihrem Vermögen dreißig Minen zusammenlegen[50]). Obgleich Sokrates ihr Anerbieten nicht annahm, so war es doch ein sicherer Beweis ihrer ungeheuchelten Gesinnung gegen ihn. Der Tod dieses tugendhaften Mannes, dieses vortreflichen Lehrers und zärtlichen Freundes erfüllte sein Herz mit dem stärksten Gefühl, theils des Schmerzes, theils des Unwillens gegen seine Feinde[51]). Athenäus erzählet hier eine Anekdote, die vielleicht nicht zuverläßiger ist als die andere, deren er so viele gesammlet hat. Als einig von den Zöglingen des Sokrates nach seinem Tode gan

---

49) Diog. II. 41. aus dem Justus Tiberius, einem sehr jungen Schriftsteller. Daß Plato den Sokrates vor Gericht vertheidiget habe, ist sehr wahrscheinlich. Xenoph. Apolog.
50) Plato Apolog. S. 22. Xenoph. Apolog.
51) Phaedo, S. 265, 267. Epist. VII. S. 94, 95. Plutarch. de vit. morali. L. II. S. 449.

niedergeschlagen und muthlos waren, nahm Plato, der in ihrer Gesellschaft war, einen Becher, sagte, sie sollten den Muth nicht sinken lassen, er fühle sich stark genug, die Lehranstalt des Sokrates fortzusetzen, und reichte ihn dem Apollodor hin. Allein dieser sagte mit Unwillen: Lieber möchte ich den Giftbecher vom Sokrates, als von dir den Weinbecher annehmen[12]). Es mag zwar immer wahr sein, daß sich Plato noch als Schüler schon vorgenommen hatte, eine eigene philosophische Schule zu errichten; es kann dieser Vorsatz nach dem Tode des Sokrates zu mehrerer Stärke gelanget sein; aber, dieses Betragen stimmt doch nicht mit seinem Charakter überein, und hat manche Zeitumstände gegen sich. Sollte er allein so unempfindlich gewesen sein, daß er bei dem mitleidigen Schmerze seiner Mitschüler nur allein an Befriedigung seines Stolzes dachte? Stumpf an Verstande und Gefühl müßte er gewesen sein, wenn er durch Zudringlichkeit zu der Stelle des Sokrates den Schmerz derselben über den Verlust ihres unvergeßlichen Lehrers hätte lindern wollen. Und dieses sollte er zu einer Zeit gethan haben, da sie alle wegen eines ähnlichen Schicksals, als Sokrates erfahren hatte, in Sorgen waren, und die meisten es nicht für rathsam hielten, in Athen zu bleiben? Wäre es dem Plato damals ein Ernst gewesen, an Sokrates Stelle Philosophie zu lehren, und hätten es die Zeitumstände erlaubet, so würde er ganz gewiß seinen Plan ausgeführet haben, ohne sich an die Unzufriedenheit der andern zu kehren.

Ehe ich weiter fortgehe, muß ich noch etwas über das Verhältniß des Plato zu den übrigen Sokratikern, über ihre Kälte und Eifersucht gegen einander sagen. Athenäus und Diogenes haben eine große Menge von solchen Nachrichten gesammlet, welche fast alle die Absicht

[12]) Athenaeus, l. XI. C. 507.

sicht haben, Schwachheiten und Fehler des Plato in ihrer Blöße aufzudecken, oder vielmehr, durch Zusammenstellung derselben seinen ganzen Charakter in Schatten zu setzen. Ich habe mich oft gewundert, wenn ich gesehen habe, daß angesehene Schriftsteller der neuern Zeiten diesen Schriftstellern auf ihr Wort geglaubet und das ganze Carricaturgemählde wiederhohlet haben, ohne die Richtigkeit der einzelnen Züge zu untersuchen, ohne die Quellen, woraus sie geflossen sind, zu prüfen, ohne nach dieser vorgängigen historischen Kritik und Scheidung des Falschen von dem Wahren, die Fakta unter einem allgemeinen Gesichtspunkt zu fassen, und nach ihren Ursachen zu forschen — ein Verfahren, bei welchem man immer in Gefahr ist, gegen den einen oder andern ungerecht zu seyn, und den Charakter der Personen in falsches Licht zu setzen. Ich will daher alle jene Fakta, und der Vollständigkeit wegen auch solche, welche eigentlich in die folgende Periode gehören, zusammenstellen, ihre Richtigkeit prüfen, und endlich über das nicht freundschaftliche Verhältniß der Sokratiker überhaupt einige Untersuchungen anstellen.

Die angeführten Schriftsteller beschuldigen den Plato, daß er in dem Betragen gegen die meisten Sokratiker Spuren von Neid, Eifersucht, Verachtung und Bosheit zurückgelassen habe, welche seinen Charakter sehr verdunkelten. Plato gedenket des Xenophons in allen seinen Schriften nur nicht mit einem Worte, auch nicht einmal in der Apologie und dem Phädon, wo er neben den übrigen Sokratikern auch eine Stelle hätte bekommen müssen. Er erklärte, um seinem Gegner wehe zu thun, die Cyropädie für einen bloßen Roman. Nicht anders machte es Xenophon. Den Nahmen des Plato liest man bei ihm nur ein einzigesmal. Als Plato die zwei ersten Bücher der Republik herausgegeben hatte, schrieb Xenophon seine Cyropädie, um dem Platonischen Ideal eines Staates ein anderes entgegen zu setzen. Ihre Eifer-

such-

sucht äussert sich auch darin, daß beide ähnliche Schriften verfertigten, nehmlich eine Apologie des Sokrates, ein Symposium ³³). Diese erstern von diesen Fakten haben der Hauptsache nach ihre ungezweifelte Gewißheit, aber die letzten sind wo nicht falsch doch zum wenigsten sehr zweifelhaft. Wenn Plato sagt, Cyrus habe, wie er sich die Sache vorstelle, keine vorzügliche Erziehung genossen, sondern von Jugend auf an eine harte Lebensart gewöhnt, sei er ein guter Soldat geworden, und habe, da er sein ganzes Leben Krieg führte, sich wenig um seine häuslichen Angelegenheiten und die Erziehung seiner Söhne bekümmert, so kann man daraus noch nicht schließen, daß er durch diese Darstellung den Xenophon habe kränken wollen, gesetzt auch, daß er die Cyropädie für einen bloßen Roman erkläret hätte ³⁴). Eine andere Vorstellungsart, eine Widerlegung eines Gegners verräth noch keine hämische Gemüthsart, und wenn sie mit Verschweigung des Nahmens des Gegners, mit Bescheidenheit, wie hier, vorgetragen wird, vielmehr Achtung oder Schonung. Das zweite Vorgeben, daß Xenophon die Cyropädie gegen die zwei ersten Bücher der Republik geschrieben habe, um ein anderes Ideal der Regierungskunst aufzustellen, hat beinahe nichts für und alles gegen sich; denn da in den zwei ersten Büchern noch kein Ideal eines vollkommnen Staates vorkommt, so konnte auch Xenophon seine Cyropädie in der Absicht nicht aufsetzen, um dem Plato zu widersprechen. Beide Werke müßten sich auch in Rücksicht auf den Zweck und Plan nicht so weit von einander entfernen. Die Aehnlichkeit der Schriften kann nicht den geringsten Beweisgrund abgeben, da sie, die Apologie ausgenommen, so unbeträchtlich ist, und beim Symposium nur in dem

Nah-

---

33) Diog. III, 34-37. Athenaeus, l. XI. S. 504, 507. Gellius, XIV, 3.
34) de legib. III. ein B. S. 140

Nahmen liegt, die Verschiedenheit aber in der Absicht und Ausführung weit größer ist. Also bleibt nur ein einziges Faktum übrig, daß keiner des andern gedenket, wovon Xenophon nur ein einzigesmal eine Ausnahme macht. In den zwei Fällen aber, wo man dem Plato dieses Stillschweigen am höchsten anrechnet, in der Apologie und dem Phädon, kann man den Charakter des Plato nicht in Anspruch nehmen. Denn in dem letztern Dialog macht er nur diejenigen Sokratiker nahmhaft, welche am Sterbetage des Sokrates zugegen waren oder sich befinden, worunter Xenophon nicht gehöret; in der Apologie aber, that er es deswegen nicht, weil die Athenienser damals nicht gut auf den Xenophon zu sprechen waren. Daß aber Plato und Xenophon, diese Fälle abgerechnet, so wenig an einander dachten, als wenn keiner dagewesen, scheint freilich zwar eben keine Feindschaft, aber doch eine gewisse Entfernung und Trennung ihres Herzens anzukündigen, deren Ursachen vielleicht nicht so versteckt sind, daß sie sich nicht errathen ließen.

Was man dem Plato in seinem Betragen gegen den Xenophon zur Last legt, läuft auf schriftstellerische Eifersucht hinaus, welche sich noch immer in den Schranken der Mäßigung erhält. Beträchtlicher aber und für seinen Charakter nachtheiliger sind die Erzählungen von seinem Benehmen gegen den Aeschines. Die Unterredung, welche dieser in dem Gefängniß mit dem Sokrates hielt, um ihn zur Flucht zu überreden, legte er aus Liebhaftigkeit gegen den Aeschines, oder deswegen, weil dieser sich mit dem Aristippus besser als mit ihm vertragen konnte, dem Krito in den Mund 35). Als sich Plato an dem Hofe des Dionysius aufhielt, kam auch Aeschines dahin, um einige Erleichterung in seiner Armuth zu suchen. Anstatt ihn durch eine Empfehlung bei dem König

---

35) Athenaeus, l. XI. S. 507. Diogen. II, 60. III, 36.

wenig zu unterstützen, verachtete ihn Plato [?]. Als sie darauf beide wieder in Athen waren, schämte sich Plato nicht, seinem armen Mitschüler den Xenokrates, seinen einzigen Schüler, zu entziehen [?]. — Das erste Factum beruhet auf der Aussage des Idomeneus, der ein Buch von den Sokratikern schrieb, aber oft wegen seiner Unzuverlässigkeit getadelt wird [?]. Seine Treue erscheint schon durch diesen einzigen Bericht in einem zweideutigen Lichte. Denn nach dem Xenophon waren es zwar mehrere Freunde, welche den Sokrates heimlich aus dem Gefängnisse ausführen wollten, allein Krito scheint doch die Hauptrolle dabei gespielet zu haben, weil ein Mann von Ansehen und Vermögen nur an eine solche Unternehmung denken konnte. — Welcher Partheilichkeit hätte auch Plato sich schuldig gemacht, wenn er einen Rath, der vom Sokrates so sehr getadelt und verworfen wird, anstatt dem Aeschines einem andern beigelegt hätte. — Bei dem zweiten hat Diogenes seine Gewährsmänner nicht angeführet, sondern er erzählet es nur als Sage. Nun tritt aber Plutarch dagegen auf und erzählt gerade das Gegentheil [?]. Das dritte berichtet Athenäus allein, ohne irgend eine Quelle anzuführen. Es verdient daher auch schon an sich wenig Glauben, weil Athenäus oft ohne alle Kritik kompiliret. Wenn es wahr ist, daß Speusippus in seiner frühen Jugend den Plato hörte, daß Aeschines sich bei dem Dionysius so lange aufhielt, bis ihn Dio aus Sicilien vertrieb, und daß er darauf, als er nach Athen zurückkam, es nicht wagte, öffentlich Philosophie zu lehren, weil Plato und Aristipp schon allgemeinen Beifall erhalten hatten [?], so ist jenes eine offenbare Erdichtung.

---

56) Diogen. III, 36. II, 60.
57) Athenaeus, l. XI. S. 507.
58) Plutarch. Pericle, S. 157. Demosthen. 353. 356.
59) Plutarchus de discrim. adulat. S. 67.
60) Diog. IV, 6. II, 63. 64.

Dichtung. Doch ich bin müde, mehrere dergleichen Erzählungen, welche das Gepräge der Falschheit offenbar an sich tragen, und nicht einmal den Beglaubigungsschein von einem angesehenen Schriftsteller erhalten haben, anzuführen und sie zu widerlegen. Man kann schon aus den gegebenen Proben den Schluß ziehen, daß man überhaupt bei allen solchen Anekdoten sehr mißtrauisch seyn müsse.

Unterdessen wenn auch alle diese und ähnliche Ueberlieferungen weiter nichts als Erdichtungen sind, welche die leichtgläubigen Schriftsteller der spätern Zeit ohne alle Prüfung gierig aufnahmen, so kann man doch nicht glauben, daß sie ohne allen Grund erdacht worden sind. Es ist nehmlich mehr als wahrscheinlich, daß eine Art von Eifersucht oder auch Kaltsinn unter den meisten Sokratikern geherrscht habe, deren Aeußerungen, so lange als Sokrates lebte, durch die Verbindung als Schüler, und durch die allgemeine Liebe gegen ihren Lehrer, und endlich durch den mächtigen Einfluß der Ermahnungen des letzten zwar zurückgehalten wurden, aber auch hernach desto stärker ausbrachen, weil sie keinen Widerstand weiter fanden. Dieses Verhältniß erstreckt sich nicht allein über den Plato in Beziehung auf die übrigen Sokratiker, sondern fast ohne Ausnahme auf alle diejenigen, die sich auf eine Art auszeichneten. Die Ursache davon war, wie mir scheinet, folgende. Der Charakter ihres Geistes und Herzens war zu sehr verschieden, daß eine engere Herzensvereinigung nicht wohl als möglich zu denken ist. Sie alle hatten Antheil an dem Umgange und der Bildung des Sokrates gehabt, aber jeder blieb doch das, was er gewesen war; jeder brauchte diejenigen Unterredungen, welche seiner Denkungsart und seinem Gedankensystem sich am meisten näherten; jeder machte einen eignen Gebrauch und Anwendung von seinen Lehren und Ermahnungen, und bildete sich dadurch, aber nicht

eben

ben auch den Sokrates*). Bei seiner allgemeinen
Hochschätzung und Liebe, worin seine Zöglinge gleichsam
wetteiferten, war es natürlich, daß sich jeder einbildete,
er habe den Sokrates am besten verstanden, seine Weisheit am richtigsten gefaßt, und seine Handlungsweise
sich zu eigen gemacht. Daher fand jeder etwas an dem
andern zu tadeln, wenn er etwas Eigenthümliches im
Denken und Handeln hatte, indem er nur allein glaubte
seinen Lehrer richtig kopieret zu haben. Zu dieser Eigenliebe gesellte sich bei einigen eine Art von philosophischer
Intoleranz, die es nicht leiden konnte, daß jemand
außer den Bemühungen des Sokrates noch andere Wege
und Mittel versuchte, um Philosophie sich bedient zu
machen. Sie glaubten, Sokrates, der nicht allein von
Menschen, sondern auch durch Orakelsprüche für den
Weisesten sei erkläret worden, müsse die Philosophie voll-
endet haben, und es sei Thorheit, über seine noch eine
andere gründen zu wollen. Dieses scheint mir vorzüglich
der Fall beim Plato zu sein, der als ein Abtrünniger von
der Sokratischen Schule angesehen wurde, da er zwar
mit dem wesentlichen Zwecke der Sokratischen Philosophie zufrieden war, dagegen aber auch nach einer wissenschaftlichen und systematischen Erkenntniß derselben
strebte; da er, um seine Wißbegierde zu befriedigen, Reisen in fremde Lande that, mit andern Philosophen in Verbindung trat, und aus allen Büchern, die er nur bekommen konnte, Nahrung für seinen Geist suchte. Dieses
ist die Quelle von vielen Urtheilen über den Plato, welche man in den Briefen der Sokratiker findet. Sie sind
zwar nach dem einstimmigen Urtheil der Gelehrten unächt, und der spätere Schriftsteller hat sich durch lächer-
liche Unrichtigkeiten nur zu sehr verrathen; aber es liegt
ihnen doch mancher historischer Stoff zum Grunde, den

die

---

61) Cic. de Oratore III, 16.

— 29 —

der Verfasser nur auf eine sehr ungeschickte Art verarbeitete. Daher vermuthe ich das nehmliche auch bei diesen Urtheilen, wie auch daß den vielen Anekdoten, welche Diogenes und Athenäus gesammelt haben, zum Ueberfluß erhellet. Ein Umstand kam noch dazu, der die Eifersucht der Sokratiker reizen mußte, daß Plato durch sein Philosophiren einen so ausgebreiteten Ruhm erhielt, der sie zu verdunkeln schien. Bei dem Plato kann weder die eine noch die andere Ursache gewirkt haben, denn er hatte eine liberale Denkungsart, und das Glück hatte ihn über Eifersucht hinweggesetzt. Allein die Denkungsart der einen, welche von keiner andern als Sokratischen Philosophie hören wollten; und der Charakter der andern, der von seinem so verschieden war; die Nachahmungssucht der andern, welche nichts als den Sokrates kopieren wollten; vielleicht auch mancherlei Handlungen, die ihn kränken mußten: diese Ursachen zusammengenommen waren hinreichend, eine gewisse Entfernung und Zurückhaltung hervorzubringen, welche aber, so weit man vermuthen kann, keinen solchen Einfluß auf sein Betragen hatte, daß er die Pflichten der Menschlichkeit aus den Augen gesezt hätte. Sie äussert sich in seinen Schriften durch Stillschweigen, auch da, wo er Meinungen von ihnen anführet, welche er tadeln mußte, und er nennt sie, ein Paar ausgenommen, nur da, wo er historische Umstände vom Sokrates anführet. Doch scheint es, als wenn Cebes und Plato innige Freunde gewesen wären⁶²).

Nach dem Tode des Sokrates machte Plato nebst andern Sokratikern eine Reise nach Megara, und hielt sich einige Zeit bei dem Euclides auf⁶³). Sie glaubten nehmlich in Athen nicht sicher zu sein, und befürchteten,
die

62) Epist. XIII, S. 177.
63) Diog. III, 6. II, 106. aus dem Hermodor.

die Rachsucht der Feinde des Sokrates möchte durch ein Opfer noch nicht befriediget sein. In Megara hatten sie nicht allein völlige Freiheit und Sicherheit, sondern genossen auch das Vergnügen, daß sie von ihrem Mitschüler auf eine freundschaftliche Art aufgenommen und bewirthet wurden. Es ist wegen Mangel an Nachrichten ungewiß, ob alle Sokratiker oder nur einige, und welche, sich nach Megara begeben haben; wie lange sie sich daselbst aufgehalten haben, und welches ihre Beschäftigungen waren. Brucker sagt, Plato habe sich vom Euclides in der Dialektik unterrichten lassen [64]). Davon sagt aber kein alter Schriftsteller etwas. Es ist vielmehr wahrscheinlich, daß sie beide in philosophischen Unterredungen ihre Kenntnisse zu bereichern und zu berichtigen gesucht haben. Daher versichert auch Cicero, daß die Megarischen Philosophen viele Lehrsätze vom Plato angenommen haben [65]). Eben so ungewiß ist es, ob er von Megara nach Athen zurückging, oder sogleich seine gelehrten Reisen antrat. Doch läßt sich jenes mit mehr Wahrscheinlichkeit behaupten, weil er vorher einige Anstalten und Einrichtungen zu einer so langen Reise machen mußte. Wenn das wahr wäre, was Valerius Maximus berichtet, daß zu der Zeit, als Plato die Merkwürdigkeiten von Aegypten betrachtete, Jünglinge haufenweis nach Athen reißten, um sich von ihm in der Philosophie unterrichten zu lassen, so wäre jenes nicht allein gewiß, sondern auch, daß er vor seinen Reisen eine Schule errichtet hätte [66]). Allein man kann auf diesen Bericht allein nicht viel bauen, weil Valerius seine Quellen nicht angegeben hat.

Seine folgenden Reisen sind zwar sehr bekannt, aber wir wissen von ihnen außer einigen Bruchstücken fast

gar

---

64) Brucker, H. Cr. Philos. V. 1. S. 611. 633.
65) Academ. Qu. IV, 42. Hi quoque multa a Platone.
66) Valer. Maxim. l. VIII. c. 7.

gar nichts. Die Veranlassung, die Bewegungsgründe, und die Absicht seiner Reisen muß man mehr nach wahrscheinlichen Gründen muthmaßen, als daß man eine bestimmte historische Nachricht davon aufweisen könnte. Nachdem er schon in seiner frühen Jugend das Vergnügen geschmeckt hatte, welches die Ausbildung und die Beschäftigung des Geistes gewähret, so hörte er nie auf, Stoff zu Bereicherung seiner Kenntnisse einzusammlen. Sein Geist umfaßte alle Zweige der Wissenschaften, welche damals getrieben wurden, und er schränkte seine Wißbegierde auf keine besondere Art von Gegenständen ein. Es konnte daher nicht fehlen, daß nicht Aegypten, Italien und Sicilien einen besondern Reiz für ihn haben mußten, da diese Länder theils durch die vielen Merkwürdigkeiten und ungewöhnliche Erscheinungen der Natur, theils durch große und berühmte Männer, die in denselben anzutreffen waren, eine wichtige Bereicherung seiner Kenntnisse im Voraus versprachen. Aegypten war überhaupt das Land, welches für den Sitz aller Kultur und Wissenschaft galt, welches mit einer Art von Staunen erregenden Bewunderung angesehen wurde, welches schon so viele Griechen mit Schätzen von Weisheit bereichert zurückgeschickt hatte, wo ein Orpheus seine höhern Religionskenntnisse, ein Solon seine Staatsweisheit, und Pythagoras seine Philosophie gefunden hatten. In Sicilien und Italien war noch die Pythagoräische und Eleatische Philosophie in Flor, von welcher er, wahrscheinlich einigen Vorschmack aus Büchern bekommen hatte, der ihn begierig machte, eine nähere Kenntniß aus persönlichem Umgange mit den berühmten Pythagoräern zu erhalten. Wenn alles dieses, wie es höchst wahrscheinlich ist, die Begierde zu Reisen zuerst entflammen mußte, so kam vielleicht noch ein Umstand hinzu, welcher ihn unwiderstehlich zur Ausführung seines Entschlusses reizte. Sein Wunsch, für das Beste seines Vaterlandes zu arbeiten, war durch manche politische Eräugnisse, wie wir oben

oben gezeigt haben, mitgetheilt worden. Von dieser Zeit
lenkte sich sein Beobachtungsgeist vorzüglich auf Gegenstände der Staatsweisheit, auf die verschiedenen Formen und Einrichtungen der Staaten, auf die Maximen
der Regierungen, auf das Verhältniß der Politik zur
Moral. Er wünschte seinen Erfahrungen einen größern
Umfang geben, und die Resultate derselben mit Beobachtungen von andern Staaten vergleichen zu können. Daß
dieses ein Bewegungsgrund zu seinen Reisen war, läßt
sich nicht nur aus einer Stelle des siebenten Briefes [67]),
sondern aus einigen Nachrichten, die wir weiter unten
anführen werden, schließen.

Ueber die Ordnung und Folge seiner Reisen sind
die Schriftsteller nicht einig. Nach dem Zeugniß des
Cicero reiste er zuerst nach Aegypten, von da nach Italien, womit auch Valerius übereinstimmet [68]). Quinctilian giebt die entgegengesetzte Ordnung an, erst Italien, hernach Aegypten. Bei dem Apulejus folgen sie
so auf einander: Italien, Cyrene, Aegypten, Italien;
beim Diogenes, Cyrene, Italien, Aegypten; endlich bei
dem ungenannten Biographen: Aegypten, Phönikien,
Sicilien [*]). Unter diesen scheinet die Folge, wie sie Apulejus angiebt, am natürlichsten, und daher auch am
wahrscheinlichsten zu seyn, und sie gewährt allein den
Vortheil, daß man die andern Berichte mit diesem übereinstimmend machen kann, wenn man annimmt, daß
einige die erste Reise nach Italien, andere die zweite,
vielleicht aus Versehen oder aus einem Gedächtnißfehler
ausge-

67) S. 969. Er habe sich endlich überzeugt, sagt er, daß alle
bekannte Staaten eine fehlerhafte Verfassung hätten.
68) Cic. de Finib. V, 29. und ein Fragment aus dem ersten
Buche seiner Republik.
69) Apulejus, S. 367. Diogen. III, 6. Quinctil. Instit.
I, 19.

ausgelassen haben. Die Angabe des Diogenes entbehret
bei; er Vortheile.

Plato reißte also, wenn wir die oben angegebene
Ordnung annehmen, zuerst nach Italien oder Großgrie-
chenland, zu den Pythagordern, welche sich damals nicht
allein durch ihre Kenntnisse, sondern auch durch ihre
Staatsklugheit einen großen Nahmen gemacht hatten.
Nach dem Cicero, Quinctilian und Valerius bezog sich
der Entzweck dieser Reise auf Bereicherung seiner theoretischen Kenntnisse, nach dem Apulejus aber mehr auf
eigene sittliche Ausbildung [70]).

Ich glaube seine Absicht war, alles wissenswürdige
zu lernen, ihre Einsichten in der Staatskunst und in der
Mathematik zu benutzen, ihre Metaphysik sich bekannt
zu machen, und alles dieses mit Anwendung zur Cultur
seines Kopfes und Herzens. Wenn aber sehr viele und
angesehene Schriftsteller glauben, daß Plato förmlich
bei den Pythagordern in die Schule gegangen sei, und
sich als ein Knabe in ihre Weisheit habe einweihen lassen, so scheinen sie nicht bedacht zu haben, daß Plato
schon zum wenigsten ein dreißiger sein mußte, der sich
bei seinem nicht unbedeutenden Nahmen wahrscheinlich
nicht diesen Formalitäten unterwarf. Er kam vielmehr
als ein Fremder, der die Bekanntschaft und den Umgang mit Gelehrten und Staatsleuten suchte, und unter
dem Titel eines Liebhabers aller gelehrten Kenntnisse bei
allen, die von eben demselben Interesse belebet waren,
eine freundschaftliche Aufnahme erwarten konnte, und
wirklich fand. Unter diesen Umständen mußte er in ein
Verhältniß der Gleichheit mit den Pythagordern treten,
welches

---

70) Apulejus, l. c. Sed postquam Socrates homines re-
liquit, quaesiuit, vnde proficeret, et ad Pythagorae disci-
plinam se contulit. Quam ersi ratione diligenti et ma-
gnifica instructam videbat, verum tamen continentiam
et castitatem magis cupiebat imitari.

welches eine wechselseitige Mittheilung ihrer Kenntnisse zur
Folge hatte, wobei jeder gab und nahm, was er konnte.
Ich kann zwar keinen vollständigen Beweis führen, daß
dieses und kein anderes Verhältniß unter ihnen statt gefunden habe; aber außerdem, daß es mir ganz genau
zu ihrer beiderseitigen Lage zu passen scheint, kann ich
noch einige Gründe aus den so mangelhaft vorhandenen
Nachrichten anführen, welche meiner Behauptung einen
ziemlichen Grad von Wahrscheinlichkeit geben. Plutarch
erzählet in dem Leben des Marcellus, wie Archytas und
Eudoxus zuerst Versuche gemacht haben, die Mechanik
zu bearbeiten. Da sie einige schwere Aufgaben der Geometrie nicht durch Demonstration auflösen konnten, so
machten sie sich die Arbeit durch mechanische Verrich-
tungen leichter und suchten durch die Erfahrung heraus-
zubringen, was sie a priori nicht finden konnten. Um
z. B. die Aufgabe: zu zwei gegebenen Linien die mittlern
Proportionallinien zu finden, aufzulösen, ersonnen sie
allerlei Zeichnungen und Instrumente, wodurch in jedem
Fall die verlangte Mittellinie gleich gegeben würde.
Hiermit war Plato sehr unzufrieden, und tadelte sie, daß
sie den größten Vorzug der Geometrie, wodurch sie von
der Erfahrung unabhängig sei, zernichteten. Dieser
Verweis schreckte sie von allen weitern mechanischen Beschäftigungen dieser Art ab.[71]). Diese Erzählung, woferne sie richtig ist, beweiset augenscheinlich, daß Plato
seine eigenen Ideen hatte, sie den Pythagoräern mittheilte, und ein größeres Ansehen hatte, als sich von einem bloßen Schüler voraussetzen läßt. Ich sage, wenn
die Erzählung ihre Richtigkeit hat, welches man ihr
nach meiner Einsicht nicht absprechen kann. Plutarch,
der auch sonst, zumal in seinen Lebensbeschreibungen, ein
glaubwürdiger Schriftsteller ist, verdienet hier um so
mehr

[71]) Plutarch. T. I. S. 305. auch Symposiac. l VIII, T. II,
p. 718.

mehr Glauben, da es seine Absicht nicht ist, etwas zum Ruhme des Plato zu sagen. Hierzu kommt noch eine Stelle des Plutarchus aduersus Colotem S. 1126. Die Sache stimmt auch sehr gut mit dem überein, was wir von der philosophischen Denkungsart des attischen Philosophen wissen. Daß Archytas sich mit mechanischen Kunststücken beschäftigte, erfahren wir von einem andern Schriftsteller [72]). — Nachdem Plato von seiner zweiten Sicilischen Reise nach Athen zurückgekommen war, bekam er bald darauf einen zweiten Ruf vom Dionysius. Es gereuete ihn, daß er ihn, ohne nähere Bekanntschaft mit seiner Philosophie gemacht zu haben, von sich gelassen hatte, als Archytas und andere Philosophen, welche voraussetzten, daß er das eigenthümliche System des Plato kenne, mit ihm gelehrte Unterredungen anfingen, wobei seine Unwissenheit aufgedeckt wurde [73]). Wenn wir diese beiden Zeugnisse zusammennehmen, so wüßte ich nicht, wer noch anstehen wollte, die oblge Behauptung für wahrscheinlich zu halten, welches alles ist, was man bei dem Mangel unmittelbarer Beweisquellen thun kann.

Wie lange der Aufenthalt des Plato in Italien gedauert habe, läßt sich nicht bestimmt angeben, weil alle Nachrichten darüber fehlen. So viel ist aber ausgemacht, daß er dieses Land nicht eher verließ, als bis er sich

---

72) Gellius, A. N. X. 12. Hierdurch läßt sich auch eine historische Schwierigkeit heben. Cicero, de Diuinat. II, 42. und Diogenes VIII, 86. berichten, daß Eudoxus ein Schüler des Plato gewesen sei. Wahrscheinlich war er in dem nehmlichen Sinne ein Schüler desselben, als Plato für ein Schüler des Archytas gehalten wird, und ist das, so fallen die Schwierigkeiten, welche Brucker Histor. Crit. V. I. S. 114. und andere dagegen erhoben haben, von selbst zu Boden.

73) Epistol. VII, S. 12J. ὡς Διοννοι παντα διαμπεροντες ὅσα διενοηνμην ὀγα.

sich die vollkommene Freundschaft der vorzüglichsten Pythagoräer erworben hatte, wovon sie in der Folge die unverdächtigsten Proben ablegten.

Von Italien ging Plato nach Cyrene, eine berühmte griechische Colonie in Africa — ob er nicht vielleicht im Vorbeigehen auch Sicilien besucht habe, bleibt ungewiß. Nach dem Apulejus war der Zweck dieser Reise, um die Mathematik vom Theodorus zu erlernen [74]). Dieser Mathematiker, dessen Ruhm vielleicht seine Kenntnisse übertraf, hatte in Athen jungen Leuten Unterricht in seiner Kunst gegeben, sich aber wahrscheinlich nicht lange Zeit daselbst aufgehalten, weil die Mathematik nicht eben sehr von den Griechen geschätzt wurde [75]). Unterdessen war doch Plato in dieser Wissenschaft nicht ganz Fremdling, als er nach Cyrene kam, wie schon aus dem Obigen erhellet. Daher kann auch seine Absicht nicht gewesen sein, hier erst Mathematik zu erlernen, sondern entweder seine Kenntnisse darin zu vervollkommen, oder auch eine andere, welche durch die Nachlässigkeit der Schriftsteller unbekannt geblieben ist.

So berühmt auch seine Reise nach Aegypten ist, so wenig Zuverlässiges ist doch davon bekannt. Euripides und Eudoxus sollen seine Begleiter gewesen sein [76]). Von dem erstern ist es falsch, denn er war seit der 93sten Olympiade, also noch vor dem Sokrates gestorben. Was den Eudoxus anlangt, so hat Brucker und andere aus chronologischen Gründen zeigen wollen, daß er diese Reise nicht mit dem Plato habe machen können. Denn als Schüler desselben konnte er es nicht, da Plato erst nach seiner Zurückkunft um die 98ste Olympiade zu lehren anfing. Diese Schwierigkeit habe ich schon aus dem

---

74) Apulejus, S. 367.
75) de republ. VII. 7ter B. S. 155. de legib. VII. 8ter B. S. 383-385.
76) Diogen. III, 6. VIII, 86.

dem Arzt geräumt. Die übrigen Umstände, daß er ein Empfehlungsschreiben vom Agesilaus an den König Nactanebis bekam, sind zwar dagegen, weil der erste und zweite König dieses Nahmens später regierten, — wenn nicht etwa ein Irthum in dem Nahmen ist, — aber die Sache scheint dennoch richtig zu seyn. Strabo hörte nicht allein von den Aegyptiern das nehmliche, sondern sahe auch noch die Zimmer, auf welchen, wie es scheint, beide gewohnt hatten [77]). Nach dem Plutarchus [78]) war Simmias, der Schüler des Sokrates, sein Reisegefährte.

Nach einigen dauerte sein Aufenthalt in Aegypten dreizehn Jahre [79]). Allein diese Angabe ist offenbar falsch. Wir wollen annehmen, daß er unmittelbar nach dem Tode des Sokrates seine Reisen angetreten habe, welches mehr ist, als man annehmen kann, so kann er auf seinen sämmtlichen Reisen nicht mehr als ohngefähr so viele Jahre zugebracht haben. Denn als er das erstemal nach Syracus kam, war er ohngefähr vierzig Jahr alt, (also etwa um die 98ste Ol.) und dieses mußte gleich nach seiner Zurückkunft aus Aegypten seyn [80]). Nun hatte er sich aber einige Zeit bei dem Euclides aufgehalten, war vermuthlich wieder in Athen gewesen, hatte die Pythagoräer in Italien, und den Theodorus in Cyrene besucht; dazu noch die Zeit gerechnet, da er auf der Hin und Herreise unter Weges war, so begreift man leicht, daß man eine beträchtliche Zahl von Jahren abrechnen müsse.

Die Schriftsteller weichen sehr von einander ab; wenn sie den Zweck der Reise angeben. Cicero sagt, er that die Reise, um sich in der Arithmetik und Astronomie

---

77) Strabo, l. XVII. edit. Casauboni. S. 806.
78) Plutarchus de daemonio Socrat. S. 578.
79) Straba. l. c.
80) Epistol. VII, S. 93, 99, 103. Epist. II, S. 67.

wie unterrichten zu laſſen ⁸¹); Valerius Maximus giebt
Geometrie, Aſtronomie, und die Kenntniß der Merkwürdigkeiten des Landes an ⁸²); Quinctilian ſagt, er wollte
die geheimen Lehren der Prieſter kennen lernen ⁸³); Plinius nennt dagegen die Magie ⁸⁴); Apulejus die Aſtro-
logie und Liturgik der Prieſter ⁸⁵); nach dem Pauſanias
war ſeine Abſicht, eine Kenntniß von ihren Lehren über
Unſterblichkeit und Seelenwanderung zu bekommen ⁸⁶).
Ob Plato einen ganz beſtimmten Zweck vor Augen gehabt
habe, will ich nicht entſcheiden. Der erſtaunliche Ruf
der Weisheit, in welchem die Aegyptiſchen Prieſter ſtanden, war ſchon an ſich hinreichend, ihn zu der Reiſe zu
beſtimmen, wenn nicht etwa auch ſeine Lieblingsneigung,
ihre politiſchen und bürgerlichen Einrichtungen kennen
zu lernen, mitgewirkt hat. Vielleicht wünſchte er von
allen den Gegenſtänden, welche die Schriftſteller einzeln
angeben, Belehrung oder auch nur hiſtoriſche Kenntniſſe
zu bekommen.

Ich weiß nicht, ob er bei den Prieſtern ſeine Rechnung ſo gut gefunden habe, als diejenigen vorgeben,
welche Aegypten zum Hauptſitz von aller Cultur und Gelehrſamkeit machen. Unterdeſſen müßt ich mich ſehr
irren, wenn nicht das Gegentheil durch einige Stellen,
die ich aus dem Plato anführen werde, durchblicken ſollte.
Er räumt zwar den Aegyptiern und Syrern den Vorzug
ein, daß der heitere Himmel ſie zuerſt zu Beobachtungen
über den geſtirnten Himmel angereizt habe, ſetzt aber
auch hinzu, man könne mit Recht hoffen, daß die Griechen, ſo wie alles, was ſie von Ausländern bekommen
haben,

81) de Finib. V, 29.
82) VIII, 7.
83) Inſtit. Orat. I, 19.
84) Hiſtor. N. XXX, 1.
85) S. 367. Aſtrologiam et Sacerdotum ritus.
86) Pauſan. Meſſeniac. S.

haben, also auch diese Wissenschaft vervollkommen und ihre Religionsgebräuche verbessern werden [17]). Die Astronomie und Theologie sind gerade diejenigen Wissenschaften, auf welche sich der größte Ruhm der Aegyptier gründete. Und doch scheint es, als wenn Plato andeuten wollte, daß sie von dem Grad der Vollkommenheit, der sich damals als erreichbar vorstellen ließ, sehr weit entfernt gewesen sind. An einem andern Orte lobt er zwar die Aegyptier deswegen, daß die Jünglinge bei ihnen Unterricht in der Arithmetik erhielten, tadelt sie aber auch hingegen desto nachdrücklicher, daß sie dieselbe aus einem unedeln Interesse mit kaufmännischem Geiste trieben, und bemerkt dabei die Unlauterkeit ihrer Kenntnisse, und die niedrigen Triebfedern ihrer Handlungen [18]). Nicht weniger mißbilliget er ihr rohes Verfahren gegen Fremde [19]).

Es ist zwar nicht zu läugnen, daß Plato auch auf dieser Reise seine Kenntnisse sehr bereichert haben könne, ob aber dieser Beitrag etwas anders gewesen sei, als eine Sammlung von Materialien, ob ihm die Priester die Form zu seiner Philosophie leiheten, ob sie selbst ihre Kenntnisse in eine wissenschaftliche Form gebracht hatten, dieses sind Fragen, die vermuthlich verneinend ausfallen müssen. Dieses ist zum wenigsten gewiß, und leuchtet schon aus den wenigen Bruchstücken seines Lebens ein, daß er seinen philosophischen Geist und die Richtung seines Verstandes auf gewisse theoretische und praktische Aufgaben schon mit in die bereiseten Länder brachte, und daher auch die Grundzüge seines Systems schon entworfen hatte.

C 4 Aus

17) Epinomis, 9ter B. S. 265, 266.
18) de legib. VII. 8ter B. S. 384, de legib. V. S. 246. de republica IV. 6ter B. S. 359.
19) de legib. XII. 9ter B. S. 202.

— 40 —

Aus Aegypten wollte Plato nach Syrien und Persien reisen, um auch mit den Chaldäern und Magiern Bekanntschaft zu machen. Aber ein Krieg, der unterdessen ausbrach — vermuthlich der, da Artaxerxes die Aegyptier bekriegte — vereitelte sein Vorhaben⁹⁰). An sich ist es nicht unwahrscheinlich, daß auch Syrien und Chaldäa, das Mutterland verschiedener Kenntnisse, mit in dem Reiseplan des Plato eingeschlossen waren. Zwei Schriftsteller von keinem großen Gewicht versichern, daß er aus Aegypten nach Phönizien gekommen, und nachdem er sich mit einigen Magiern besprochen habe, nach Sicilien zurückgesegelt sei⁹¹). Das Zeugniß beider Schriftsteller ist an sich nicht sehr bedeutend. Man könnte zwar eine Stelle seiner Schriften, da er kaufmännischen Geist als den Nationalcharakter der Phönizier angiebt, für einen gültigen Beweis von der Richtigkeit jener Aussagen annehmen, allein er konnte diese Kenntniß aus Schriften oder von andern Personen bekommen haben⁹²). Unterdessen erhält jene Nachricht durch eine Erzählung, welche beim Plutarch vorkommt, ihre Bestätigung. Als Plato auf seiner Rückreise aus Aegypten nach Carien gekommen war, ersuchten ihn einige Abgeordnete von Delus, daß er den Sinn eines Orakels erklären möchte. Sie hatten nehmlich auf die Frage, was die Griechen thun sollten, um von allgemeinen Plagen befreiet zu werden, zur Antwort erhalten: sie sollten den Altar des Apollo zu Delus noch einmal so groß machen. Aus Unkunde der Mathematik hatten sie jede Seite verdoppelt, und daher den ganzen Altar achtmal so groß gemacht. Plato belehrte sie über ihren Fehler, zeigte ihn die einzig richtige Konstruktion, und wieß sie

deswegen

---

90) Apuleius, S. 367. Diog. III, 6. Athenaeus, L XI. S. 507.
91) Olympiodor, S. 388. der unbekannte Biograph in der Bibliothek der alten Litteratur. S. 14.
92) de republic. IV. S. 359.

deswegen an den Eudoxus oder Helicon ⁹³). Dieß ist die wichtige Entdeckung von der Verdoppelung des Kubus, welche ihm so vielen Ruhm gemacht hat.

Die Schriftsteller sind zwar darin fast völlig einig, daß Plato nach seiner Aegyptischen Reise nach Sicilien gekommen sei, aber in der Angabe einzelner Umstände und Begebenheiten weichen sie so sehr von einander ab, daß man nur mit vieler Mühe das Wahrscheinlichere herausfinden kann. Zum Glück haben wir noch einige Briefe vom Plato und Plutarchs Biographie des Dion, welche uns durch diese Irrgänge von widersprechenden Berichten, Mährchen und Erdichtungen einigermaßen durchhelfen können. Er kam das erstemal nach Syracus, als er ohngefähr vierzig Jahr alt war, also gegen die acht und neunzigste Olympiade, unter der Regierung des ersten Dionysius ⁹⁴). Nach den Worten aller Schriftsteller, die dieser Reise Meldung thun, war seine Absicht auf nichts anders, als auf die Betrachtung des Vulcans gerichtet ⁹⁵), allein aus dem siebenden Briefe des Plato erhellet soviel, daß noch ein anderer Gegenstand seine Aufmerksamkeit beschäftigte. Die Menschen mit ihrem Charakter, Sitten und Lebensart, ihre politischen Einrichtungen und Verfassungen waren es vorzüglich, welche er beobachtete, und wahrscheinlich waren auch diese Dinge auf den übrigen bereiseten Ländern sein vorzüglichstes Augenmerk gewesen ⁹⁵). Die Syracusaner führten damals ein äußerst üppiges und schwelgerisches Leben, worin es ihnen die Bewohner von Sicilien und Unteritalien nachthaten. Die herrschende Leidenschaft nach Genuß und Vergnügen hatte alle andere Betrachtungen und alle andere Bestrebungen aus ihrer Seele ver-

---

93) Plutarch. de Socratis daemonio S. 579. Valerius Maxim. VIII, 13.
94) Epistol. VII, S. 93.
95) Epistol. VII. S. 97 seq.

verdrängt, und keinen Platz für edele und große Gesinnungen übrig gelassen. Den Verlust ihrer Freiheit und den Druck eines Regenten, der sich aufgedrungen hatte, und nach Willkühr herrschte, ertrugen sie mit aller möglichen Gelassenheit, weil ihr Geist in dem einzigen Streben nach Vergnügen alle seine Spannkraft verlohren hatte. So war der Zustand von Sicilien beschaffen, als Plato ankam, und unabsichtlich eine Revolution herbeiführte, welche die Gewalt eines Königes, der für unüberwindlich gehalten wurde, in kurzer Zeit über den Haufen stürzte. Er wurde mit dem Dio, einem nahen Anverwandten des Dionysius und sehr reichen Jüngling, bekannt, flößte ihm Abscheu gegen die herrschenden Ausschweifungen ein, erweckte den Freiheitssinn, und bildete sein Herz und Verstand durch edelere Grundsätze und Gesinnungen. Da Dio noch sehr jung, und sein Herz noch unverdorben war, so fanden diese Vorstellungen leichten Eingang; sie verstärkten und befestigten sich, sie wurden die Maximen seiner Handlungen [96]). Daher fing er an, Tugend und Sittlichkeit höher zu schätzen als alles Vergnügen und alles Wohlleben der Syracusaner; daher sein Haß gegen diejenigen, welche nach despotischen Grundsätzen handelten. Von dieser Zeit an entwickelte sich in beiden eine Freundschaft, welche sie in immer nähere Vereinigung brachte, und in den härtesten Versuchungen die Probe bestand. Dio, der sehr viel bei dem König Dionysius galt, veranstaltete es, daß er den Plato kennen zu lernen, und einen philosophischen Vortrag von ihm zu hören wünschte. Vermuthlich glaubte er, die Beredsamkeit dieses Philosophen würde in dem Verstand und Herzen des Dionysius eben die Wirkungen hervorbringen, als er selbst erfahren hatte. Allein der Versuch schlug fehl, und hätte dem Plato beinahe

96) Epistol. VII. S. 98, 99. Plutarch. Dione. S. 959. Cic. de Orator. III, 34.

nahe das Leben gekostet. Der Inhalt der Rede oder auch des Gesprächs zwischen beiden — denn darüber sind die Schriftsteller nicht einig; vielleicht war beides mit einander verbunden — hatte zum Gegenstand die despotische Regierung, die obersten Gesetze der freien Handlungen; daß nicht Eigennutz, sondern Sittlichkeit das oberste Gesetz sei [97]). Olympiodorus hat noch ein Fragment von der Unterredung, ob es ächt sei, kann ich nicht sagen [98]).

Dionysius, der gerne eine Schmeichelei hören wollte, fragte: Wer ist in deinen Augen der glückseligste Mann?

Plato. Sokrates.

Dionysius. Worin bestehet die Pflicht eines Regenten?

Plato. Die Bürger besser zu machen.

Dionysius. Scheint dir das aber eine Kleinigkeit zu sein, wenn man die Rechtshändel nach den Regeln der Gerechtigkeit entscheidet? (Wiederum eine Anwandelung seiner Ehrsucht, denn er hörte sich gerne loben, daß er ein billiger Richter sei.)

Plato. Das ist eine von den kleinsten Pflichten eines Regenten; denn gute Richter sind den Kleiderflickern ähnlich, welche die zerrissenen Kleider wieder ausbessern.

Dionysius. Glaubst du nicht, daß ein König, (ein Tyran, der sich eigenmächtig auf den Thron gesetzt hat) ein tapferer und muthvoller Mann sei?

Plato. Der allerfurchtsamste, denn er fürchtet sich auch vor dem Messer des Barbiers [99])

Diese und andere Reden, welche den Grundsätzen eines Tyrannen gerade entgegengesetzt waren, machten
einen

---

97) Plutarchus Dione, S. 959. Diogen III, 19.
98) Olympiod. S. 587.
99) Olympiod. S. 587.

einen gewaltigen Eindruck auf den Dionysius, und er fing an für seinen Thron zu zittern, indem er die Bewegungen bemerkte, welche Plato bei vielen Anwesenden hervorgebracht hatte. Hierzu kam noch der Verdruß, daß er im Disputiren den Kürzern gezogen hatte. Es fehlte also nicht viel, daß er die Freimüthigkeit des Philosophen in der ersten Hitze mit dem Tode bestraft hätte, wann Dion und Aristomenes ihm nicht noch zugeredet hätten. Diese glaubten aber doch, daß er nun in Syracus nicht länger ohne Gefahr sein könnte, mietheten ihm daher eine Stelle auf einem Schiffe, welches den Pollis, einen Lacedämonischen Gesandten, (nach dem Olympiodor einen Kaufmann von Aegina) nach Hause bringen sollte. Dionysius erfuhr es und bestach den Pollis, daß er ihn auf dem Schiffe umbringen, oder, wenn ihm das sein Gewissen nicht erlaube, als Sclaven verkaufen sollte. Und so wurde er von dem treulosen Pollis auf der Insel Aegina, welche damals mit Athen in Krieg verwickelt war, verkauft. Nach andern Schriftstellern thaten dieses die Aeginaten. — Ein gewisser Anniceris aus Cyrene, kaufte ihn um 20 oder 30 Minen (426 — 640 rthl.) wieder los. Platos Freunde und Schüler — nach einigen Dio allein — legten diese Summe zusammen, um den Anniceris zu entschädigen, der aber so edel gesinnt war, daß er von dem Gelde einen Garten in der Academie erhandelte, und den Philosophen damit beschenkte [1]). Obgleich die einzelnen Umstände nicht von allen Schriftstellern auf einerlei Art erzählet werden, so scheint doch so viel ausgemacht zu sein, daß er einmal seine Freiheit verlohr [2]). Plato erwähnet zwar keiner dieser Begeben-

---

1) Diogen. III. 19. Plutarch. Dione, S. 959. de tranquillitat. animi l. II, S. 471.
2) Zu den angeführten Schriftstellern kommt noch Seneca Epist. 74. und Macrob. Saturn. I, 11. Diodor. Sicul. XV. p. 461. edit. Steph.

Begebenheiten mit einem Worte, welches allerdings einigen Verdacht erregen müßte, wenn er nicht einmal, wiewohl dunkel, auf die Widerwärtigkeiten, die ihm auf der ersten Reise begegnet waren, anspielte. In dem fliebenden Briefe sagt er, er sei dreimal aus einer großen Gefahr, die ihm in Sicilien aufgestoßen sei, befreiet worden. Die erste kann keine andere sein, als diejenige, welche ihm auf der ersten Reise begegnete¹). — Ehe ich weiter gehe, muß ich doch einige Beispiele von der Nachlässigkeit anführen, mit welcher zuweilen jüngere Schriftsteller kompiliret haben. Olympiodorus berichtet, daß Plato von dem Polis auf Anstiften des zweiten Dionysius verkauft worden sei. Und der elende Kompilator Tzetzes läßt ihn gar dreimal, auf jeder Reise einmal, verkauft werden.

Nachdem Plato seine Reisen zurückgeleget, und am Ende derselben mancherlei Gefahren und Ungemach ausgestanden hatte, kam er nach Athen zurück, und fing an in der Academie öffentlich Philosophie zu lehren. Er hatte hier aus seiner väterlichen Verlassenschaft einen Garten, der für 500 Drachmen erkauft war⁴). Wenn aber die Erzählung von Aniceris wahr ist, so müßte er zwei Gärten in dieser Gegend gehabt haben, welches auch eine Stelle des Diogenes vermuthen läßt, da er sagt: Plato habe zuerst in der Academie, darauf aber in dem Garten an dem Kolonus philosophiret⁵). — Seine Academie wurde sehr bald berühmt und von den edelsten und fähigsten Jünglingen sehr zahlreich besuchet, denn er hatte sich schon vorher durch seine Reisen und wahrscheinlich

---

3) Epist. VII, S. 115. και μοι ευθυθε διτε τριτα εσωφρε χαριν.
4) Apuleius, S. 367. Plutarch. de exilio S. 603. sagt, für 3000 Drachmen sei er gekauft worden. Ich vermuthe aber, daß die Abschreiber für τ, γ gelesen haben.
5) Diogen. III, 5.

scheinlich auch durch einige Schriften einen großen Nahmen gemacht. Es kann auch gar wohl sein, daß er vorher, ehe er seine Academie errichtete, schon einige Personen in der Philosophie unterrichtet hatte, denn er saget in einem Brief an den Dionysius, welcher ohngefähr um die hundert und vierte Ol. geschrieben sein kann, daß schon einige Personen dreißig Jahre lang über seine Philosophie nachgedacht hätten *). Da Plato um die 98ste Ol. nach Syracus kam, so kann er nicht eher als ohngefähr um die 99ste Ol. angefangen haben, in der Academie zu lehren. Die Nahmen seiner berühmtesten Schüler sind bekannt, daher halte ich mich bei ihnen nicht auf. Die Einrichtung seiner Schule und seiner Lehrart haben die Alten für so unbedeutende Gegenstände gehalten, daß sie dieselben beinahe mit Stillschweigen übergangen haben. Durch das sorgfältigste Nachforschen habe ich doch nichts weiter als einige fragmentarische Nachrichten zusammenbringen können, welche ich hier mittheile in der Hofnung, daß vielleicht einsichtsvollere Männer durch ihr Genie die einzelnen Bruchstücke in ein Ganzes vereinigen werden.

Plato befolgte eine ganz andere Methode in dem Vortrag als Sokrates, weil seine Philosophie an Inhalt, Umfang, Form und Zweck sich gar sehr von der Sokratischen entfernte. Sokrates wollte das moralische Gefühl entwickeln und beleben; diesen Zweck konnte er nicht besser erreichen, als wenn er durch Unterredungen einen unmittelbaren Einfluß auf das Herz seiner Zöglinge sich zu verschaffen wußte. Plato hingegen arbeitete mehr dahin, um der Philosophie wissenschaftliche Form zu geben, weil er sich überzeugt hielt, daß sich alles Wissen und Handeln auf gewisse Gründe stützen müsse, welche die Philosophie allein aufstellen könne. Die Lehren des Sokra-

*) Epistol. II, S. 72.

Sokrates waren gemeinnützig, und für alle bestimmt; für sie paßte auch ein populärer Vortrag; die Philosophie des Plato konnte dem größten Theile nach nicht für das große Publikum sein, indem sie wissenschaftliche Gründe der theoretischen und praktischen Philosophie enthielt, deren Resultate Sokrates auf dem Wege der Unterredung mittheilte. Sokrates war daher ein Volkslehrer, Plato aber stiftete eine Schule für diejenigen, die sich zu Philosophen bilden wollten. Er konnte daher nicht, wie sein Lehrer gethan hatte, auf den öffentlichen Plätzen umhergehen, sondern er lehrte an einem bestimmten Orte [7]). Aber sollte er nicht zum wenigsten einen Versuch gemacht haben, einige Resultate seines Philosophirens, die er für allgemein nothwendige und der Würde des Menschen angemessene Wahrheiten hielt, öffentlich der größern Volkszahl vorzutragen? Ich finde beim Themistius die einzige Anzeige, daß er wirklich so etwas gethan und in dem Pyräus über das Gute eine Vorlesung gehalten habe; allein das in großer Menge zusammengelaufene Volk fand keine angemessene Unterhaltung, und verlief sich eben so schnell wieder, als es herbeigeeilet war [8]). Ob diese Nachricht gegründet sei, kann ich nicht sagen. Platos Lehranstalt kam der Pythagordischen Schule zwar am nächsten, aber sie hatte auch ihr Eigenes. Er foderte von seinen Schülern keinen Eid der Verschwiegenheit, und lehrte für keinen bestimmten Cirkel, auch nicht in einem verschlossenen Zimmer [9]). Jederman war der Zutritt verstattet. Unterdessen, da er manche Irrthümer der Volksreligion rügen mußte, und viele Sätze vorzutragen hatte, welche dem orthodoxen System entgegen waren, so muß er, um die Gefahren, womit Denkfreiheit auch damals so oft zu kämpfen

7) Olympiodor, S. 511.
8) Orat. XXI. edit. Harduini, S. 245.
9) Olympiodor. S. 511.

pfen hatte, zu entfernen, entweder zu gewiſſen Stunden
ſeine eſoteriſche Philoſophie nur allein ſeinen eigentlichen
Schülern erkläret, oder eben dieſelbe nur ſchriftlich mitgetheilet haben. Aus dem Ariſtoteles erfahren wir, daß
es einen ſolchen Entwurf ſeiner eſoteriſchen Philoſophie
gab ¹⁰).

Ueber die Methode, welche er bei ſeinen philoſophiſchen Vortrдgen beobachtete, finde ich zwei entgegen-
geſetzte Meinungen. Brucker glaubt, ſie ſei nicht verſchieden von derjenigen geweſen, welche wir in ſeinen
Schriften antreffen. Meiners hingegen behauptet, daß
er die Methode der Sophiſten angenommen habe ¹¹).
Da uns hier beſtimmten Nachrichte abgehen, ſo können
wir auch nicht ſo entſcheidend darüber abſprechen. Unterdeſſen, wenn er auch nicht durch Unterredung, ſondern in zuſammenhängenden Reden ſein Syſtem erklärte,
ſo iſt es doch nicht wahrſcheinlich, daß er ſie gerade auf
ſophiſtiſche Manier declamiret habe, indem ſein Zweck
nicht war, Erſtaunen zu erregen, oder Ueberredung hervorzubringen, ſondern aus Gründen zu überzeugen ¹¹).
Daher iſt es mir zum wenigſten beinahe evident, daß
ſeine Methode, wo nicht durchgängig, doch in gewiſſen
Fällen, zumal bei angehenden Schülern, dialogiſtiſch
war. Durch Fragen und Antworten Philoſophie zu
lehren war damals gewöhnlich, und keine andere Lehrmethode paßt ſo gut zu ſeiner Lehre von den Ideen. Es
ſcheint, als wenn Plato mit den neuen Schülern allezeit
eine Prüfung angeſtellt habe, ob ſie auch mit den nöthigen Eigenſchaften ausgerüſtet ſeien. Dieſe Prüfung beſtand darin, daß er ihnen vor allen Dingen die Würde
der Philoſophie, aber auch die Schwierigkeiten vorſtellte,
mit denen man kämpfen, und die Arbeiten, die man über-

nehmen

---

10) Ariſtotel. Phyſic. IV, 2.
11) Epiſtol. II, S. 70, 72.

nehmen müffe, um sich den Besitz derselben zu verschaffen. Wenn die Begierde durch solche Vorstellungen nicht unterdrückt, sondern vielmehr verstärkt wurde; wenn Eifer und Unverdrossenheit hervorblickte, so hielt er es für ein gutes Zeichen, und glaubte, daß solche Schüler Anlagen und Fähigkeiten hätten, um sich der Philosophie zu widmen [12]). Vielleicht gab er ihnen auch gewisse Sätze und Probleme auf, und ließ sie ihre Kräfte versuchen, ob sie die nothwendigen Gründe und Beweise selbst auffuchen, und durch ihr eigenes Nachdenken finden könnten. Diese Anstrengung, diese Auffoderung zum Selbstdenken gehörte auch mit zu der Prüfung, welcher er die neuen Schüler unterwarf [13]). Die Beschäftigung mit der Mathematik wurde auch als eine Vorübung zur Philosophie angesehen, welche den Geist zum Selbstdenken und, worauf Plato vorzüglich sahe, zum Gebrauch der reinen Vernunft gewöhnte. Nach dem Brucker foderte Plato von seinen Schülern, daß sie sich, ehe sie noch Philosophie zu studieren anfingen, schon mit Mathematik vollkommen bekannt gemacht hatten. Allein, da er kein einziges Zeugniß für seine Behauptung angeführet hat, so wird jedermann es für wahrscheinlicher halten, daß Plato seinen Schülern auch in dieser Wissenschaft Unterricht ertheilte, weil sie so genau mit Philosophie zusammenhing, und er beinahe der größte Mathematiker seiner Zeit war.

Die Platonische Schule hatte auch darin mit der Pythagorischen einige Aehnlichkeit, daß mit der Bildung des Verstandes auch Veredelung des Herzens vereiniget war. Pythagoras hatte zu diesem Endzweck eine Art von Ordensverbindung eingeführet, welche den Mitgliedern eine strenge Beobachtung von gewissen Regeln auferlegte, und durch die Subordination und Disciplin, welche davon

---

12) Epistol. VII. S. 127, 128.
13) Epistol. II. S. 70.

D

davon unzertrennlich war, bekam er eine Art von Regierungsgewalt. Diese Einrichtung nahm Plato nicht an, sondern befolgte dabei eine ganz andere Maxime. Ohne sich die Miene und das Ansehen eines Regenten zu geben, der nur zu befehlen braucht, suchte er seine Freunde in Ansehung ihres moralischen Charakters auszubilden, und ihre Fehler zu verbessern, indem er auf eine Art, welche mit dem angebohrnen Rechte auf individuelle Freiheit verträglich war, durch Vorstellungen, Ermahnungen und durch sein eigenes Beispiel auf ihre Denk- und Handlungsweise einwirkte [14]). Durch solche Mittel brachte er den Speusippus, der in seiner Jugend den schlüpfrigen Weg der Ausschweifungen betreten hatte, zu bessern Gesinnungen zurück. Die scharfen Ermahnungen und Bestrafungen seiner Eltern waren fruchtlos gewesen, aber Plato erweckte durch seine sanfte Behandlung und sein ganz entgegengesetztes Betragen das Gefühl der Scham, und den Vorsatz der Besserung [15]).

Nachdem Plato einige Jahre lang mit vielem Ruhme gelehret, und sich mit der Bildung vieler Jünglinge, welche sich theils dem Studium der Philosophie, theils dem geschäftigen Leben widmeten, beschäftiget hatte, so erfolgte in Sicilien eine Begebenheit, welche auf einmal die Aussicht zu einem neuen aber schon längst gewünschten Wirkungskreise eröfnete. Als Dionysius der erstere gestorben war, (Olympiad. 103, 2.) und sein Sohn Dionysius der zweite von dem Throne Besitz genommen hatte, so glaubte Dio, es wäre der glückliche Zeitpunkt gekommen, daß Syracus und ganz Sicilien in den wünschenswerthen Zustand der Ruhe, Sicherheit und der Freiheit gesetzt werden könnte, wenn nur in dem jungen Regenten das sittliche Gefühl und Liebe zur Weisheit erwachte,

14) Epistol. II. S. 64. Epistol. VII. S. 142. S. 106-108.
15) Plutarch. de discrimine amici et adul. S. 71. περι φιλαδελφιας, S. 491.

wachte, und er den Entschluß fassen wollte, lieber als König unter dem Ansehen der Geseze, als nach bloßer Willkühr zu regieren. Plato schien ihm der einzige Mann zu sein, der durch seinen Geist und Charakter im Stande sei, in dem Dionysius eine so große und wichtige Veränderung hervorzubringen. Es konnte ihm nicht schwer fallen, den Dionysius zu bestimmen, daß er den Plato an seinen Hof berief, weil ihm als einem sehr ehrgeizigen jungen Mann der Umgang mit dem größten Philosophen seiner Zeit nothwendig als etwas sehr schmeichelhaftes vorkommen mußte. Dionysius empfand auch wirklich das Bedürfnis einer sorgfältigen Erziehung, worin er von seinem Vater gänzlich vernachlässiget worden war, und den Mangel von Kenntnissen, ohne welche ein Regent kein Regent oder doch ein sehr unglücklicher Mann sein muß, wovon er ein Beispiel an seinem Vater gehabt hatte. Aus diesen Ursachen rief er den Plato auf eine sehr ehrenvolle Art an seinen Hof. Zu gleicher Zeit schrieb auch Dio einen Brief an denselben, worin er es an keinen Vorstellungen fehlen ließ, welche sein Gemüth bestimmen konnten, den Ruf anzunehmen. Er stellte die Sache als einen Dienst dar, welchen die Freundschaft heische. Menschenpflicht verpflichte schon dazu, einem jungen Fürsten mit Rath und Belehrung an die Hand zu gehen; Jetzt sei der günstigste Zeitpunkt gekommen, um dasjenige zu realisiren, was er über die beste Staatsverfassung nachgedacht habe; Jetzt könne ohne Blutvergießung und ohne gewaltsame Mittel auf dem Weg der Ueberredung eine Revolution in der Regierungsart, in der Denk- und Handelsweise aller Sicilianer zu Stande gebracht werden, welche mit den Foderungen der Vernunft und den Bedürfnissen der menschlichen Natur harmonisch übereinstimmte [26]). Obgleich dieser Antrag

---

26) Epistol. VII. S. 99, 100.

Antrag den Bestrebungen des Plato höchst angemessen
war, indem er theils die Achtung der Weisheit unter den
Menschen zu befördern, theils fein Ideal eines Staates
so viel als möglich zu realisiren wünschte, so fand er
doch so viel Bedenkliches dabei, daß er die Sache lange
Zeit von mancherlei Seiten erwog, ohne sich entschließen
zu können. Vorzüglich war ihm vor der Jugend des
Dionysius bange; er versprach sich keine Festigkeit in
seinen Entschlüssen, keine Selbstständigkeit; er sahe die
Möglichkeit ein, daß er, wie es bei Jünglingen zu geschehen pfleget, schnell von andern und entgegengesetzten
Begehrungen hingerissen werden könnte. Doch die Betrachtung, daß Dio schon ein männliches Alter erreicht
habe, und Festigkeit des Charakters besitze; der Vorwurf,
den er sich selbst machte, daß er nur immer speculire,
und nicht durch Handeln den Menschen nützlich zu werden suche; Endlich die Ueberzeugung, daß es Pflicht für
ihn sei, seinem Freund Dio in dieser kritischen Lage bei-
zustehen, und ihn nicht aus Gemächlichkeit oder allzu-
großer Bedenklichkeit zu verlassen, alle diese Vorstellungen bestimmten ihn seine blühende Schule zu verlassen,
und nach Sicilien zu reisen [17]). Dieses sind die wahren
Veranlassungen und Bewegungsgründe, nach dem eignen Geständniß des Plato, und dem Zeugniß des Plutarchs, und ich finde keinen Grund, sie für falsch zu halten, und das nm so weniger, weil auch die übrigen
Schriftsteller in der Hauptsache übereinstimmen und nur
in einigen Nebensachen abweichen [18]). Sie sagen alle
aus, daß Plato vom Dionysius an seinen Hof gerufen
worden sei, aber sie geben nicht einerlei Absicht an.

Apulejus

---

17) Fpiftol. VII, S. 99 ‒ 103. Epift. III, S. 77. Plutarchus Dion. S. 962, 963, philofophandum esse cum prin-
cipibus l. II, S. 779.

18) Apuleius, S. 368. Cornel. Nepos in Dione. Diogen.
III, 21. Olympiador, S. 387. Aelianus, IV, 18.

Apulejus sagt, er habe die Landesgesetze von Sicilien sich bekannt machen wollen. Es ist nicht unwahrscheinlich, daß Plato dieses wirklich gethan habe, aber es kann nicht die Ursache seyn, warum Dionysius ihn kommen ließ. Nach dem Diogenes kam Plato, wie es scheint, ungerufen, und hat sich einen Ort aus, wo er das Ideal seiner Republik realisiren könnte: Zugleich, sezt eben dieser Schriftsteller hinzu, soll er dem Dio und Theobates nicht ohne Lebensgefahr den hohen Freiheitssinn und den Haß gegen despotische Regierung eingeflößt haben, welche in der Folge den Dionysius vom Throne stürzten. Das lezte ist wahr, aber das erste falsch. Kein Schriftsteller sagt etwas davon, außer Athenäus, aus welchem Diogenes vielleicht diese Sage schöpfte, der es dem Plato sehr übel nimmt, daß er aus ungebührlichen Stolz seine eigne Republik und Gesetzgebung wirklich zu machen suchte [19]). Es kommt mir sehr wahrscheinlich vor, daß die ganze Nachricht aus einer mißverstandenen Stelle des Plato herrühret, wo er saget, er hätte den Ruf des Dionysius für eine sehr günstige Gelegenheit angesehen, um dasjenige in der Erfahrung wirklich zu machen, was er über Regierung und Gesetzgebung in der Idee nachgedacht habe [20]). Diese Stelle mußte nothwendig alle diejenigen, welche den Geist und Sinn seiner erhabenen Ideale nicht erreicht hatten, irre führen, daß sie sich einbildeten, es sey von der Realisirung der Republik die Rede, welche doch nur das Vehikel seiner Ideale war. Uebrigens verdienet Diogenes hier um so weniger Aufmerksamkeit, da er sich in dieser ganzen Erzählung einer unglaublichen Nachläßigkeit schuldig gemacht, und die Folge der Begebenheiten so sehr verworfen hat, daß er in die zweite Reise sezt, was lange hernach auf der dritten geschr-

19) Achenaeus, l. XI. S.
20) Epistol. VII. S. 101.

geschehen ist. Doch es ist Zeit, daß wir den Erfolg der Reise erzählen.

Nachdem Plato dem Heraclides Ponticus die Aufsicht über die Academie und das Lehramt aufgetragen hatte, reißte er mit dem Speusippus nach Sicilien ab²¹), und wurde vom Dionysius auf eine sehr ehrenvolle Art empfangen²²). Seine Ankunft wurde von ganz Sicillien als ein Fest gefeiert, indem sich jederman die glücklichsten Veränderungen für diese Insel versprach, und nur die einzige Betrachtung, daß Plato von Athen war, welches vor nicht langer Zeit einen Plan entworfen hatte, Sicilien um seine Freiheit zu bringen, verminderte in etwas die allgemeine Freude. In der That waren auch die Bemühungen des Plato und sein Einfluß auf das Gemüth des Dionysius von so gutem Erfolg, daß man die wichtigsten Folgen erwarten konnte. Er fing damit an, daß er in dem Dionysius Empfänglichkeit für das Vergnügen, welches Geistesbeschäftigung gewähret, zu erwecken, und seinen Geist durch Mathematik für die Philosophie vorzubereiten suchte. Dieses Verfahren des Plato giebt uns ein günstiges Zeugniß von seiner Klugheit und von seiner Einsicht in den Charakter des Dionysius. Er war nicht leer an guten Fähigkeiten, wiewohl sie in dem beständigen Rausch des Vergnügens ungebildet geblieben waren, und besaß vielen Ehrgeitz. Plato öfnete also diesem einen unschädlichen Spielraum, in welchem zugleich sein Verstand genug Anlaß und Antrieb zur Ausbildung fand, um hernach desto thätiger an Veredelung des Herzens durch die Cultur der Vernunft zu arbeiten. Dionysius fand sehr vielen Geschmack an dem Studium der Mathematik, und ergab sich demselben mit einer Art von Leidenschaft. Diesem Beispiel folgte

---

21) Suidas in Heraclides Epistol. II. S. 73.
22) Plinius Hist. N. VII, 30. Aelian. V. H. IV, 18.

folgte der ganze Hof, und das ganze Schloß wurde nun mit Sand bestäubt. An den Tafeln herrschte Frugalität und in dem äußern Betragen Bescheidenheit. Dionyſius gab ſchon durch eine auffallende Handlung zu erkennen, wie ſehr er ſich ſchämte ein Tyran und Deſpot zu ſein ²³). Dieſe Aenderungen in der Denkungsart und dem Betragen des jungen Fürſten waren zu ſichtbar und weit ausſehend, als daß die eine Hofparthie, welche dem Dion entgegen arbeitete, die Gefahr nicht hätte bemerken ſollen, welche ihrem Einfluß und ihrer Gewalt ein trauriges Ende drohete. Sie fühlte ſich zu ſchwach, um dem Anſehen des Plato und Dio Abbruch zu thun, und ſahe ſich genöthiget einen Mann an ihre Spitze zu ſtellen, der durch ſeine Beredſamkeit das geſunkene Gleichgewicht wieder herſtellen könnte. Dieſer Mann war Philiſtus (der auch zuweilen Philiſtides genennt wird), ein berühmter Geſchichtſchreiber, welchen Dionyſius der erſte aus Sicilien vertrieben hatte. Dionyſius der Zweite ließ ſich von ſeinen Hofleuten leicht bereden, dieſen Philiſtus wieder an ſeinen Hof zu rufen. Hier trat er an die Spitze der Gegenparthie, um den ſchwankenden Thron des Tyrannen zu ſtützen, und was er dem Vater geweſen war, das wurde er dem Sohn, ein eifriger Diener des Deſpotismus. Durch Kabalen und Ränke, in denen er ein Meiſter war, brachte er Dio in den Verdacht, daß er unter dem Schein, für die Ausbildung des Fürſten bedacht zu ſein, ſelbſt nach dem Throne ſtrebe. Dionyſius ſcheint von Anfange ſeiner Regierung in die Geſinnung des Dio ein Mißtrauen geſetzt zu haben, welches Plato, ſo viel er ſich auch Mühe gab, nicht heben konnte. Die Folge von dieſen Intriguen war, daß Dio mit Hinterliſt auf ein Schifchen gebracht und an der Küſte von Italien ausgeſetzt wurde. Dieſes geſchah

nach

23) Plutarch. Dion. S. 963.

nach einem dreimonatlichen Aufenthalt des Plato an dem Hofe. Alle Freunde des Dio geriethen über diese unerwartete Begebenheit in Bestürzung, und jeder befürchtete von dem argwöhnischen Dionysius kein günstigeres Schicksal. Es ging auch einmal ein Gerücht in Syracus, als wenn Plato der Urheber von allen diesen Unruhen hingerichtet worden wäre. Der Antheil, welchen die Freunde des Dio an seinem Schicksal nahmen; die Bewegungen, die in der Stadt vorgingen, da die Unzufriedenen nun nichts geringeres als eine gänzliche Revolution erwarteten, schienen dem Dionysius so bedenklich zu sein, daß er sehr schlimme Folgen für sich befürchten mußte. Um ihnen vorzubeugen, nahm er eine sehr freundliche Mine gegen Dions Freunde, vorzüglich gegen Plato an, und bat diesen sehr angelegentlich, bei ihm zu bleiben. Aber zugleich traf er solche Anstalten, daß er auch, wenn er nicht wollte, da zu bleiben gezwungen war. Denn er logierte ihn in das Schloß, wo niemand ohne sein Vorwissen aus oder eingehen konnte. Sogleich verbreitete sich in Syracus die Rede, daß Plato und Dionys noch niemals so gute Freunde gewesen seien als jetzt. Wer bei dem äußern Schein stehen blieb, konnte auch nicht anders urtheilen. Denn Dionys schloß sich immer mehr an den Philosophen an, und schien an seinem Umgang immer mehr Vergnügen zu empfinden. Sein Ehrgeiz konnte es nicht vertragen, daß Plato den Dion höher schätzte, und diesem einen höhern Rang in seiner Freundschaft eingeräumt hatte. Von dieser Stelle wollte er jenen verdrängen, und sich aufdringen: und hätte es Plato ohne Verletzung seiner Grundsätze thun können, so würde er ihm gerne diesen Verlust mit der obersten Ministerstelle vergütet haben. Aber Plato behauptete standhaft seine Würde. Er würde nicht angestanden haben, ihm einen gleichen Grad seiner Freundschaft und Achtung zuzustehen, wenn er ihn durch wahre Liebe und Neigung zur Philosophie seinem Charakter vater hätte nähern, oder ihm eine gleichgestimmte Denkungsart beibringen können. Dieses war der Zweck seiner Reise gewesen, und daran arbeitete er unaufhörlich, obgleich fruchtlos. Denn Dionys war in diesem Punkte sehr zurückhaltend und mißtrauisch. Philistus und sein Anhang hatten ihm einen unauslöschlichen Argwohn eingeflößet, als wenn Plato nur darum so sehr daran arbeite, damit er zerstreuet und von den Regentensorgen abgezogen werde, mittlerweile Dion sich der Regierung bemächtigen würde ²⁴). Plato drang endlich ernstlich auf seine Abreise. Dionysius war unterdessen in einen Krieg verwickelt worden, und ließ sich daher bereitwilliger finden, ihm die Einwilligung dazu zu geben, doch mußte ihm Plato zuvor versprechen, daß er, so bald es Friede geworden sei, zurückkommen wollte. Plato verstand sich auch dazu — denn was hätte ihm die Weigerung geholfen — aber doch unter der Bedingung, daß auch Dion zugleich in sein Vaterland zurückkommen dürfe ²⁵). Plato reißte also nach Athen zurück; Speusippus blieb aber noch, wie es scheint, in Syracus ²⁶). Vorher hatte er gewisse politische Verbindungen und Verhältnisse zwischen dem Dionys, Archytas und andern Pythagorären gestiftet, welche hernach auf seine folgenden Schicksale großen Einfluß hatten ²⁷). In Regierungsgeschäfte mischte sich Plato nur sehr wenig ein, und zwar hauptsächlich aus dem Grunde, weil er voraussah, daß seine Plane doch nicht ausgeführt werden würden. Hierzu kam noch der Umstand, daß vorzüglich nach der Verbannung des Dio sein Einfluß weit geringer war als vorher, und die Gegenparthie nur gar zu gerne alle

Schritte

24) Plutarch. l. c. Epist. VII. S. 112.
25) Epistola VII. S. 103-106. Epist. III. S. 77, 78. Plutarchus Dion. S. 961-964.
26) Epistol. II. S. 73.
27) Epistol. VII. S. 123, 125. Plutarch. Dion. S. 965.

Schritte und Handlungen der Regierung, sie mochten auch noch so sehr den Gesetzen der Gerechtigkeit und den Maximen des Plato entgegen sein, auf seine Rechnung zu setzen pflegte, wodurch sie zwei Absichten erreichte, daß sie sich selbst von allen öffentlichen Vorwürfen befreiete, und auf den Plato den Haß des Volkes wälzte. Doch arbeitete Plato, so lange er durch die Gegenwart des Dio einen freiern Wirkungskreis hatte, mehr an Verbesserung der Regierungsform und Heilung der sichtbarsten Gebrechen derselben. Denn wahrscheinlich gab er in dieser Zeit dem Dionys den Rath, die griechischen Republiken in Sicilien wieder herzustellen, ihnen gute Gesetze und Verfassungen zu geben, damit sie unter einander in Einigkeit und Freundschaft leben, und sich gegen die Angriffe der Karthaginenser gemeinschaftlich vertheidigen könnten. Er rieth ihm ferner, die despotische Regierungsform in eine königliche, das heißt, in eine solche Form, welche selbst wieder allgemeinen Gesetzen unterworfen ist, zu verwandeln [28]). Auch setzte er einige Vorreden und Einleitungen zu den Gesetzen auf, welche aber, wie er sagt, fremde Zusätze, er wisse nicht, von welcher Hand, erhalten haben sollen [29]).

Nachdem Plato nach Athen zurückgekommen war, fand sich auch Dio daselbst ein, wo ihn nicht Plato schon daselbst antraf. Hier suchte er seinen Charakter noch weiter auszubilden, und da er in seinem Betragen etwas Finsteres und Ernsthaftes hatte, so rieth ihm Plato, sich in dem beständigen Umgange mit dem Speusipp Gefälligkeit und Anmuth zu erwerben [30]). Um diese Zeit gab Plato den Atheniensern einen Chor zum Besten. Dio trug alle Unkosten, welche dazu nöthig waren, indem Plato jenem gerne diese Gelegenheit gönnte, sich bei den Atheniensern beliebt

28) Epistol. III, 75. Epist. VII. S. 111.
29) Epistol. III. S. 76.
30) Plutarch. Dion. S. 964.

beliebt zu machen ³¹). Mit dem Dionyſius unterhielt Plato in dieſer Zwiſchenzeit noch einen Briefwechſel. Da derſelbe noch immer die Hofnung unterhielt, daß er nach geendigtem Kriege den Dio zurückrufen würde, aber auch verlangte, daß er unterdeſſen nichts feindſeliges gegen ihn unternehmen ſollte, ſo that Plato alles, was in ſeinem Vermögen war, den Unwillen deſſelben zu unterdrücken. Denn er hatte noch immer die Hofnung, daß er beide mit einander wieder ausſöhnen würde, und er hielt die Foderung des Dionyſius ſo lange für billig, als er noch nicht offenbar ſeinen Worten ungetreu geworden war ³²). Als in Sicilien der Friede wieder hergeſtellet war, ſo ſchrieb Dionys an den Plato, daß er ſeinem Verſprechen gemäß nun wieder an ſeinen Hof kommen ſollte, aber allein: Dio ſollte ſich noch ein Jahr gedulten. Obgleich Dio ſehr in den Plato drang, daß er das Verlangen des Fürſten befriedigen ſollte, denn es ging das Gerücht, als wenn ihn jezt mehr als jemals Philoſophie intereſſire, ſo ſchlug es doch Plato geradezu ab, weil er ſchon zu alt ſei, und Dionys gar nicht Wort halte ³³). Unterdeſſen kränkte es den Fürſten auſſerordentlich, daß er abſchlägige Antwort erhalten hatte, und glaubte, jederman werde es für einen Beweis anſehen, daß ein Plato keine gute Meinung von ſeinem Charakter und ſeinem Betragen gegen die Philoſophen hege. Um dieſen Fehler wieder gut zu machen, rief er, wie Plutarch meldet, mit einer Art von Ehrgeiz, andere Philoſophen, die nur einigermaßen einigen Ruf hatten, an ſeinen Hof, oder reizte ſie doch durch die gute Aufnahme, welche er ſie finden ließ, dahin ³⁴). Eben zu der Zeit kam auch Archytas von Tarent nach Syracus. Alle dieſe Män-
nnr

31) Plutarch. Dion. S. 964.
32) Plutarch. Dion. S. 964.
33) Epiſtol VII S. 122. Epiſt. III. S. 76.
34) Plutarch. Dion. S. 965.

der nebst andern Freunden des Dion, welche einige abgerissene Bruchstücke der Platonischen Philosophie gehöret hatten, ließen sich oft mit dem Dionysius in Unterredung über philosophische Gegenstände ein, indem sie voraussetzten, er sei in der Platonischen Philosophie gänzlich eingeweihet. Dieses schmeichelte zwar dem Fürsten, aber er schämte sich auch nicht wenig, daß er alle Augenblicke seine Unwissenheit verrathen mußte [15]). Sein gekränkter Stolz ließ ihm keine Ruhe, bis er von neuem alle Mittel versuchte, um den Plato zu gewinnen, daß er noch einmal an seinen Hof komme. Man darf hierbei nicht vergessen, daß nicht sowohl das Verlangen nach Geistescultur, als Stolz, der sich verachtet glaubte, und die Hofnung das Uebergewicht in der Freundschaft des Plato, welches Dio behauptet hatte, sich zu verschaffen, die Triebfeder war, welche Dionys leitete; denn hieraus und aus der Schwäche des Dionysius, der sich von andern beherrschen ließ, läßt sich der Erfolg der ersten und zweiten Reise vollkommen begreiflich machen.

Dionysius schickte also nun zum drittenmal ein dreiruderiges Schiff an den Plato, mit einem Schreiben, worin er ihn sehr dringend bat, zu ihm zu kommen, und unter dieser Bedingung in Ansehung des Dio alles versprach, was Plato nur wünschen würde. Zugleich kamen viele Freunde des Dio und Plato aus Sicilien mit, welche den Plato zu der Reise bewegen mußten. Sogar hatte Dionysius, um nichts unversucht zu lassen, den Archytas und andere Pythagoräer in Bewegung gesetzt; auch sie mußten den Plato durch ihre Briefe bestürmen. Auch in Athen fehlte es nicht an Anregung; seine Freunde, vorzüglich Dion, der deshalb von seiner Gattin und Schwester ausdrückliche Aufträge bekam, alle drangen in ihn, sich dazu zu entschließen. So viele Bitten und Auf-

---

35) Epist. VII. S. 124. Plutarch. l. c.

Aufoderungen, die Freundschaft gegen den Dio und die Pythagoräer, der Wunsch, den Dio mit dem Dionysius wieder auszusöhnen, und wo möglich, den leztern zu bilden, alles dieses zusammengenommen bestimmte ihn endlich, diese zweite Reise anzutreten, ob er sich gleich keinen gar zu glücklichen Erfolg versprach ³⁶).

Bei seiner Ankunft freuete sich jeder Patriot in Sicilien, und hofte, Plato würde diesesmal über den Philistus, und die Philosophie über den Despotismus den Sieg davon tragen ³⁷). Allein der Erfolg entsprach diesen allgemeinen Wünschen nicht. Für das erste hielt es Plato für nothwendig, den Dionysius auf die Probe zu stellen, ob sein Bestreben nach philosophischen Kenntnissen wirklich so groß sei, als es ihm war vorgestellet worden. Als er daher eine Unterredung mit ihm anstellte, und ihm die Würde, aber auch die Schwierigkeiten der Philosophie darstellte, und einige Säze aus der höhern Philosophie vortrug, überzeugte sich Plato sogleich, daß sein Streben nach Kenntnissen nicht rein und ächt sei, sondern von Stolz und Ehrgeiz und Eigenliebe herrühre, daher er auch seine Unwissenheit nicht gestehen wollte, sondern sich das Ansehen gab, als wisse er schon alles. Plato stand daher auch von diesem Unternehmen ganz und gar ab ³⁸). Vielmehr fing er nun seine Unterhandlungen des Dio wegen an, und verlangte, daß er ihn

---

36) Epist. III. S. 78. Epist. VII. S. 124 = 126. Plutarch. l. c.
37) Plutarch. l. c.
38) Epist. VII. S. 127, 129. Plato sagt, Dionysius habe hernach, wie er gehöret habe, eine Schrift aufgesezt, und darin das Gehörte für seine eigne Erfindung ausgegeben. Doch sei ihm das Zuverläßigste davon nicht bekannt. Epist. VII. S. 129. Aus diesem und dem zweiten Briefe erhellet so viel, daß Plato dem Dionysius einige Säze aus seiner geheimen Philosophie mitgetheilet hatte. Es war aber dem Philosophen nach seiner Denkungsart sehr unangenehm

ihn seinem Versprechen gemäß nach Sicilien zurückrufen, und ihm den freien Gebrauch seines Vermögens überlassen sollte. Darauf achtete aber Dionys gar nicht, untersagte vielmehr den Curatoren, welche über das Vermögen waren gesezt worden, dasselbe zu verwalten und den Ertrag nach Peloponnes an Dio zu schicken, weil, wie er sagte, das Vermögen nicht dem Dio, sondern seinem Sohn gehöre, über den er als Onkel gesezlicher Vormund sei. Plato, der höchst unwillig und unzufrieden, nicht allein mit dem Fürsten, sondern auch mit sich selbst und denjenigen war, welche ihn zu dieser Reise bewogen hatten, machte sogleich Anstalten zu seiner Abreise, weil es eben diejenige Sommerszeit war, in welcher die Schiffe ausliefen. Dionysius bat zwar sehr, daß Plato noch länger verweilen möchte, allein er beharrte auf seinem Entschluß. Nun dachte Dionysius auf ein anderes Mittel, wodurch er seine Absicht vereiteln könnte. Denn er glaubte, seine Ehre leide darunter, wenn Plato so bald abreise, und sein Ehrgeiz war nur darauf gesezt, daß der Philosoph sein Hausgenosse, sein Freund sei, und ihn dem Dio vorziehe. In Ansehung der Mittel handelte er als ein Despot, der seinen eignen Willen für das oberste Gesez hält, und durch seine Machtgebote auch über Freiheit zu herrschen sich anmaßt. Er that also zum Scheine, um den Plato aufzuhalten, neue Vorschläge. Dio sollte sich im Peloponnes aufhalten, nicht als ein Verwiesener, sondern als ein Freund, der, so bald sie es gemeinschaftlich für gut befunden, zurückkommen

gesehen, daß Dionysius sie wirklich öffentlich bekannt gemacht hatte. Warum aber? War es etwa eine Rodomontadelung einer stolzen Eigenliebe? Nach dem was er uns darüber sagt, waren diese Säze so beschaffen, daß sie dem Publikum nicht mitgetheilet werden konnten. An einem andern Orte werde ich dieses Räthsel, so weit es möglich ist, zu enthüllen suchen.

kommen dürfe, doch unter der Bedingung, daß er nichts
feindseliges gegen ihn unternehmen würde. Dio sollte
dieses versprechen, und Plato nebst seinen andern Freunden Bürgschaft leisten. Seine Einkünfte sollten nach
Peloponnes oder Athen geschickt, und bei einem Manne,
den sie selbst vorschlagen könnten, niedergeleget werden,
damit er nicht den freien Gebrauch davon habe. Denn
er könne ihm unmöglich trauen, wenn er ein so großes
Vermögen (es betrug auf hundert Talente) in seinen
Händen hätte. Plato könnte, wenn ihm der Vorschlag
gefiel, noch ein Jahr dableiben, und dann mit dem Gelde
abreisen. Obgleich diese ganze Rede ihm in dem höchsten
Grade mißfiel, so mußte er doch der Klugheit gemäß
zum wenigsten Bedenkzeit sich ausbitten. Nach reiflicher
Ueberlegung hielt er es doch für besser, in den Vorschlag
einzuwilligen, als wider den Willen des Fürsten abzurei-
sen, weil das lezte ihm ganz und gar unmöglich gemacht
werden konnte, und Dio sich dabei noch schlimmer würde
befunden haben. Als er daher dem Dionysius seinen
Entschluß bekannt machte, sezte er noch hinzu: Er dürfe
aber nicht glauben, als wenn er dem Dio, wie ein Herr
seinem Sklaven, befehlen könne; sie müßten seine eigne
freie Erklärung haben, und deswegen an ihn schreiben.
Dionysius war damit zufrieden. Unterdessen segelten
die Schiffe ab. Gleich darauf erklärte Dionysius, daß
er dem Dio nur die Hälfte seines Vermögens verabfol-
gen lassen könne, weil die andere seinem Sohn gehörte.
Mit dem äussersten Befremden hörte dieses Plato an, und
sagte daher nichts weiter als, sie müßten die Antwort
des Dio abwarten. Als Dionysius bald darauf die
Güter des Dio geradezu verkaufen ließ, sahe Plato nur
zu deutlich ein, daß nun alle Vorstellungen und Unterhandlungen fruchtlos sein würden, und beobachtete daher ein tiefes Stillschweigen. Die ganze Zeit über lebten sie in einem solchen Verhältnisse, daß Dionysius den
Philosophen gleichsam in einer Gefangenschaft hielt, —

denn

denn er wohnte in den Schloßgärten, wo niemand ohne Erlaubniß aus oder eingehen konnte — Plato aber sich nach Freiheit sehnte. Uebrigens bildeten sich die Sicilianer ein, sie wären gute Freunde; denn beide entdeckten nicht allein keinem Menschen ihr beiderseitiges Verhältniß, sondern Dionysius gab sich auch noch jetzt alle ersinnliche Mühe, den Philosophen durch Gefälligkeiten und Liebkosungen zu gewinnen, und von Dions Freundschaft abzuziehen. Unterdessen entstand unter den Miethsoldaten, welchen Dionysius den Sold verringern wollte, ein Aufruhr, der nicht anders gestillt werden konnte, als daß ihnen Dionysius alles was sie verlangten, und noch mehr verwilligte. Ein ausgesprengtes Gerücht gab den Heraclides, einen Freund des Dio, als Urheber desselben an, und nöthigte denselben, sich zu verbergen oder flüchtig zu werden. Ein anderer Freund des Dio, Theodotes, ging zum Dionysius, bat ihn, er möchte alle Verfolgung gegen denselben einstellen; er hoffe, daß er sich stellen und vertheidigen werde, wenn er Sicherheit für seine Person erhalte. Dionysius versprach es im Beisein des Plato, hielt aber sein Wort nicht: Plato that Vorstellungen, allein sie wurden verdächtlich zurückgewiesen. Denn Dionysius glaubte nun ganz gewiß entdeckt zu haben, daß Plato völlig mit der Parthie des Dio einverstanden sei. Jetzt mußte er aus dem Schloßgarten zu dem Archedemus ziehen, weil die Hofdamen einen geheimen Gottesdienst in dem Garten anzustellen hatten. Nachdem er durch eine Unterredung mit dem Theodotes sich den Zorn des Fürsten von einer neuen Seite zugezogen hatte, bekam er seine Wohnung unter den Miethsoldaten, die ihm nicht gut waren. Denn es war ausgesprengt worden, Plato habe den Dionysius bereden wollen, seine Leibwache abzudanken, welches auch wohl vorher geschehen sein konnte. Als endlich Plato hörte, daß einige Soldaten sich vorgenommen hätten, ihn zu ermorden, so schrieb er an den
Archytas

Archytas, in welcher kritischen Lage er sich befande. Dieser schickte unter dem Vorwande einer öffentlichen Angelegenheit einen gewissen Lamiscus ab, welcher von dem Fürsten die Erlaubniß auswirkte, daß Plato abreisen durfte. Dionysius war doch so gütig, daß er die Reisekosten hergab ³⁹). Plutarch sagt, Archytas habe selbst an den Dionysius geschrieben, und Diogenes hat auch wirklich einen Brief dieses Inhalts in seine Lebensbeschreibung des Archytas eingerückt. Davon erwähnet aber Plato nichts ⁴⁰). Plato landete auf der Rückreise in Elis, und kam eben an, als die Olympischen Spiele gefeiert wurden. Als er hier seinen Freund Dio antraf, so erzählte er ihm seine Schicksale, und den Verfolg seiner Reise. Dio erklärte sogleich, daß er den Tyrannen wegen der ungerechten und treulosen Behandlung, deren er sich gegen ihn und den Plato schuldig gemacht, züchtigen werde. An dieser Unternehmung wollte Plato aber keinen Theil nehmen, und zwar aus verschiedenen Ursachen. Er sei schon zu alt, sagte er; Dio habe ihn gleichsam wider Willen in die Freundschaft des Dionysius gezogen, die er auch jetzt noch ehren wolle, zumahl da Dionysius doch noch so viel Achtung gegen ihn gehabt habe, daß er ihn den mörderischen Anschlägen seiner Feinde nicht preiß gegeben habe; Er wolle völlig neutral bleiben, um vielleicht noch eine Aussöhnung zwischen ihnen vermitteln zu können ⁴¹). Nach seiner

Zurück-

---

39) Diese Nachrichten findet man Epist. III. S. 30 = 31. Epistol. VII. S. 137 = 141. Plutarch. Dio. S. 965, 966.

40) Dione. S. 966.

41) Epistol. VII. S. 149. Plutarchus Dio S. 967. Ich muß hier noch einige unrichtige Angaben von einigen Schriftstellern anführen, damit man an einigen Beispielen sehen kann, wie unzuverläßig oft die neuern Schriftsteller sind. So sagt z. B. Apulejus, Plato habe wirklich den Dio mit
E dem

Zurückkunft hat Plato noch einmal an den Dionysius geschrieben. — Dieß ist der dritte unter den vorhandenen — darin er sich gegen allerlei Verläumdungen vertheidiget.

Ich hoffe, meine Leser werden mich entschuldigen, daß ich etwas weitläufig in Beschreibung dieser zwei Reisen gewesen bin. Es sind die einzigen etwas zusammenhängenden Bruchstücke seines Lebens, und sie sind desto schätzbarer, weil wir ohne diese fast gar nichts von seinem Charakter, Betragen, und Maximen wissen würden. Sein Aufenthalt und sein Betragen an dem Hofe des Dionysius, verursachte ihm schon bei seinen Lebzeiten mancherlei Vorwürfe und unbillige Urtheile, welche neuere Gelehrte theils wiederholet, theils mit noch andern vermehret haben, daß sein Charakter oft in ein sehr zweideutiges Licht gesetzt worden ist. Ohne diese Nachrichten würden wir zwar immer noch Ursache haben, diese Urtheile zu verwerfen, weil sein ganzes Leben so viele Beispiele von falschen oder doch nur halbwahren Erzählungen, Erdichtungen und einseitigen oder flüchtigen Beurtheilungen aufstellet; aber die Quelle und die Ursachen derselben und das sicherste Mittel sie zu prüfen würde uns fast gänzlich fehlen. Ich will nur einige von den Vorwürfen, welche ihm seine Tadler machen, anfüh-

---

dem Dionysius ausgesöhnet, und die Erlaubniß ausgewirkt, daß er nach Sicilien zurückkommen dürfte. S. 368. Nach der zweiten Reise, sagt Olympiodor, war Dio seines ganzen Vermögens beraubt und in Verhaft genommen worden. Dionysius versprach ihm die Freiheit unter der Bedingung, daß er den Plato bewegte, zum zweitenmal an seinen Hof zu kommen. Dieses war also nach dem Olympiodor der Zweck seiner dritten Reise. S. 389. Diogenes Laertius III, 21, 22. setzt die Lebensgefahr des Plato nach seiner gewöhnlichen Nachlässigkeit in die zweite Reise.

anführen, und untersuchen, ob sie sich wirklich mit sichern Gründen rechtfertigen lassen. Man tadelt also erstlich an ihm, daß er die Syracusanischen Tafeln der Frugalität und Mäßigkeit vorgezogen habe ⁴²). Diese Beschuldigung findet sich in einem Brief, dessen Verfasser ungewiß ist, und kann deswegen schon für unbedeutend gehalten werden. Allein sie widerspricht auch offenbar dem Charakter des Plato, und der Thatsache, daß er wirklich auf einige Zeit Frugalität an dem Hof zu Syracus einführte ⁴³). Plato, sagt man ferner, war nicht frei von dem unedelen Streben nach der Gunst der Großen, einer Haupttriebfeder seiner Sicilianischen Reisen. Oder vielleicht wollte er sich auch durch Fürstendienst bereichern ⁴⁴). Allein die Geschichte seiner Reisen, und sein Betragen an dem Hofe, seine Standhaftigkeit in der Freundschaft des Dio widerlegen die erste Anklage so vollkommen, daß ich kein Wort mehr hinzuzusetzen brauche. Scheinbarer ist der zweite Vorwurf, zumal wenn man die Aechtheit des dreizehnten Briefes annimmt. Um diese Sache gehörig beurtheilen zu können, müßte wohl vor allen Dingen ausgemacht sein, welches Vermögen Plato damals besaß, und in welchem Verhältniß er mit dem Dionysius stand. Es ist wahrscheinlich, daß sein väterliches Erbtheil zwar nicht groß aber doch auch nicht unbeträchtlich gewesen ist. Wenn seine Reisen einen Theil davon verzehret hatten, so ersezte doch der vom Dio oder Annicaris geschenkte Garten den Abgang wieder. Man kann also annehmen, daß Plato so viel Vermögen besaß, daß er bei seiner Frugalität und Mäßigkeit bequem und unabhängig leben konnte. Wir lesen nicht, daß er um einen gewissen Lohn gelehrt habe,

welches

---

⁴²) Epist. 1. Xenophantis.
⁴³) Plutarch. Dione, S. 963.
⁴⁴) Meiners Geschichte der Wissenschaften 2ter B. S. 683.

welches er auch an den Sophisten so sehr tadelt. Aber
demungeachtet kann man mit gutem Grunde annehmen,
daß seine Schüler und Freunde ihm die Erlaubniß gaben,
sich ihres Vermögens zu bedienen, wenn und wie er
wollte, und daß er im Nothfall Gebrauch davon machte [45]). Man kann ferner voraussetzen, daß Dionysius,
der alle mögliche Mittel, wodurch er den Plato an seinen Hof ziehen konnte, mit einer Art von Ehrgeiz auf-
suchte, nicht unterlassen haben wird, von dem großen
Vermögen, das ihm zu Gebote stand, Gebrauch zu machen, und aus der zuletzt angeführten Stelle läßt es sich
ganz sicher schließen, daß ihm Dionysius wirklich den
unbeschränkten Gebrauch seines Vermögens angebothen
habe.

Gesetzt nun auch, der Brief sei ächt, welches ich
noch nicht behaupten will, so beträgt doch nur die ganze
Summe, die er vom Dionysius nach der zweiten Reise
bekommen hätte, 56 Minen (nach unserm Gelde ohngefähr 1183 rthL.) eine Summe, die weder mit andern
Summen, welche Dionysius sonst verschenkte, im Verhältniß stehet, noch auch eine niederträchtige Gewinn-
sucht von Seiten des Plato beweiset. Denn Plato behielt von allem diesem Gelde nicht das geringste für sich,
sondern wendete es theils zu Werken der Wohlthätigkeit,
theils zu andern nothwendigen und standesmäßigen Ausgaben an. Hiermit lassen sich einige Anekdoten, die
man beim Plutarch und Diogenes findet, sehr wohl vereinigen, nach welchen Plato kein Geschenk an Gelde,
sondern nur einige Bücher vom Dionysius annahm [46]).

Wenn

---

45) Epistol. XIII, S. 173, 174. Aus der letzten Stelle erhellet, daß Plato mit Hülfe seiner Freunde und Schüler
seine Anverwandtinnen auszustatten pflegte, wenn ihre Vä-
ter oder Mütter gestorben waren. Es war dieses Sitte bei
den Atheniensern.

46) Plutarch. Dion. S. 965. Diogen. II. 11.

Wenn Dionysius zuweilen die Freundschaft gegen den Plato aus den Augen sezte, und ihm den Arm des Despoten fühlen ließ, so wiederfuhr ihm, wie einige meinen, nichts als was er verschuldet hatte, indem er unter der Maske eines Freundes mit dem Dio einen Plan entworfen hatte, den Dionysius vom Throne zu stoßen. Diese Beschuldigung scheint mir aber höchst ungerecht zu seyn. Die Feinde des Dio und Plato, und der guten Sache führten diese Sprache, um dem Fürsten Mißtrauen einzuflößen, und die Staatsreform, die sie aus Privatabsichten haßten, zu verhindern [47]). Plato war im Anfange immer offen und freimüthig, tadelte mit Vorsichtigkeit was zu tadeln war, gab ihm mehrmahls den Rath, als König über freie Unterthanen zu regieren, und nur dann, als die Verläumdungen seiner Gegner Gehör fanden, wurde er zurückhaltender, und riß sich so viel er konnte von den Verhältnissen mit dem Fürsten los. Wäre sein Herz einer solchen Tücke fähig gewesen, so würde er gewiß ganz anders gehandelt und durch Schmeichelei, Gefälligkeit und zuvorkommendes Wesen den Dionysius sicher gemacht haben. Als die Uneinigkeit zwischen Dio und Dionysius in eine offenbare Fehde ausbrach, nahm er, der so sehr gekränkt worden war, keinen Antheil daran, sondern suchte noch immer Frieden zu stiften. Er war immer fest und unerschütterlich in seinen Grundsätzen, und handelte gegen Dio und Dionysius nach den nämlichen Maximen [48]). Er war gegen beide gerecht, aber einen größern Grad der Achtung war er dem würdigern schuldig.

Mit mehr Grund könnte man vielleicht einen gewissen Stolz und Ehrgeitz für Fehler seines Charakters halten

---

47) Epistol. VII, S. 112.
48) Plutarch. de discrimine amici et adulat. S. 52.

halten. Zwar waren diese Leidenschaften nicht die unumschränkten Beherrscher seines Herzens; er achtete Tugend und Rechtschaffenheit und nächst diesen die Eigenschaften eines gebildeten und freiwirkenden Geistes über alles; allein, es leuchtet doch aus allen seinen Handlungen das Bestreben vor, diese Eigenschaften vor dem Publicum zu zeigen; er weiß es, daß er diese Eigenschaften des Geistes und Herzens besitzet, und leget auf dieses Bewußtsein einen zu großen Werth. Es scheint als wenn er mit einem gewissen Wohlgefallen den Dionysius auf den Ruf aufmerksam mache, welchen er damals erworben hatte, der ihm den ersten Rang unter allen Philosophen der damaligen Zeit einräumte *⁹). Nicht ohne eine Art von Erhebung sagt er von sich selbst, er sei nur deswegen in seinen Augen groß, weil er nur allein seiner Vernunft folge ¹⁰). Er hegt von sich als Schriftsteller eine so hohe Meinung, daß er behauptet, alles was er geschrieben habe, sei ohne Fehler und Tadel ¹¹). Es ist möglich, daß das Ansehen, die Achtung, das Lob und der Beifall, welche ihm von allen Seiten begegneten, diese stolze Selbstgefälligkeit hervorbrachten, welche den Werth seiner Eigenschaften sehr vermindern muß, wenn sie ihm, wie aus dem Angeführten zu erhellen scheint, wirklich angehangen hat. Allein, wenn ich auch wieder bedenke, daß mir die Nachrichten von seinem thätigen Leben viel zu mangelhaft und lückenhaft sind, so scheint es mir doch etwas zu gewagt zu seyn, aus diesen einzelnen Aeußerungen seinen Charakter bestimmen zu wollen.

Denn es ist sehr wahrscheinlich, daß ihn gewisse Rücksichten und Verhältnisse gleichsam nöthigten, auf eine solche Art von sich zu sprechen. Einige Schriftsteller

---

49) Epistol. II, S. 67.
50) Epistol. II, S. 64.
51) Epistol. VII, S. 172.

ler haben in einigen feiner Handlungen und Gedanken unverkennbare Spuren einer neidischen und hämischen Gemüthsart zu finden geglaubt. Nur daraus, sagen sie, läßt es sich begreifen, warum er die größten Staatsmänner mit so wenig Schonung tadelt, alle Philosophen, welche vor ihm gelebt hatten, nur widerleget, und gleichsam in Triumph aufführet; und mit keinem seiner Mitschüler freundschaftlich lebet 52). Ueber sein Verhältniß mit den Sokratikern habe ich mich schon oben erkläret. Wie man aber aus jenen Thatsachen diese Folgerung habe ziehen können, kann ich wirklich nicht begreifen. Freiheit zu denken und seine Gedanken mittheilen zu können ist ein allgemeines Recht, welches keinem Menschen zum Verbrechen gemacht werden darf. Es ist einleuchtend, daß Plato nichts anders that als von diesem Rechte Gebrauch zu machen, wenn er über die Handlungen und Meinungen der Verstorbenen sein freies Urtheil fällte. Gesezt auch, daß dieses zuweilen zu hart, oder ungerecht sei, so ist es nicht ein Fehler seines Herzens sondern ein Irrthum seines Verstandes, welcher auch allezeit in der Einseitigkeit eines Urtheiles gefunden wird. Es ist wahr, Plato tadelt viele von den verstorbenen Philosophen und andern berühmten Männern, aber nicht alle; er sagt nicht allein Böses, sondern auch Gutes von ihnen. Seine liberale Denkungsart, und sein Wille alleu Gerechtigkeit widerfahren zu lassen, jeden für das gelten zu lassen, was er gelten kann, erhellet vorzüglich aus seinen Urtheilen über die Sophisten. Ob er gleich sehr oft ihre Grundsätze und Maximen misbilliget; so versagt er ihnen doch das Lob nicht, daß sie meistentheils fähige Köpfe waren, und einen großen Schatz von

Kennt-

52) Diogen. III, 26. Dionyf. Epiftol. ad Pompelum. Ariftides Oratio II. Platonica. Meiners Geschichte der W. ster B. S. 687.

Kenntnissen besaßen. Hier darf man auch nicht den Umstand übersehen, daß wenn er Meinungen eines Zeitgenossen widerlegen will, er den Mann niemals mit seinem Nahmen anführet.

Nicht weniger unbillig ist ein Vorwurf, der ihm von ältern Schriftstellern und noch neulich von Plessing ist gemacht worden, daß er aus stolzer Eigenliebe nur allein seine Meinungen für Wahrheit und alle andere Vorstellungsarten für Irrthümer gehalten; daß er aus blinder Anhänglichkeit an dem orthodoxen System der Mysterienreligion alle andere denkende, vorzüglich aber den Demokrit und die Sophisten gehaßt, verfolgt, und in seinen Schriften auf eine ganz unwürdige Weise behandelt habe [53]). Diese Beschuldigung stehet oder fällt zum Theil mit einer Nachricht, die man beim Diogenes findet. Plato, berichtet er aus dem Aristoxenus, ging in dem Haße gegen Democritus so weit, daß er alle Schriften von ihm, die er nur in seine Gewalt bekommen konnte, verbrennen wollte, und er würde es auch wirklich gethan haben, woferne nicht Kleinias und Amyclas, zwei Pythagoräer, vorgestellet hätten, daß sie schon in so vielen Händen seien, als daß er sie vertilgen könne. Aus eben der Ursache habe er des Democritus nicht einmal Erwähnung gethan [54]). Aristoxenus wird zwar sonst für einen genauen und zuverlässigen Schriftsteller gehalten, ich zweifele aber, ob er dieses Lob durch seine Schrift, σνσμμικτευματα ιστορικα, in welcher diese Nachricht stehet, verdienet habe, weil er darin blos den Sammler macht. Doch dem sei wie ihm wolle, so stehet diese Erzählung einem Mährchen so ähnlich, daß sie auch ohne andere Gegengründe ihre Glaubwürdigkeit verlie-

53) Plessing Memnonium. Zweiter Band. S. 435. Diog. III, 25.
54) Diogen IX, 40.

verkleren müßte. Denn warum sollte er den Democritus allein mit einem solchen Haße verfolgt haben? Warum gerade diese Schriften verbrennen? Es gab welche, die viel freiere Gedanken enthielten, z. B. diejenigen, welche aus der Feder des Gorgias und Protagoras geflossen waren.

Wenn Plato in irgend einem Punkte Ursache hatte mit dem Democrit unzufrieden zu sein, so konnte es nichts anders sein, als daß er sich blos allein auf Physik, oder die Erklärung der Naturerscheinungen aus Naturursachen einschränkte. Nun erhellet aber aus seinen Schriften, daß er diese Untersuchung gar nicht verwirft, sondern vielmehr gegen den Supernaturalismus der damaligen Zeit empfiehlet, und gegen den Vorwurf, als ob sie unvermeidlich zur Gottesläugnung führe, in Schutz nimmt ³⁵). Wie stimmt mit dieser Denkungsart das Betragen überein, wovon jene Anekdote ein Beispiel enthalten soll? — Der Umstand, daß Plato niemals des Demokritus mit einem Worte gedenkt, scheint freilich uns etwas besonders zu sein, da wir uns nach Erfindung der Buchdruckerkunst beinahe alle Werke des gelehrten Fleißes verschaffen können. Allein bei den Alten, zumal zu Platos Zeiten war es gewiß ein seltenes Glück, die vorzüglichsten Werke des Geistes zusammenzubringen. Vielleicht ist hierin eine Ursache zu suchen, warum Plato ein tiefes Stillschweigen in Ansehung des Demokritus beobachtet, und mehrere können mitgewirkt haben, die uns gänzlich unbekannt sind. Was die Sophisten betrift, so habe ich schon vorher bewiesen, daß Plato nicht ungerecht gegen ihre Verdienste und Talente war. Herr Plessing beruft sich außerdem noch auf eine Stelle in
dem

---

35) Socratis Apologia. S. 48, 54. de legib. VII. uns S. 387.

dem zehnten Buche seiner Gesetze, wo Plato die Todes- und Gefängnißstrafe für diejenigen festsetzet, welche das Dasein Gottes, oder seine moralischen Eigenschaften läugnen. Ohne den Werth oder Unwerth dieser Aeusserungen zu beleuchten, begnüge ich mich damit, die Anmerkung zu machen, daß man die Denkungsart und Handlungsweise des Plato nach Aeusserungen, die in diesem Buche vorkommen, am wenigsten bestimmen sollte, weil sie ein Ideal einer Staatsverfassung enthalten, das in der Erfahrung nicht angetroffen wurde. Und wenn man auch dieses einräumen sollte, so müßte man doch das Urtheil des Pleßings über den Charakter des Plato, in so fern es Folgerung aus dieser Stelle sein soll, für übereilet halten, weil sich bei genauerer Untersuchung findet, daß Plato nicht sowohl Gottesläugnung als Sittenlosigkeit bestraft wissen will. — Wie endlich ein Mann, wie Pleßing, der die Schriften des Plato nicht nur gelesen, sondern auch studieret hat, sich so weit in seinem Urtheile verirren könnte, daß er diesem Philosophen eine bigotte Denkungsart, eine blinde Anhänglichkeit an die Volksreligion ansinnen konnte, scheint mir nicht viel weniger als ein Räthsel zu sein, da man fast in allen seinen Schriften unläugbare Beweise findet, daß er die Irrthümer seiner Religion sehr helle eingesehen hatte, und nicht die ganze Religion, wie sie damals war, sondern die von ihren Grundirrthümern gereinigte mit so viel Wärme des Herzens vertheidigte. Ihm war gar nichts an den besondern Bestimmungen der Religion, wodurch sie verunstaltet worden war, gelegen, aber die Grundwahrheiten derselben, ohne welche sie nicht einmal denkbar sein würde, und den Zusammenhang derselben mit Sittlichkeit betrachtete er mit Recht als solche Ueberzeugungen, welche jedem Menschen von gesundem Verstande und Herzen theuer und werth sein müssen.

Es ist eine auffallende Thatsache, daß Sokrates und Plato, ob sie gleich beide mit dem größten Eifer die religiösen Vorurtheile durch eine würdigere Vorstellungsart zu verdrängen suchten, doch ein ganz entgegengesetztes Schicksal erfuhren. Sokrates mußte dieses edeln Zweckes wegen den Giftbecher ausleeren, und — Plato starb ruhig auf dem Bette. Ich weiß zwar, was man, um diese Ungleichheit zu erklären, sagen wird, daß nämlich die Feinde des Sokrates die Religion nur zum Vorwand brauchten, um ihrer Rachsucht einen Anstrich von Gerechtigkeit zu geben; allein ich zweifele, ob dieser Grund für hinreichend gehalten werden dürfte. Denn wenn Plato nicht weniger als Sokrates in dem Fall war, daß er Feinde haben konnte; wenn er selbst durch viel freiere Aeußerungen über so viele politische religiöse und moralische Irrthümer und Vorurtheile den Tadel, den Haß und Verfolgungsgeist von vielen Menschen aus allen Klassen der Nation gegen sich reizen mußte, so bleibt es immer noch ein Räthsel, daß ihre beleidigte Eigenliebe nicht den nämlichen Kunstgriff brauchte, sich unter dem Mantel der Religiosität zu verbergen. Ich wage es hier einige Vermuthungen darzulegen, welche dieses Phänomen einigermaßen begreiflich machen können. Der Erfolg, mit welchem Sokrates nach seiner Ueberzeugung Vorurtheile bestritten, und die Feinde der Wahrheit an ihm ihre Rache ausgeübet hatten, war so beschaffen, daß er auf der einen Seite Klugheit und Behutsamkeit, auf der andern eine Art von Schonung und Mäßigung anrathen mußte. Die Gegner der Aufklärung konnten nun aus der Erfahrung lernen, daß ihre gewaltsamen Mittel, wenn sie auch ihre Absichten noch so glücklich bewerkstelligten, doch zu weiter nichts führten, als ihre Urheber der Schande und dem Abscheu der Zeitgenossen sowohl als der folgenden Generationen preis zu geben. Alles was sie gewinnen konnten, war nur
für

für den Augenblick, aber sie setzten weit mehr auf das Spiel. Wenn diese Betrachtungen den Verfolgungsgeist und Intoleranz wirklich in Schranken gehalten haben, — daß sie gewirkt haben, schließe ich daraus, daß Sokrates das lezte blutige Opfer war — so waren sie gewiß größtentheils eine Frucht von dem Einfluß, welchen Plato, Xenophon und die übrigen Sokratiker durch ihre Schriften über ihre Zeitgenossen erhalten hatten. Wenn nun gleich durch dieses Mittel die gewaltthätigen Angriffe auf die Denkfreiheit entweder zurückgehalten oder gemäßiget wurden, so konnte sich doch kein Schriftsteller, der Wahrheiten schreiben wollte, über alle Besorgnisse hinwegsetzen, sondern hatte noch immer zu befürchten, daß die blinden und verkappten Religionseiferer einmal mit desto größerer Gewalt gegen ihn losbrechen würden, je mehr sie eine Art von Zwang in Zaum gehalten hatte. Er hatte desto mehr Ursache auf seiner Hut zu sein, weil weder die Kräfte, noch dasjenige, was ihnen das Gegengewicht halten sollte, mathematisch berechnet werden konnten. Diese Bemerkungen lehrten ihn eine gewisse Art von Vorsicht und Behutsamkeit, wodurch er die Gegner weniger reizte. Dieses dünkt mir ist die zweite Ursache, und sie ist in den Schriften des Plato sehr sichtbar. Auf der einen Seite fühlte er die Verbindlichkeit und das Recht, Wahrheiten zu sagen, und Jrrthümer mit der Heiligkeit, welche ihm seine Vernunft zeigte, darzustellen: auf der andern Seite aber entdeckte er auch diejenigen Gefahren, welche damit unzertrennlich verknüpfet sind, und traf daher einen Mittelweg, auf dem er den Rechten der Vernunft, ohne sich muthwillig aufzuopfern, Genüge thun konnte. Zu den Mitteln, wodurch er seine Person gegen solche Angriffe sicher zu stellen suchte, rechne ich erstlich die Einkleidung seiner Schriften. Alle diejenigen, wodurch er sich in Gefahr bringen konnte, sind in dialogischer Form geschrieben,

unter

unter deren Schutz er viel freier und fürchtloser schreiben konnte, weil sie nicht für eigne Räsonnements, sondern für Darstellungen fremder Gedanken angesehen werden konnten. Sodann bestritt er hauptsächlich nur diejenigen religiösen Irrthümer, welche mit den Gesetzen der Sittlichkeit nicht bestehen können, wobei er den Schein annahm, als wenn er das System der Volksreligion als ein Rechtgläubiger annehme, und nur einige falsche Bestandtheile lostrenne. Hier spricht er mit vieler Wärme und Freimüthigkeit. Die übrigen Angriffe auf das Fundament der Volksreligion, auf die Vielgötterei, weiß er so fein unter Ironie zu verbergen, daß sie ihm nicht leicht einige Ungelegenheit zuziehen konnten. So eine versteckte Spötterei war es, wenn er sagte: was die zwölf Götter anlange, so müsse man alles glauben, was die Dichter von ihnen sagten, sei es auch noch so unbegreiflich, weil sie als Söhne jener Götter das am besten wissen müßten [56]). Noch eine Bemerkung muß ich hier machen. In denjenigen Dialogen, welche Plato in seinem Alter geschrieben hat, wird man leicht eine freiere Sprache, mehr Muth und Unbefangenheit des Geistes in Bestreitung der Irrthümer, als in den frühern entdecken, es sei nun, daß er einen freiern und umfassenbern Gesichtspunkt gewonnen hatte, oder daß das sinkende Alter ihn gegen Gefahren gleichgültiger gemacht, oder endlich, daß er die Schwäche seiner Gegner sich größer vorgestellt hatte.

Die äußerlichen Gebräuche der Religion befolgte Plato wahrscheinlich eben so gut als Sokrates und andere weise Männer; obgleich seine Denkungsart in einigen Punkten sehr abweichend war. Wenn Sokrates z. B. sich noch nicht von allem Aberglauben losgerissen hatte

---

56) Timaeus 9ter B. S. 324.

hatte, sondern noch stark an dem Glauben der Mantik hing, auf Träume und Götterorakel viel hielt, so finden wir davon in dem Leben des Plato keine Spuren, ob er gleich in seinen Schriften einigemal zu diesen Vorstellungen zurückzukommen scheint. Als Xenophon in die Dienste des Cyrus treten wollte, schickte ihn Sokrates nach Delphi, um das Orakel zu befragen, Plato hingegen suchte nicht hier, sondern bei seinem eignen Verstande Rath, als er den Ruf an den Hof des Dionysius erhalten hatte, welches gewiß keine geringere und mißlichere Begebenheit für ihn war, als jene für den Xenophon. Er glaubte auch keine göttliche Stimme zu hören, sondern empfand immer nur den Zuruf der kalten Vernunft, ob er gleich eine weit feurigere Einbildungskraft besaß.

Plato wurde von vielen Königen und Staaten als Philosoph und Staatsmann geschätzt, und erhielt von verschiedenen derselben den Antrag, ein Gesetzbuch für sie aufzusetzen, z. B. von den Cyrenaikern, von einem Lodomas (vielleicht König der Thasier) von den Arcadiern und Thebanern [17]). Mit dem Perdiccas, König von Macedonien, führte er einen Briefwechsel, und schickte einen seiner Schüler Euphräus an ihn, um ihm mit gutem Rath an die Hand zu gehen [18]). Nach dem Plutarchus entwarf er nach dem Tode des Dionysius für die Sicilianer, und den Cretensern für ihre Kolonie Magnesia Gesetze, die auch wirklich angenommen worden sein sollen; er schickte den Eleern den Phormio, und den Pyrrhäern den Menedemus, um ihrem Staate eine bestimmte Verfassung zu geben [19]). Allein was die Gesetze

---

17) Diogen. III, 23. Aelian. V. H. II, 42. XII, 30. Epistol. XI. Plutarch. πρὸς ἀγράμματα ἀπαίδευτον.
18) Epistol. V. S. 87.
19) Plutarch. aduerf. Coloten. S. 1126.

setze für die Sicilianer und Cretenser anlangt, so befürchte ich sehr, Plutarchus hat sich übereilet, oder nicht bestimmt genug ausgedrückt. Eine Einleitung zu einem Gesetzbuch hatte Plato wirklich aber für den Dionysius aufgesetzt, wie wir oben erzählet haben; Vorschläge hatte er den Sicilianern nach dem Tode des Dio mitgetheilet, wie sie ihrer Republik eine feste Konstitution geben könnten, die wir auch noch in dem siebenden und achten Briefe lesen: allein es bleibt eben so ungewiß, ob seine Vorschläge angenommen worden sind, als ob er die noch vorhandenen Gesetze auf das Verlangen der Cretenser oder aus innerm Antrieb seines Geistes aufgesetzt habe.

In dem ersten Jahre der hundert und achten Olympiade starb dieser merkwürdige Mann, an dem ersten Tage seines zwei und achtzigsten Jahres. Obgleich seine Gesundheit durch die vielen Reisen, Gefahren und Arbeiten sehr stark gelitten hatte, so verlängerte er doch durch seine musterhafte Mäßigkeit und Beherrschung seiner Leidenschaften sein Leben bis zu einem so ansehnlichen Alter [60]).

Hierdurch wurde ihm auch das seltene Glück zu Theil, daß sein Geist bis an die letzten Augenblicke munter und thätig blieb [61]). Nach seinem Tode fand man noch auf einer Wachstafel den Anfang seiner Republik, woran die Sorgfalt zu feilen und den Ausdruck zu verbessern sichtbar war [62]). Man könnte daraus schließen, daß diese Schrift eine seiner Lieblingsarbeiten gewesen sei, wenn es nicht schon aus der Bearbeitung und Einkleidung erhellete, daß er mit vorzüglichem Interesse gearbeitet

---

60) Seneca Epist. 58.
61) Cic. de Senectut. c. 5. Seneca Epist. 58.
62) Dionysius, περι συνθεσεως edit. Hudson. S. 55. Quintilian. VIII, 6.

beitet haben müſſe. Der Tod überſchlich ihn wie ein
ſanfter Schlaf, als er eben einem Hochzeitſchmauße bei-
wohnte ^d). Sein Körper wurde in dem Ceramikum
nicht weit von der Akademie begraben, und die Athener
errichteten ihm an demſelben Orte ein Monument mit
einer Inſchrift, welche ſeine Verdienſte und die Achtung
ſeiner Zeitgenoſſen ausdrückte. Pauſanias fand in
dem zweiten Jahrhundert dieſes Denkmal noch. Auch
der König Mithridates ſetzte ihm eine Ehrenſäule ⁶⁴).

63) Diogenes III, 2.
64) Diogen. III, 40, 25. Pauſan. l. I. S. 76. edit. Kühn.

Ende des erſten Theiles.

Zweiter Theil.

Betrachtungen über seine Schriften

in

Beziehung auf seine Philosophie

———

Man findet zwar in sehr vielen Denkmälern der alten Schriftsteller mancherlei Bruchstücke der Platonischen Philosophie; Meinungen, die bald getadelt bald gelobet werden; allein, wenn wir keine reinere und reichhaltigere Quelle in seinen Schriften hätten, so würde man dennoch aus jenen allein kaum ein Schattenbild seiner Philosophie erhalten können. Sie sind nur abgerissene Gedanken und Meinungen, die man mit Mühe in einigen Zusammenhang bringen kann; sie haben meistentheils in der Gedankenreihe eines andern Kopfes einen andern Zuschnitt erhalten, und durch Zusatz oder Weglassung ihre ursprüngliche Form verlohren; sie sind oft aus-Mißverstand, oft aus Anhänglichkeit an gewisse Vorstellungsarten verändert, verdrehet, und in einen ganz falschen Gesichtspunkt gestellet worden. Wenn man also von diesen Quellen Gebrauch machen will, so muß es mit großer Behutsamkeit und mit beständiger Rücksicht auf die ächte Quelle seiner Philosophie geschehen. Wären aber auch jene Quellen noch so rein und unverfälscht, so würden sie doch nicht im Stande seyn, über einen Punkt, welcher gerade der interessanteste ist, völlige befriedigende Aufschlüsse zu geben. Die Fragen: Welches ist das Eigenthümliche, der Charakter seiner Philosophie; Welchen Gang nahm damals der menschliche Geist;

Welches sind die Ursachen, welche ihn bestimmten; Welche Fortschritte machte die Kultur des menschlichen Geistes; Was gewann eigentlich die wissenschaftliche Form der Philosophie, und andere dergleichen wichtige Punkte werden von den Schriftstellern nach dem Plato, auch wenn sie selbst Philosophen waren, meistentheils gar nicht, oder doch äußerst flüchtig, berühret. Platos Schriften bleiben also in jeder Rücksicht die Hauptquelle seiner Philosophie, und nur nach einem sorgfältigen Gebrauch derselben, ist man berechtiget, einige nützliche Beiträge aus seinen Kommentatoren und andern Schriftstellern zu erwarten.

Unter allen Werken der Philosophen zeichnen sich die Schriften des Plato unter andern Eigenthümlichkeiten auch dadurch aus, daß sie einen außerordentlichen Aufwand von Zeit, Nachdenken und Fleiß erfodern, wenn sie recht verstanden und gebraucht werden sollen, aber dagegen auch durch ihren Einfluß auf Herz und Verstand den auf sie gewendeten Fleiß reichlich belohnen. Alle die Schwierigkeiten, welche der Erklärung einzelner Stellen und Dialogen begegnen, vermehren sich noch weit mehr, wenn man sie alle als Theile eines Ganzen betrachtet, und die zerstreueten Gedanken sammeln und zusammenreihen, und aus diesen Materialien das System seiner Philosophie darstellen will. Wenn die einzelnen Gedanken von dem zufälligen Gewande der Einkleidung abgesondert; durch Hülfe aller exegetischen Hülfsmittel dem Wortverstande nach aufgekläret worden sind, dann muß man alle diese gefundenen Begriffe und Räsonnemens zusammenstellen, gegen einander halten, und vergleichen, um das Wesentliche von dem Zufälligen zu scheiden, und seine eignen Gedanken von fremden zu trennen. Ist diese Arbeit geschehen, welche uns den ganzen Vorrath der philosophischen Begriffe des Plato gleichsam in die Hände liefert, so muß sie einer neuen Platz machen, zu welcher sie nur Vorbereitung war, und

diese

diese besteht in der eigentlichen philosophischen Behandlung dieser Begriffe, die man von jedem Geschichtschreiber der Philosophie mit Recht fodern kann. Derjenige, der diesen Nahmen verdienen will, muß die Veränderungen der Philosophie in jeder Periode, die Fortschritte der philosophirenden Vernunft nicht nur angeben, sondern auch die Ursachen dieser Veränderungen aus der Beschaffenheit der Gegenstände, aus der Natur des Vorstellungs- und Erkenntnißvermögens, und endlich aus den besondern Zeitumständen und Verhältnissen der Menschheit und der jedesmaligen Bearbeiter der Philosophie entwickeln. Diese Beschäftigung, die Materialien der Philosophie zu einer wirklichen Geschichte der Philosophie zu verarbeiten, ist also gar sehr von der Arbeit unterschieden, welche die Materialien selbst erstlich aufsuchet und sammlet, obgleich durch die Verbindung von beiden erst Geschichte der Philosophie möglich ist. Dieses sind also auch die zwei Foderungen, welche man an den Bearbeiter der Platonischen Philosophie zu machen berechtiget ist.

Diese Materialien müssen, wie wir schon gesehen haben, vorzüglich aus seinen Schriften gesammlet werden. Da diese Arbeit aber durch den eigenthümlichen Charakter seiner Schriften mit manchen eigenen Schwierigkeiten verknüpft ist, so werde ich in diesem Theile einige Betrachtungen über seine Schriften anstellen, welche keinen andern Zweck haben, als theils diese Schwierigkeiten deutlicher darzustellen, theils die Methode zu entwickeln, wie sie zum Behuf der Geschichte der Platonischen Philosophie gehoben werden können. Dieser Theil wird folgende Abschnitte enthalten: Erstlich, eine kritische Untersuchung über die Aechtheit oder Unächtheit der Platonischen Schriften. Denn wenn man die Materialien seiner Philosophie aus seinen Schriften sammlen will, so muß man zuvor gewiß sein, daß man keine andern, als die ihn wirklich zum Verfasser haben, darunter gezählt hat. Zweitens, ein Versuch die

Zeitfolge seiner Schriften zu bestimmen. Diese Untersuchung ist aus dem Grunde nothwendig, damit man seine frühern Meinungen von seinen spätern unterscheiden, und dem Gang nachspüren könne, welchen die Entwickelung seines philosophischen Geistes nahm. Weil aber die Thatsachen, aus welchen die Zeit der Ausarbeitung gefolgert werden kann, sehr sparsam angegeben sind, so muß man sich mit Wahrscheinlichkeiten begnügen, und ich gebe daher diese Untersuchung für nichts als einen unvollkommenen Versuch aus. Drittens, Darstellung der Eigenheiten seiner Schriften in Hinsicht auf seine Philosophie. In diesem Abschnitt werde ich über die dialogische Einkleidung, über die philosophische Sprache und andere Eigenheiten derselben Betrachtungen anstellen, und zeigen, was sie für Einfluß auf das Studium seiner Philosophie haben. Viertens, Eine Anweisung, wie ungeachtet aller Schwierigkeiten die Materialien seiner Philosophie aufgesucht und gefunden werden können. Der Inbegriff von den Regeln, welche hier vorkommen, müßte eigentlich eine Methodologie oder ein Organon für die Platonischen Schriften enthalten. Allein, ob ich gleich wünschte, so etwas geleistet zu haben, so fühle ich doch die Schwierigkeiten eines solchen Unternehmens zu sehr, als daß ich mir schmeicheln könnte, die Foderungen, zu welchen ein Organon berechtiget, erfüllet zu haben, und bescheide mich daher gerne, diese Regeln für nichts anders als für Bedingungen auszugeben, welche nach meiner Einsicht zu dem bestimmten Zweck nothwendig sind.

Erster Abschnitt.
Aechtheit der Platonischen Schriften.

Obgleich diejenigen Schriften des Plato, welche für seine ächten gehalten worden, durch die allgemeine Anerkennung so vieler Jahrhunderte eine Art von Besitzstand erhalten haben, so giebt es doch noch einige Zweifel entweder über die Aechtheit, oder über das Eigenthumsrecht des Plato an dem Stoff einiger dieser Schriften, welche bis jetzt noch nicht auf eine befriedigende Weise gehoben worden sind. Einige von diesen sind sehr alt, und ohne ihre Auflösung uns überliefert worden, andere haben erst Gelehrte in neuerer Zeit entdeckt. Eine kritische Untersuchung über ihre Gründlichkeit dürfte daher hier um so weniger am unrechten Orte stehen, je weniger bei der Bearbeitung seiner Schriften, um die Materialien seiner Philosophie zu sammlen, die Frage gleichgültig sein kann, ob ihm diese oder jene Schrift ganz oder auch nur dem Stoffe nach als Eigenthum angehöre. Ich werde daher diese Zweifel und Bedenklichkeiten, nachdem sie mir bekannt worden sind, der Reihe nach anführen; und nach ihrer Gründlichkeit beurtheilen.

Vor allen Dingen muß ich etwas über eine besondere Stelle in einem Briefe des Plato sagen, welche einen großen Gelehrten in die Verlegenheit setzte, daß er, um die Aechtheit der übrigen Schriften zu retten, die Aechtheit dieses Briefes zu läugnen, sich genöthiget sahe[1]).

Allein

---

1) Epistol. II, 1ter B. S. 72. δια ταυτα ουδεν εστιν συγγραμμα Πλατωνος ουδεν, ουδ᾽ εσται· τα δε νυν λεγομενα, Σωκρατους εστι, καλου και νεου γεγονοτος.

Allein bei genauerer Betrachtung derselben, findet sich ein ganz anderes Resultat, welches weder die Aechtheit der Briefe, noch der andern Schriften in Anspruch nimmt. Plato behauptet in derselben keinesweges, daß er Verfasser von seinen Schriften sei, wie es Hr. Meiners verstanden hatte, sondern saget nur so viel, daß er über einen besondern Gegenstand, den er aber nur räthselhaft andeutet, nichts geschrieben habe, und auch nichts schreiben werde, und daß diejenigen Schriften, welche über diese Materie erschienen waren, den jungen und schönen Sokrates zum Verfasser haben. Diese Stelle wird zwar vielleicht niemals völlig aufgekläret werden können, aber so viel erhellet doch augenscheinlich, daß sie, richtig erkläret, keinen Zweifel über die Aechtheit der Platonischen Schriften veranlassen kann. Die weiteren Vermuthungen, um die Schwierigkeiten dieser Stelle zu heben, und die übrigen Betrachtungen, auf welche sie hinführet, gehören nicht mehr hieher.

Ich gehe nun zu den einzelnen Schriften fort. Die Aechtheit des Phädon scheint Panätius nach einem Epigramm in der griechischen Anthologie bezweifelt zu haben. Da man aber nichts von den Gründen, welche Panätius für seine Meinung angegeben hat, erfähret, so fehlet es an Thatsachen, um diesen strittigen Punkt zu entscheiden. Es ist aber schwer zu begreifen, wie dieser Mann die Aechtheit eines Dialoges bezweifeln konnte, der durch seinen Inhalt und Ausführung ganz unverkennbare Merkmale an sich trägt, daß er ein Produkt des Plato sei. Daher gewinnt die Vermuthung des Fabricius einen hohen Grad von Wahrscheinlichkeit, daß der Epigrammatist dem Panätius nur aus einem Mißverstande dieses Urtheil beigeleget habe. Dieser behauptete nehmlich, die Dialogen des Phädo seien nicht ächt sokratisch,

***) Vergliche mit Epist. VII. S. 139. ατος γε των συγγραφέα, ουδε μήποτε γένηται.

tisch, und jener verstand es vielleicht von dem Platonischen Phädo¹).

Ob der Dialog Erastä dem Plato angehöre oder nicht, scheint Thrasyllus nach einer Stelle des Diogenes zweifelhaft gewesen zu seyn²). Warum aber, hat Diogenes nicht der Mühe werth gehalten, anzuzeigen. Da aber eben derselbe Thrasyllus dieses Gespräch unter die Zahl der unbezweifelt ächten Dialogen aufgenommen hat, und sowohl der Styl als die Einkleidung laut dafür sprechen, so glaube ich, haben wir zum wenigsten keinen Grund, es für eine Nichtplatonische Schrift zu halten⁴).

Der zweite Alcibiades wurde, nach dem Zeugniß des Athenäus von einigen nicht dem Plato, sondern dem Xenophon beygeleget⁵). Da mehrere Sokratiker, z. B. Aeschines, Antisthenes, Euclides Abhandlungen unter diesem Titel geschrieben haben, so war es sehr möglich, daß eine Verwechselung vorgehen konnte. Auch der Umstand, daß zwei Dialogen dieses Nahmens unter den Platonischen vorkommen, konnte vielleicht bei manchem die Meinung veranlassen, daß einer von ihnen sich unter die Platonischen Schriften verirret habe. Unterdessen, da kein alter Schriftsteller einen Alcibiades vom Xenophon kennet, und dieser hingegen alle innern Merkmale des Platonischen Geistes darstellet, so können wir uns für berechtiget halten, dem zweiten Alcibiades seine Stelle zu lassen. Es ist zwar nicht zu läugnen, daß viele Materialien aus der sokratischen Philosophie, selbst sogar Gedanken vorkommen, die man beim Xenophon wieder findet, aber sie sind auch in der dem Plato eigenthümlichen Manier vorgetragen und entwickelt, daß sich ihr Ursprung nicht verkennen läßt. Das ganze Räsonnement

---

2) Diogen. II, 64.
3) Diogen. IX. 37. ταυτη δε Αντιγονος Καρυστιος ϕησι
4) Diogen. III, 59.
5) Athenaeus. L. XI. S. 506. edit. Casaub.

ment wird an dem Leitfaden gewisser logischer Regeln fortgeführet, welche sonst beim Xenophon nicht vorkommen, auch Sokrates wahrscheinlich noch nicht deutlich auseinander gesetzt hatte. Hierzu kommt noch die Gleichheit des Styles, und ein Gedanke, den ich allein schon für entscheidend halte. Sokrates sucht nehmlich in diesem Gespräche den Alcibiades zu überzeugen, daß er sein vorhabendes Opfer so lange aufschieben müsse, bis er richtigere Begriffe von dem, was gut und böse sei, erlanget habe. Xenophon aber war ein großer Freund von den äußern Religionshandlungen, und hielt sehr viel auf das Opfern [6]. Auch die Ironie, mit welcher der Vater der Dichter gegeißelt wird, gehöret zu den unverkennbaren Charakteren der Platonischen Schriften.

Von dem Hipparchus spricht Aelian etwas zweifelhaft, aber auch wie gewöhnlich, ohne auch nur mit einem Worte einen Grund anzugeben [7]. Aber ich glaube, wer nur einiges kritische Gefühl besitzt, und die Sprache und Behandlungsart des Plato kennet, wird gewiß keinen Anstand nehmen, auch diesem Dialog seine Stelle unter den ächten zu lassen.

Die Bücher von der Republik werden zwar allgemein für ächt gehalten, aber zwei alte Schriftsteller treten beim Diogenes auf, und behaupten, daß Plato in diesen einen offenbaren gelehrten Diebstahl begangen habe [8]. Aristoxenus und Phavorinus berichten nehmlich, der größte Theil seiner Republik habe in einem Buche des Protagoras gestanden, welches den Titel αντιλογικα führte. Ob nun gleich der erstere Schriftsteller sonst wegen seiner Zuverläßigkeit gelobet wird, so fehlt es doch diesem Faktum so sehr an innerer Möglichkeit, daß sein Nahme allein demselben keinen historischen Werth verschaffen

6) Diogenes, II, 56.
7) Aelianus, V. H. VIII, 2.
8) Diogen. III, 37, 57.

schaffen kann. Wer kann es glauben, daß Plato ein Buch, worauf er seine meiste Zeit gewendet hat, woran noch die Lebhaftigkeit des Interesses, und die Anstrengung des Geistes, durch welche es erzeugt wurde, sichtbar ist, auf eine solche Art geschrieben oder vielmehr abgeschrieben haben könne. Er, der aus Ehrgeitz seine Gedichte verbrannte, weil sie den Homerischen nicht gleich kamen, sollte seinen schriftstellerischen Ruhm, durch einen offenbaren Raub, der gar nicht verborgen bleiben konnte, so leichtsinnig auf das Spiel gesetzt haben? Denn diese αντιλογια des Protagoras, worin er seine Geschicklichkeit, von jeder Kunst pro und contra zu disputiren, zeigte, waren ja damals in vielen Händen, und Plato führet sie selbst an °). Wäre es nur einigermaßen wahrscheinlich, daß er bei einem Gegenstande, welcher seinen philosophischen Geist am längsten und innigsten beschäftiget hat, einer so armseligen Nothhülfe bedurft habe, um ein Buch mit Gedanken auszufüllen, so würde man doch viel eher auf eine andere Schrift des Protagoras, welche auch den Titel von der Republik führte, als auf diese αντιλογια rathen müssen. Aber dann würde man eben so wenig begreifen können, wie ein solcher Mann dazu gekommen sei, aus den Schriften eines Sophisten, den er so oft bestreitet, den Inhalt eines seiner Hauptwerke wörtlich zu entlehnen. Liegt dieser Nachricht einige Wahrheit zum Grunde, so glaube ich, dürfte man am wenigsten irren, wenn man annähme, daß Plato in diesem Werke viele Behauptungen des Protagoras bestritten habe. Wenn man dann ferner die Nachlässigkeit und Gedankenlosigkeit so vieler Schriftsteller und Compilatoren bedenket, so läßt es sich gar gut begreifen, wie dieses Faktum verdrehet und verfälscht werden konnte. Wenn Plato wirklich den Protagoras zum Theil ausgeschrieben hätte, so wäre gar nicht abzusehen, warum Aristo-

°) Sophista, ster B. S. 232.

Aristoteles in seiner Politik die besondern Meinungen, welche in Platons Republik vorkommen, immer unter einem Nahmen angeführet, und nicht ein einzigesmal die eigentliche Quelle angezeigt hätte.

Die zwölf Bücher der Gesetze werden einstimmig für ächt gehalten, aber nicht so der Anhang derselben, Epinomis. Einige hielten, nach dem Zeugniß des Diogenes [10]) den Philippus Opuntius, dem wir die Erhaltung jener Bücher zu verdanken haben, für den Verfasser desselben. Hiermit stimmt Suidas überein, nennt aber auf eine sonderbare Art den Verfasser Philosophus, von dem er auch mehrere Schriften anführet [11]). Es ist aber höchst wahrscheinlich, daß dieser Nahme verfälscht, und kein anderer als Philippus ist. Wenn es wahr ist, was Nicomachus von Gerason sagt, daß dieser Anhang nicht nur Epinomis, sondern auch Philosophus genennt worden sei, so läßt sich einigermaßen begreifen, wie Suidas daraus einen eignen Nahmen eines Philosophen machen, und ihn für den Verfasser dieser kleinen Abhandlung halten konnte [12]) Jener Philipp hatte nehmlich nicht nur die Abhandlung von den Gesetzen abgeschrieben, sondern sie auch in dreizehn Bücher abgetheilet. Dem dreizehnten gab er einem besondern Nahmen, nehmlich Epinomis, oder Philosophus. Daraus läßt es sich nun erklären, wie aus Nachläßigkeit oder einem andern Irrthum die Meinung entstehen konnte, daß Philippus, und durch einen doppelten Fehler, Philosophus der Urheber von dieser

---

10) Diogen. III, 37. φασι τε φασιν, οτι Φιλιππος ὁ Οπουντιος τους νομους Πλατωνος μετεγραψεν, ειναι εν κηρῳ. Τουτο και την Επινομιδα φασιν ειναι.

11) Suidas v. Φιλοσοφος, ὁς τους τε Πλατωνος νομους διακλων εις βιβλια ιβ. το γαρ ιγ αυτος προςθειναι λεγεται.

12) Arithmetic. l. I, C. 6. Πλατων δε επι τελει του τρισκαιδεκατου των νομων, ὁπερ τινες Φιλοσοφον επιγραφουσι, οτι εν αυτῳ ωριςατεαι, ινασται δει τον Φιλοσοφον ειναι.

dieser kleinen Abhandlung sei. Vielleicht werden aber einige glauben, daß der Styl und Ausführung dieser Schrift, der Mangel an Zusammenhang und Ordnung, und die höchst mangelhafte Auflösung des Problems, welches im Eingange aufgestellet wird, wobei der Leser, der mit der Republik des Plato bekannt ist, weit mehr erwarten muß als er findet, daß alles dieses, sage ich, jene Meinung vielmehr bestätige als widerlege. Allein ich finde eben darin einen Grund mehr, diese Schrift für ächt Platonisch anzusehen. Denn es war die letzte seiner schriftstellerischen Arbeiten, welche die Spuren des hohen Alters nur zu deutlich an sich trägt. Sie enthielt vielleicht zum Theil nur hingeworfene Gedanken, deren Ausführung und Verarbeitung der Tod verhinderte. Diese Vermuthung bekommt dadurch in meinen Augen noch mehr Gewicht, weil der Vortrag sehr ungleich ist, und der Anfang der Schrift wirklich zu größeren Erwartungen berechtiget, als man hernach erfüllet siehet.

Wir gehen zu einer Hauptschrift der Platonischen Philosophie, ich meine den Timäus, über, welche so viel Streitigkeiten veranlaßt, und in neuern Zeiten die Kritik sehr beschäftiget hat. Niemand bestreitet zwar ihre Aechtheit; aber darüber sind die Gelehrten uneinig, ob nicht Plato den Stoff dieses Werks aus einem andern entlehnet, oder gar einen gelehrten Raub begangen habe. Es ist bekannt, daß der Pythagoräische Philosoph Timäus von Locri ein Werk vom ähnlichen Inhalt, von der Natur geschrieben hat, aus diesem soll Plato den Inhalt seines Timäus genommen haben [1]). Die kleine Schrift von der Weltseele, welche dem Timäus beigeleget wird, und meistentheils unter den Werken des Plato befindlich ist, wird von einigen für jenes Original, von andern

---

[1]) Gellius, III, 17. Diogen. VIII, 85. Iamblichus ad Nicomachi Arithmet. Proclus Gyraefius.

andern hingegen für ein unächtes Werk gehalten [14]): Aber obgleich dieser Streit bisher von den gelehrtesten Männern mit allem Aufwande der Gelehrsamkeit und des Scharfsinnes ist geführet worden, so sind doch die Fragen: ob die Abhandlung über die Weltseele ächt oder unächt; ob sie das Original oder eine Abschrift und Auszug aus dem Platonischen Timäus sei, noch nicht mit der Evidenz abgehandelt worden, daß ein Unpartheiischer sich ohne weitere Bedenklichkeit für die eine oder andere Beantwortung erklären könnte. Die Entscheidung des Streites ist also noch nicht gefunden; gleichwohl ist sie für die Geschichte der Platonischen Philosophie keinesweges gleichgültig. Ich wage es daher, auch einen Beitrag zu liefern, um wo nicht die Sache selbst zu entscheiden, doch einige Schritte der Aufklärung näher zu bringen, aber mit derjenigen Furchtsamkeit, welche die Betrachtung, daß eine Untersuchung, welche durch die Bemühungen so vieler Männer noch nicht ausgemacht ist, vielleicht nie völlig aufgekläret werden wird, nothwendig erzeugen muß.

Da Hr. Bardili der neueste Schriftsteller ist, welcher die Aechtheit dieser Schrift mit großem Eifer behauptet hat, so wollen wir zuerst seine Gründe anhören, und untersuchen, in wie fern sie etwas entscheiden. Es ist nicht nur augenscheinlich, sagt er, daß beide Schriften, die des Plato und des Timäus, einerlei Materie behandeln, auch oft einerlei Worte gebrauchen, sondern auch,

---

14) Die Aechtheit behaupten Galeus praefati. Opuscul. mythol. Tiedemann in Griechenlands ersten Philosophen; Bardili in den Epochen der philosophischen Begriffe: das Gegentheil aber Meiners Philosophische Bibliothek, B. 1. S. 101. Historia doctrinae de vero deo. S. 312. Geschichte der Wissenschaften, 1 Th. S. 569. Tiedemann in argumentis dialog. Platon. und in Geist der spekulativen Philosophie 1ster B.

auch, daß des erstern Timäus eine bloße Paraphrase von der Schrift des leztern, und also diese die Urschrift ist. Er schließt dieses aus dem eigenthümlichen Geiste des Alterthumes, der in dieser Schrift herrschet, welcher aber nicht so wohl mit Worten beschrieben, als durch eignes Gefühl empfunden werden muß. Gleich die Ueberschrift, sagt er, führet ein unverkennbares Merkmal des Alterthums bei sich. Sie fängt mit dem Nahmen des Verfassers und seines Vaterlandes an, und der Verfasser spricht immer so in der dritten Person, wie wir dies beim Ocellus und Alcmäon finden [15]). Wenn auch diese Bemerkung richtig ist, was beweiset sie? Konnte nicht ein neuerer Schriftsteller eben diese Gewohnheit wissen, und sie nachahmen, wenn er einem alten Schriftsteller seine Arbeit unterschieben wollte? Hr. Bardili hat aber dabei einen wichtigen Unterschied übersehen. Ocellus fängt in der dritten Person an, gehet aber gleich zur ersten über. Der V. von der Schrift über die Weltseele aber spricht nicht als Verfasser, sondern nur als Referent. τιμαιος ὁ λοκρος ταδε εφα' δυο αιτιας ημεν των συμπαντων u. s. f. Nachdem er in der Folge das εφα noch einigemal wiederhohlet, dann gehet er erst zur dogmatischen Form über. Der zweite Grund, worauf Bardili die Aechtheit des Timäus stützet ist der: Timäus nennt noch mit dem alten Worte φανιμεν, was Plato mit dem neuern gewöhnlichern ερυθρον bezeichnet. Allein diese Bemerkung beweiset nichts, weil sie ungegründet ist. Das Wort ερυθρος kommt sowohl bei ältern, als φανιμεν bei neuern Schriftstellern vor [16]). Drittens, Timäus nennt die Welt nie ein ζωον, welches beim Plato so oft vorkommt. Sollte denn ein Ausschreiber gerade so einen Hauptbegrif ausge-

---

15) Diogen. VIII. 83.
16) So kommt beim Homer, um bei diesem stehen zu bleiben, das Wort ερυθρος oft vor, z. B. I L I. v. 365. v, v 36. Od. I, v. 93. 165. I, v. 163. 196.

ausgelassen haben, um den sich alles drehet? — Wenn auch nicht der Nahme, so kommt doch die Sache vor, wenn Timäus sagt: Die Welt hat nicht die äußern Gliedmaßen bekommen, welche andere lebende Wesen haben. Das ist mit andern Worten doch eben so viel als die Welt ist ein Zωον, welches auch noch mehr daraus erhellet, daß er dem Universum einen Körper und eine Seele beileget [7]). Viertens. Der Locrier spricht sehr aufgeklärt von der Anwendbarkeit der falschen Vorstellungen, von der Seelenwanderung und den Strafen nach dem Tode, zum Nutzen des Staates, eben so wie der feine Critias in seinem Gedichte; aber Plato unterläßt es weislich diese Gedanken des Locrischen Staatsmannes in der Schule zu Athen auf seine Art auszumahlen. — Es ist wahr, Plato trägt die Lehre von der Seelenwanderung in dem populären Sinne und ohne jenen Zusatz vor. Allein was folgt daraus? Etwa, daß jene Schrift der Text, und Plato der Kommentator sei? Ich sehe nicht ein, worauf jene Folgerung sich gründen soll. Fünftens. In Physik und Astronomie verräth Timäus viel gesundere Begriffe als Plato, der, indem er die kurzen Sätze des erstern weiter ausführen will, fast immer in kindische Träumereien verfällt. Der Verfasser stützet seine Behauptung auf folgende Gründe: Die ausführliche Darstellung der Ursachen, warum das Universum keine äußern Gliedmaßen wie der thierische Körper bedürfe; die Bildung der Körper durch Dämonen; die vernünftige Erklärung des Timäus von dem Athemhohlen, die Plato mit seichten Zusätzen durchwässerte; der Unsinn endlich, welchen Plato über das Zeugungsgeschäfte vorbringt, wovon Timäus kein Wort saget. In diesen Punkten also soll sich die Ueberlegenheit des Timäus in

Erklä-

---

17) Timaeus Locrus 10ter B. des Plato. S. 7 - 9. Wenn er S. 6. sagt, Gott habe die Welt gebildet, ἵνα ᾐ νοητον τε και λογικον, ist das was anders als Zωον?

Erklärung der Natur, und die Unwissenheit des Plato zeigen. Wir wollen sehen. Wenn also Plato, für das erste, einen Gliederbau in dem Universum für entbehrlich hielt, weil es ein Ganzes ausmache, außerdem nichts mehr sei, so findet sich das nehmliche Räsonnement bei dem Locrier, nur mit dem Unterschiede, daß dieser es mit ein Paar Worten andeutet, Plato hingegen es ausführlicher zergliedert; jener auf die runde Gestalt und glatte Oberfläche, dieser auf die Totalität sich berufet*). Hier sehe ich also keinen Unsinn. — Die Bildung der thierischen Körper durch übersinnliche Wesen, findet sich in dem einen Timäus so gut als bei dem andern, aber mit dem Unterschiede, daß Plato ausdrücklich ϑεοὺς Untergötter nennt, welche diese Bildung verrichtet haben, der Locrier hingegen, eine φύσιν ἀλλοιωτικήν, wobei man nicht weiß, was man denken soll. — Das Athemholen wird von beiden auf einerlei Weise erkläret, aber die wäßrigten Räsonnemens, welche Bardili erwähnet, finde ich nicht, abgerechnet, daß der Mangel an physiologischen Kenntnissen eine deutlichere Beschreibung der Organe, welche zum Athemholen nöthig sind, nicht verstattete. Das sind die Zusätze, von denen Bardili spricht. Auch weiß ich nicht, was Plato für Unsinn über das Zeugungsgeschäfte geschwatzt haben soll, außer daß er in Verbindung des Zeugungstriebes mit der Seelenwanderung eine Art von prästabilirter Harmonie aufstellet. Was das astronomische System betrift, so ist es in beiden völlig einerlei, aber bei dem Locrier ist es deutlicher auseinander gesetzt. Aus welchen Gründen sich das erklären lasse, werden wir hernach sehen.

Gesetzt aber, man finde das wirklich alles so, wie es Bardili behauptet, so würde man doch schwerlich daraus das Zeitalter der einen oder andern Schrift bestimmen können.

---

18) Timaeus Platon. S. 310. Timaeus Locrus. S. ε.

nen. Man kann freilich nicht läugnen, daß oft aufrichtige Einsichten von einer Sache irrigere Vorstellungen folgten, aber es geschah doch meistentheils nur dann, wenn die Aeltern aus dunkeln Bewußtseyn richtiger Grundsätze etwas behauptet hatten, die Denker der folgenden Zeit aber, eben dadurch, daß sie sich nach Gründen umsahen, welche sie bei ihren Vorgängern nicht fanden, zu Irrthümern verleitet wurden. Aber bei einem Manne wie Plato, der so viel Liebe zur Wahrheit, so viel innern Beruf zum Nachdenken, so viele richtige Grundsätze besaß, ist es doch nicht so leicht zu glauben, daß er unrichtigere Kenntnisse gegen richtigere vertauscht haben sollte, die er doch in einem Buche, welches er erklären wollte, vor Augen hatte. Die Erfahrung, auf welche sich Hr. Bardili berufet, ist in diesem Fall höchstens eine Möglichkeit, woraus das Verhältniß beider Schriften, und die Aechtheit der einen nicht ausgemacht werden kann, bevor jene Möglichkeit nicht zur Wirklichkeit erhoben worden ist.

Ich sehe nur einen einzigen Weg, welcher vielleicht zu etwas führen kann, ich meine eine sorgfältige Vergleichung beider Schriften. Vielleicht läßt sich dann, wenn die Aehnlichkeiten und Verschiedenheiten aufgesucht worden sind, ihr gegenseitiges Verhältniß um so eher bestimmen. Aus diesem Grunde bitte ich folgende Untersuchung zu beurtheilen.

In Ansehung des Gegenstandes, der Hauptgedanken und der Ordnung überhaupt stimmen beide Werke vollkommen mit einander überein. Demungeachtet stößt man auf mancherlei Abweichungen und Verschiedenheiten, welche theils die ganze Schrift betreffen, theils nur besondere Lehrsätze und einzelne Gedanken angehen. Zuerst bemerkt man zuweilen Versetzungen der Materien. Der Locrier trägt z. B. die Eintheilung der Dinge in οντα, αισθητα und τοπος gleich in der Einleitung vor, welche in dem Platonischen Timäus in der Mitte vor-
komm

kommt. Die Lehre vom Weltideal, von den Elementen, welche als Verbindungsmittel der Materie dienen, von den Verhältnissen der Elemente zu einander, hat in dem Platonischen Timäus eine andere Stelle als beim Locrier. Zweitens. Man findet bei dem Locrier einige Zusätze, die in dem Timäus des Plato fehlen. Hieher gehöret dasjenige, was er vom Planeten Juno saget, der gemeine Mann nenne ihn auch Venus und Phosporus, weil er keine Kenntniß von der Astronomie habe. In verschiedener Rücksicht heiße eben derselbe Planet λευκος, εως und φωσφορος. In dem Timäus findet sich das nicht, aber wohl in dem Epinomis. (9ter B. S. 264, 265). Es kommen noch mehrere Zusätze aus der Astronomie vor. Ferner gehöret auch noch hieha, was der Locrier von den vier Kardinaltugenden; von den unterirdischen Strafen, als Besserungsmittel, wenn andere Vorstellungen nichts fruchten; von dem jonischen Dichter als Erfinder der Strafen im Todtenreiche; von dem Einfluß der Philosophie auf Tugend und Glückseligkeit saget. Drittens. Der Locrier hat nicht nur Zusätze, sondern übergehet auch vieles mit Stillschweigen, was man in dem Platonischen Timäus findet. Man vermißt unter andern die Darstellung der Folgen, welche Plato aus der Vereinigung der unsterblichen Seele mit der Organisation ableitet; die Rede des obersten Gottes, in welcher er die Bildung der sinnlichen Natur des Menschen den Untergöttern aufträget; die ausführliche Angabe von den Zahlverhältnissen der Weltseele; die ausführliche Angabe der Eigenschaften der Körper welche sich auf die Ausdehnung und Gestalt beziehen (qualitates primariae); die Lehre von der Bewegung und Veränderung. In der Lehre vom menschlichen Körper sind viele Theile nicht beschrieben, und die Krankheiten sind weit kürzer abgehandelt. Viertens. Manche Begriffe werden von dem Locrier viel bestimmter und deutlicher angegeben, einige aber auch durch einen Zusatz verfälscht. So erklärt er

das,

das, was Plato einen λογισμος νοθρος nennt (Timaeus S. 349.) von einem analogischen Schlusse. S. 5. Wenn er aber das Objekt, welches Plato durch die Nahmen τοπος χωρα bezeichnet, auch ὑλη nennet, so macht er eines Theils den Begrif durch ein bekannteres Merkmal deutlicher, verfälscht ihn aber auch zugleich, indem ὑλη nicht gerade das enthält, was Plato durch den Inhalt des τοπος bezeichnen wollte. Endlich ist das noch ein beträchtlicher Unterschied, daß bei dem Locrier nicht so viele Wiederhohlungen und Ausschweifungen vorkommen; daß die Darstellung der ganzen Naturlehre viel zusammenhängender, lichtvoller und klarer ist, als sie in dem Timäus des Plato vorkommet.

Außer diesen allgemeinen Verschiedenheiten, will ich noch die beträchtlichsten Abweichungen, welche das Einzelne betreffen, angeben, so viel ich deren habe bemerken können. 1) Die Materie, sagt der Locrier, gehöret zu der veränderlichen Natur, (τη; τε θατερε φυσεως. S. 4.) Plato aber glaubte, daß ihr auch in gewisser Rücksicht das entgegengesetzte Prädikat το ταυτον zukomme. S. 344. 2) Das Beharrliche im Raume nennt Plato ἰδεα, χωρα, τοπος. S. 348, 349, 356. Der Locrier braucht diese Benennungen von der Materie, (ὑλη) und setzt noch hinzu, sie nennen es so (προςαγορευοιτι δε ταν ὑλαν τοπον και χωραν S. 4.) zum offenbaren Beweis, daß diese Ausdrücke schon etwas bekanntes waren. 3) Der Locrier nennt die Welt ενα und μονογενη ohne weitere Gründe anzugeben, welche man aber bei dem Plato findet. 4) Er sagt, die Welt in der Idee sei ὁρος νοητος παντελης, die Welt in der Erscheinung ὁρος των αισθητων. S. 7., welches man beim Plato in so bestimmten Ausdrücken nicht findet. 5) Die vier Elemente stehen nach Platos Meinung in einem solchen Verhältniß, daß sie eine Proportio diskreta ausmachen, S. 307, 308. der Locrier hat nur drei Proportionalglieder, also auch nur eine stätige Proportion. S. 7, 8.
6) Pla-

6) Plato nimmt zwei Bestandtheile der Weltseele an, τὴν ἀμέριστον οὐσίαν oder τὴν τοῦ ταυτοῦ φύσιν; zweitens τὴν μεριστὴν οὐσίαν oder τὴν τοῦ θατέρου φύσιν. S. 316. Der Locrier nimmt zwar auch zwei Bestandtheile an τὴν ἀμέριστον und τὴν μεριστὴν μορφὴν, verbindet aber damit zwei Kräfte τὴν τοῦ ταυτοῦ und τὴν τοῦ θατέρου δύναμιν. Diese beiden Kräfte nennt er die Principe der Bewegung. S. 9. 7) Die Zahlenverhältnisse der Weltseele giebt Plato bestimmt an, der Locrier aber nur die Zahl und Summe der Glieder. S. 9, 10. 8) Die Bewegung der Himmelskörper bestimmt der Locrier genauer als Plato. Der äußerste Kreis der Fixsterne, sagt er, bewegt sich vom Morgen gegen Abend; der Kreis der Planeten hingegen von Abend gegen Morgen. Das ist aber offenbar eine ausführlichere Erklärung der Worte des Plato S. 315. κατὰ τἀναντία μὲν ἀλλήλοις προσηκόντως ἴσας τὰς κύκλους. 9) Plato sagt, die Erde sei unter allen Elementen das älteste S. 323. Der Locrier fügt noch die Ursache hinzu, weil die übrigen Elemente ohne Erde nicht bestehen können. S. 13. Er behauptet auch von der Erde, daß sie gleichsam in der Luft schwimme. Dieses findet sich zwar nicht in dem Timäus des Plato, aber wohl in dem Phädo, S. 264. 10) Die Lehre von den Triangeln, aus welchen die Natur jedes einzelnen Elements abgeleitet wird, ist bei dem Locrier S. 14, 15. ausführlicher, bestimmter und deutlicher als bei dem Plato. S. 354, 355. 11) Die Proportionen der Elemente trägt der Locrier zweimal vor S. 7. und S. 16; das anderemal aber deutlicher und ausführlicher und mit dem Plato übereinstimmender. 12) Die Anwendung der Arten von Triangel zur Erklärung der Elemente ist bei dem Plato ausführlicher als bei dem Timäus. S. 357 seq. 13) Die zwei Arten des Flüssigen erkläret Plato weitläufiger S. 363. der Locrier kürzer, nennt aber von jeder Gattung Arten. S. 17. Hier kommt auch eine besondere Art von Eisen, τάγων vor. 14) Bei dem Locrier S. 17.

S. 17. kommt das Wort ἐμὸν vor, anstatt παλάγχια oder ἴδια, welches Plato niemals so gebrauchet. 15) Die Bildung der sterblichen Seelen läßt Plato von den Untergöttern auf den Befehl und nach dem Muster der obersten Gottheit; der Locrier aber von der φύσις ἀλλοιωτικη geschehen. S. 17. 16). Die sterblichen thierischen Wesen, ζῶα nennt der Locrier auch ἐφαμέρια S. 17. ein Ausdruck, der bei dem Plato nicht vorkommt. 17) Die Seele hat zwei Bestandtheile, das λογικὸν und ἄλογον; Jenes ist aus τῆς ταυτὺ φύσεως, dieses aus τῆς τῆς ἑτέρα φύσεως genommen. S. 18. So deutlich und bestimmt kommt das bei dem Plato nicht vor. 18) Das Wort ἡγεμονία S. 18. scheint neueren Ursprungs zu sein, wie ἡγεμονικὸν. 19) Bei dem Locrier ist das Rückenmark das Behältniß des Zeugungsstoffes und des Saamens, aus welchem er in andere Theile verbreitet wird. S. 18. Plato sagt zwar eben dieses S. 394, 395, aber sehr dunkel. 20) Das Wort ἀντιληψις kommt S. 19. bei dem Locrier in einer besondern Bedeutung vor, nehmlich für Apperception, welche in dem Plato nicht gefunden wird. 21) Plato widerleget die Meinung, als wenn es zwei verschiedene Gegenden, Unten und Oben in der Welt gebe. S. 371. der Locrier erkläret S. 20. diese Begriffe, ohne sich in die Sache selbst einzulassen. 22) Die Erklärung der Ursachen vom Athemhohlen macht Plato S. 410. durch die Erscheinungen des Magnets und des Elektrums, der Locrier aber durch Beispiele vom Euripus, Schröpfköpfen und Elektrum anschaulich. S. 23. 23) Die Vollkommenheit des Menschen beschreibt Plato mehr im Allgemeinen, als Harmonie des Leibes und der Seele S. 426. der Locrier mehr den einzelnen Theilen nach. S. 26, 27. Auf diese Verschiedenheit gründet sich auch ihre beiderseitige Lehre von der Vervollkommung und Besserung des Menschen. 24) Der Locrier sagt, am Schlusse, Gott habe die Regierung der Welt der Nemesis nebst den strafenden Erdengeistern δαίμοσι παλαμναίοις χθονίοις χϑονιοις aufgetragen, wovon man bei dem Plato nichts findet.

Aus den Bemerkungen, welche ich bis hieher gemacht habe, ziehe ich folgende Resultate. Bei der Uebereinstimmung beider Schriften in Ansehung des Inhalts, Ordnung und einzelnen Lehrsätze läßt sich nichts anders denken, als daß die Schrift des Locriers entweder der Text, welchen Plato in seinem Timäus kommentirte, oder ein Auszug ist, welchen ein denkender Kopf aus dem Platonischen Timäus machte. Nun kommt es darauf an, welche von beiden Meinungen mehr Gründe für sich habe, und das läßt sich leicht beantworten. Die Verschiedenheiten und Abweichungen, welche sich vorgefunden haben, in Verbindung mit einigen andern historischen Zeugnissen, stimmen so offenbar für die letzte Meinung, daß ich mir schmeichele, alle unpartheiische Leser werden ihr beitreten. Denn erstlich kommen in der Schrift von der Weltseele Lehren vor, welche nach dem Bericht gültiger Schriftsteller Plato zuerst erfunden hat. Hieher gehöret vorzüglich der Lehrsatz, daß das Beharrliche im Raume (welches er τοπος, χωρα und εδρα nennet) das Subjekt aller Veränderungen sei. Nicht allein Aristoteles sondern auch Plutarch versichern einstimmig, daß Plato der Erfinder dieses Satzes ist [19]). Ferner gehöret hieher die Lehre von dem Empirischen Ursprunge der Zeit. Aristoteles saget ausdrücklich, alle Philosophen stimmen darin mit einander überein, daß die Zeit nicht entstanden sei,

nur

---

19) Aristotel. Physicor. Avic. IV, 2. Alle Philosophen, sagt er, stimmen darin überein, daß τοπος etwas sei; Nur Plato war der erste, der einen Versuch wagte, zu bestimmen, was τοπος sei. Simplicius, S. 125, 126. Plutarch. de oraculor. defectu S. 414. ου μεν λεγουσιν οι λεγοντες, οτι Πλατων το ταις γενομεναις στοιχειον υποκειμενον τοιχειον εξευρων; ο νυν υλην και φυσιν καλουσι, πολλων απηλλαξε και μεγαλων αποριων τους φιλοσοφους.

nur Plato behauptet dieses²⁰). Eben derselbe behauptet auch, daß Plato zuerst über die Entstehung der Elemente speculirt habe. de generat. 1, 2. Es ist wahr, man könnte hier noch den Einwurf machen, daß ohngeachtet Plato für den Erfinder dieser Sätze gehalten werde, es doch sehr mödglich sei, daß er sie zuerst aus der Schrift des Timäus genommen habe: allein er wird durch das Folgende hinlänglich widerleget werden. Zweitens, die Lehre von den Ideen, welche in dieser Schrift vorkommt, führet augenscheinlich den Charakter der Platonischen aber nicht der Pythagordischen Philosophie an sich. Denn obschon die Zahlen der Pythagorder Aehnlichkeit mit den Ideen haben, so betrachteten sie diese Philosophen doch als den Dingen inhärirend, während sie Plato von ihnen absonderte²¹). Die Pythagorder machten die Zahlen zu dem Grundwesen der Dinge, Plato aber nicht²²). Drittens. Plato verwandelte die Zahlen der Pythagorder in Ideen. Es wäre daher nicht wohl zu begreifen, daß in dieser Schrift, wenn sie von einem Pythagorder herrührte, so wenig, ja noch weit weniger, als in dem Platonischen Timäus von der Zahlenlehre vorkommt. Vielleicht wird mancher dagegen sagen, diese Schrift enthalte keine exoterische, sondern esoterische Philosophie, wobei die Zahlen als Vehikel von geheimgehaltenen Lehren entbehrlich waren. Das erste zugegeben, welches der Inhalt der Schrift vollkommen bestätiget, so ist doch diese Schwierigkeit im geringsten nicht gehoben. Denn Aristoteles behauptet, daß die Zahlenlehren nicht zur exoterischen, sondern esoterischen Philosophie gehöret habe, und damit stimmt der Geist dieser Philosophie vollkommen überein. Von dem Centralfeuer und den zehen Him-

20) Aristotel. Physic. VIII, 1. Simplicius, S. 265. edit. Aldin.
21) Aristotel. Metaphys. I, 6. XII, 4.
22) Aristotel. Metaphys. I, 6. Plato Sophista, S, 428.

Himmelskörpern, welche die Pythagoräer behaupteten, findet man auch nichts in dieser Schrift. Doch daraus allein läßt sich die Aechtheit oder Unächtheit derselben nicht entscheiden, weil es möglich ist, daß Timäus in diesen Punkten von seiner Schule abweichen konnte. Giebt es aber noch andere Gründe, um diese Streitsache auszumachen, wie es wirklich der Fall ist, so können sie durch diesen Umstand noch mehr an Gewicht und Stärke gewinnen. Viertens. Es finden sich in dieser Schrift Begriffe und Ausdrücke, welche viel neuer als Timäus und Platons Zeitalter sind. So ist der Ausdruck ὕλη für Materie nach bestimmten Zeugnissen neuer als Plato, und wahrscheinlich erst von Aristoteles erfunden [23]). In dem Plato kommt dieses Wort zum wenigsten in dieser Bedeutung nicht vor. Eben dieses gilt auch von dem Wort ὑποκείμενον, vielleicht auch ἡγεμονία. Einige Schriftsteller behaupten auch, vielleicht nicht ohne Grund, daß das Wort τοιχεῖον, welches auch in dieser Schrift vorkommt, zuerst von dem Plato in der Bedeutung eines Elements gebraucht worden sei [24]). Fünftens. Der Verfasser dieser Schrift giebt in einigen Stellen deutlich zu erkennen, daß er weder Timäus selbst sei, noch in so frühen Zeiten gelebt habe. Denn gleich zu Anfange spricht er nicht in der ersten Person von sich, sondern trägt die Gedanken des Timäus als Referent vor. Die Begriffe von Idee und von ὕλη giebt er als von andern behauptete und längst bekannte an [25]). Sechstens. Simplicius, der, wie es scheint, das Original vom Timäus vor sich hatte, unterscheidet den ächten Timäus, und den

---

23) Plutarchus, l. c. Simplicius in Aristotel. Physic. S. 2.
24) Simplicius, l. c. Diogen. III, 24.
25) Timaeus Locr. S. 4. τούτων γὰρ τὶ τῶν ἰδεῶν λέγεσθαι τε καὶ νοεῖσθαι. Ebendas. προσγοΰντι δὲ τᾶν ὕλαν τούτων καὶ χώραν. S. 20. αὗται δὲ μὰν μέσον τούτων φαντί.

den vom Plato personificirten Timäus. Plato, sagt er, gehet zwar den nehmlichen Gang als Timäus, in den Untersuchungen über die Natur, aber er hat alles mit mehr Klarheit und Deutlichkeit entwickelt ⁱ⁶). Ich glaube, dieses sind Gründe genug um darzuthun, daß die Schrift von der Weltseele weder vom Timäus noch von einem andern Philosophen vor dem Plato geschrieben ist, sondern von einem viel spätern Verfasser, der den Timäus des Plato in ein Kompendium zusammendrängte, herrühret. Und nun lassen sich sehr viele von den obigen Verschiedenheiten z. B. daß Gedanken aus andern Platonischen Schriften vorkommen, daß in einzelnen Theilen die Ordnung etwas verändert ist, daß die ganze Darstellung mehr Klarheit und Deutlichkeit hat u. s. w. sehr natürlich erklären.

Eine ganz andere Frage aber ist es, ob Plato nicht wirklich den Inhalt des Timäus zum wenigsten zum Theil aus einer Pythagorischen Schrift genommen habe; da so viele alte Schriftsteller dieses behaupten, so muß sie freilich bejahet werden. Nur wäre zu wünschen, daß die Schriftsteller auch einstimmig die Schrift nennten, welche den Stoff zum Timäus hergab.

Die dreizehen Briefe, welche wir noch vom Plato haben, sind zuerst von Herrn Meiners in Anspruch genommen worden, obgleich die Alten, so viel wir aus ihren Schriften wissen, nicht im geringsten an der Aechtheit derselben zweifelten. Die Gründe, worauf dieser berühmte Kritiker seine Behauptung stützet, sind meistentheils nur dunkele Stellen, und andere historische Schwierigkeiten, welche aber meiner Meinung nach theils durch die Interpretation gehoben werden können, theils nicht von der Art sind, daß man ihrentwegen einen ganzen Brief für unächt zu erklären genöthiget wäre. Da ich

16) Simplicius in Physic. Aristot. S. 2.

ich schon an einem andern Orte diese Gründe beleuchtet habe, und nach wiederhohltem Nachdenken kein anderes Resultat habe finden können, so kann ich mich der Kürze wegen auf die Schrift: Lehre und Meinungen der Sokratiker über Unsterblichkeit berufen. Gerne werde ich meine Meinung zurücknehmen, so bald ich durch Gründe von dem Gegentheil überzeugt werde. Bis dahin aber halte ich die Briefe für ächt, nicht allein aus dem Grunde; weil die Einwürfe dagegen nicht beweisen, was sie beweisen sollten, sondern auch weil ich die Aechtheit derselben durch unmittelbare Gründe wahrscheinlich zu machen im Stande bin. Die Ausführung derselben gehöret hieher.

Erstlich werden diese Briefe von den Alten für ächt anerkannt. Diogenes führt sie alle dreizehen an, ohne den geringsten Wink zu geben, daß irgend ein Kritiker einen Zweifel über die Aechtheit des einen oder andern gehabt habe. Selbst Thrasyllus ließ sie für ächte Briefe des Plato gelten [27]. Es ist aber zu bemerken, daß Diogenes den ersten unter den noch vorhandenen, wie billig, nicht mit unter die Platonischen rechnet, weil er den Dio zum Verfasser hat. Dagegen erwähnet er vier Briefe an den Dionysius, von welchen nur dreie übrig sind, und einen an Aristodemus. Also wären zwei verlohren gegangen, wenn nicht der zehente an den Aristobarus, der nehmliche ist, welchen Diogenes an den Aristobem betitelt. — Eine Stelle des Dionysius von Halicarnaß kann auch für einen Beweis der Aechtheit zum wenigsten von einigen gelten [28]. Er sagt, man könne die Briefe des Plato für eine Art von Volksreden ansehen, welches sehr gut auf den siebenten und achten paßt. Man findet auch einige Stellen bei alten Schriftstellern, welche

---

27) Diogen. III, 61
28) Dionys. Halic. de admirabili vi dicendi in Demosthene, edit. Oxon. S. 289. δημαγορια δε ωδεμια' ελπη ει τις περ τας επιστολας βουλοιτο δημηγοριας καλειν.

welche für die Aechtheit der einzelnen Briefe sprechen, indem sie einige Gedanken aus denselben citiren. Ich will diese Stellen nach der Ordnung der Briefe zusammenstellen. Den zweiten Brief also führet an Aelianus V. H. XII, 25. Aristides Orat. II. Platonica. Stobaeus S. 42. S. 191. Athenaeus, am Ende seines Werkes. Iulianus, Orat. εις τυς αταιδιυτυς κιυας. den dritten Stobaeus, S. 148, 506. den vierten Plutarch. de discrimine amici S. 69. de vita Dionis S. 961, 981. Stobaeus, S. 318. den fünften Cicero ad Diverſ. 1, 9. den siebenten führet Plutarch sehr oft im Leben des Dion an. Cicero ad Diverſ. 1, 9. Tuſcul. Qu. V. 35. Aristides Orat. I. Platonica. Stobaeus, S. 59. den achten Ariſtid. Orat. I und II. Platon. Stobaeus, S. 280, 322, 327. den neunten Cicero Officior. I, 7. de Finib. II, 14. Stobaeus, S. 302. den dreizehenten Plutarchus Dione, S. 966. de vitioso pudore, S. 533. de ira cohibenda. Es fehlen also nur noch Beweisstellen für den sechsten, zehenten, eilften und zwölften, welche aber doch vielleicht noch gefunden werden können. Es ist auffallend, daß gerade diejenigen, deren Aechtheit Herr Meiners bestritten hat, durch die angeführten Stellen für Platonisch erkannt worden sind.

Nicht allein äußere sondern auch innere Gründe sprechen offenbar für die Aechtheit derselben. Wer Platonische Schriften gelesen hat, wird auch hier seine Sprache, Ausdrücke und Wendungen wieder finden, so verschieden auch übrigens der Briefstyl sein mag. Es kommen so viele umständliche Nachrichten aus dem Privatleben des Dionysius, seinem Verhältnissen und Betragen gegen den Plato, seinem ganzen Charakter vor; und alles dieses ist mit so vielen kleinen Umständen verwebt, daß niemand anders als ein Mann, der Augenzeuge von dem allen war, der Verfasser von denselben sein kann. Erdacht können die Erzählungen nicht sein, denn ihnen ist das Gepräge der historischen Wahrheit allzu

kennt-

kenntlich aufgedrückt. Plutarch, der in dem Leben des Dio sehr viele von diesen Thatsachen erzählet, bemerket nur ein einzigesmal eine Abweichung anderer Historiker von einem Bericht des Plato. Die Urtheile über den Charakter des Athmeniensischen Volkes, über ihre Regierungsform und Staatsveränderungen zeugen von einem scharfen Beobachter, der die Sachen in der Nähe betrachten konnte *). Eben das gilt auch von dem Urtheil über Sokrates. Von noch größerem Gewichte sind die einzelnen Nachrichten von Platos Leben, Denkungsart, Gesinnungen, dem Gang der Entwickelung seines Geistes und seiner Philosophie; sie sind Selbstgeständnisse, deren Urheber kein unbefangener Leser verkennen kann.

Die Philosophischen Lehrsätze, welche hin und wieder eingestreuet werden, sind keine andern, als welche sich in seinen andern Schriften wieder finden, und sie werden immer so erklärt und angewendet, als nur derjenige konnte, der die Resultate seines eigenen Denkens in ihnen niedergeleget hatte. Kurz alle Briefe haben im Ganzen und einzelnen Theilen so viel Selbstständigkeit, Lauterkeit und Persönlichkeit, daß wir sie keinem andern Schriftsteller mit einigem Scheine beilegen können.

Auf der andern Seite läßt sich sehr wenig für die Möglichkeit, daß sie untergeschoben sein könnten, sagen. Der Ton, die Manier, der Geist, der in ihnen athmet, ist Natur, nicht Kunst und erkünstelte Aehnlichkeit. Wären sie eine Arbeit eines spätern Schriftstellers, so würde er gewiß

---

*) Ich bemerke hier noch eine etwas abweichende Nachricht von den dreißig Tyrannen. Plato sagt, es wurde eine Regierung von eilf Personen für die Stadt, und zehen für den Hafen niedergesetzt; die dreißig aber hatten die oberste Staatsgewalt in Händen. Epist. VII. S. 93, 94. Plutarch in dem Leben des Lysanders S. 441. erwähnt außer den dreißig noch die zehen Regierungsräthe für den Hafen.

gewiß dafür gesorgt haben, daß wir nicht hier und da auf dunkele und räthselhafte Stellen, und auf historische Schwierigkeiten, oder unauflösliche Probleme träfen, weil er für das Publikum schreiben mußte. In dem Falle war aber Plato nicht, der schrieb nur für diejenigen Personen, an welche die Briefe gerichtet sind. Allein, wird man vielleicht sagen, finden sich solche Schwierigkeiten nicht auch in solchen Briefen, deren Unächtheit entschieden ist z. B. in denen der Sokratiker? Wie können sie also hier ein Zeugniß für die Aechtheit ablegen? Ich gebe das Faktum zu, läugne aber die Folge wegen Verschiedenheit des Gegenstandes. Jene Briefe entbehren nicht nur aller der innern und äußern Gründe und Empfehlungen, sondern tragen auch allzu deutliche Merkmale der Unächtheit an sich, als daß man von ihnen irgend eine Anwendung auf diese machen könnte. Und, dann sind die Schwierigkeiten in jenen von ganz anderer Beschaffenheit als in diesen. Dort rühren sie offenbar von einer großen Unkunde der Geschichte und Chronologie her, hier trift man keinen einzigen von diesen Fehlern an. Endlich läßt sich auch nicht die geringste Absicht denken, warum irgend ein Schriftsteller diese Briefe untergeschoben haben sollte. Denn man könnte ihn weder unter die Freunde noch Feinde des Plato zählen, und hätte er die Absicht gehabt, den Plato zu beschuldigen oder zu vertheidigen, (vorzüglich was seinen Aufenthalt in Sicilien betrift) so würde er gewiß seiner Schrift eine andere Form gegeben haben.

Bloße Nachahmungssucht kann ich mir bei einem solchen Manne, der so viele gute Eigenschaften des Verstandes und Herzens offenbaret, nicht denken. Man darf auch nur die Briefe aufmerksam lesen, um wahrzunehmen, daß sie keine Nachahmungen sind, und der Verfasser keine fremde, sondern nur seine eigne Rolle spielet.

Ehe ich weiter gehe, muß ich noch eine Bemerkung über den dreizehnten Brief machen. Plato empfiehlet in in demselben dem Dionysius einen gewissen Helicon, und lobet ihn als einen braven Mann. Doch, setzt er noch hinzu, Ich weiß, daß ich von einem Menschen, das ist, von einem sehr veränderlichen Wesen schreibe 29). Plutarch, der diese Stelle anführet, giebt uns die Nachricht, daß sie am Ende des Briefes gestanden habe 30). Ist dieses wahr, so könnte wohl die andere Hälfte desselben unächt seyn. Oder sind etwa durch Nachläßigkeit der Abschreiber zwei Briefe in einen zusammengeschmolzen? Dieses scheint mir aus dem Grunde wahrscheinlicher, weil Plutarch an einem andern Orte eine Stelle aus der zweiten Hälfte citieret 31). Und dann hätten wir auch gerade so viel Briefe an den Dionysius, als Diogenes angiebt. In dem sechsten Briefe sind gegen das Ende einige Worte von neuerer Hand eingeschoben worden, welche Gelegenheit gegeben haben, daß man den ganzen Brief für unächt und von einem Christen untergeschoben hielt.

Unter denjenigen Dialogen, welche gewöhnlich unter die unächten gezählet werden, ist nur einer, welcher aller Wahrscheinlichkeit nach eine Stelle unter den ächten verdienet, nehmlich Clitopho. Serranus hat ihn, ich weiß nicht, aus welchen Gründen, dieser Stelle für unwürdig erkläret, und ihm sind alle mir bekannten Ausgaben gefolget. Allein die Alten hielten ihn einstimmig für eine ächte Platonische Arbeit, und einige legten ihm so großen Werth bei, daß sie mit ihm die Lectüre der sämmtlichen

---

29) Epistol. XIII, S. 171.
30) Plutarchus de vitioso pudore. S. 533.
31) Plutarch. Dione. S. 966. ὡς ἂν εἴ τις ὁ Πλάτων ἀδικαζε *[Greek text partially illegible]* Epistol. XIII, S. 176.

lichen Schriften des Plato anfingen ³²). Obgleich das, was wir jetzt unter diesem Titel haben, nur ein Bruchstück zu sein scheint, so siehet man doch so viel, daß das Ganze ein interessantes Stück muß gewesen sein, indem es die Urtheile enthält, welche die damaligen Menschen über die Lehrmethode des Sokrates und ihren Nutzen und Anwendung fälleten. Vermuthlich machte Sokrates Rechtfertigung den verlohren gegangenen Theil aus. Der Verlust dieses Dialoges ist um so mehr zu bedauern, da die Bearbeitung dieses Gegenstandes gewiß wichtige Materialien für die Geschichte der Sokratischen und Platonischen Philosophie wird enthalten haben.

Die Definitionen, welche gewöhnlich unter den undächten Schriften stehen, kann ich hier nicht mit Stillschweigen übergehen, weil sie bei der Bearbeitung der Platonischen Philosophie nicht unwichtig sind. Denn da Plato in den meisten Dialogen nicht seine Sätze aufstellet, sondern nur andere Meinungen und Begriffe bestreitet, so kann es nicht anders als angenehm sein, in dieser kleinen Schrift die Hauptbegriffe seiner Philosophie beisammen zu finden. Aber freilich müßte es vor allen Dingen ausgemacht sein, ob diese Sammlung von Definitionen nicht von einem neuern Schriftsteller herrühre. Zum Unglück ist diese Frage sehr problematisch, seit dem Herr Meiners sich Mühe gegeben hat zu beweisen, daß die ganze Sammlung wegen einiger nicht Platonischen Definitionen sehr verdächtig sei. Unterdessen wenn dieses nur von einigen erweislich ist, so kann der Geschichtsforscher noch immer von den übrigen einen, freilich vorsichtigen Gebrauch machen. Allein, wenn man einige offenbare Schreibfehler abrechnet, so lassen sich die angefochtenen Definitionen noch immer rechtfertigen.

Ob diese Definitionen von dem Plato selbst aufgesetzt worden, ist eine Frage, welche wegen Mangel an Nachrichten

32) Diogenes III, 61.

richten nicht leicht zu beantworten ist, zum wenigsten nicht anders als aus der Schrift selbst beantwortet werden kann. Indem man nun findet, daß von einer Sache sehr verschiedene Erklärungen gegeben werden; daß sie nicht einmal zusammengestellt sind; daß Definitionen vorkommen, welche von Plato oft bestritten werden: so kann man wohl nicht ohne Grund annehmen, daß diese Sammlung nicht den Plato, sondern einen andern Mann zum Verfasser habe. Denn Plato würde sie gewiß mit etwas besserer Ordnung gemacht und keine von ihm bestrittenen aufgenommen haben. Höchst wahrscheinlich ist diese Schrift auf folgende Art entstanden. Es schrieb ein Mann, gleichviel wer er sei, die Definitionen, die er in den Platonischen Schriften gelesen, und so wie er sie gefunden hatte, auf, unbekümmert, ob sie vom Plato angenommen worden waren, oder nicht. Hieraus mußte freilich eine Sammlung ohne Plan und Ordnung entstehen, wie die gegenwärtige ist. Unterdessen so unvollkommen sie auch gerathen ist, so kann ihr doch aller Nutzen bei der Geschichte der Platonischen Philosophie nicht abgesprochen worden, weil die meisten mit der Platonischen Philosophie übereinstimmen, und manche die Merkmale der Begriffe deutlicher angeben, als es in den Platonischen Schriften geschehen ist. Wenn auch einige vorkommen sollten, welche sich mit keiner Autorität bestätigen ließen, so darf uns das nicht befremden, weil, wie bald gezeigt werden soll, nicht alle Platonische Schriften mehr vorhanden sind. Aber bedauern muß man, daß diese Sammlung so unvollständig ist, indem sehr viele von den wichtigsten Begriffen ganz und gar fehlen; ob durch Nachlässigkeit des Verfertigers oder durch ein ungünstiges Schicksal, kann nicht entschieden werden. Nach Diogenes Bericht [33]) hatte Speusip eine Schrift ὅρων verfertiget. Ob das was wir haben, diese Schrift ganz, oder zum wenigsten ein Stück davon sei, getraue

33) Diogen. IV, 4.

ich mir weder zu behaupten noch zu läugnen, weil uns alle Nachrichten von der Beschaffenheit derselben fehlen.

Wenn einige verlohren gegangene Schriften von Plato noch vorhanden wären, so würden sie vielleicht über seine ganze Philosophie und über viele verwickelte Fragen nicht wenig Licht verbreiten. So erwähnet Aristoteles seine αγραφα δογματα [34]). Doch ist es ungewiß, ob dieses wirklich eine Schrift gewesen ist, oder ob Aristoteles nur diejenigen Lehrsätze verstehet, welche Plato in seiner Academie mündlich vortrug. Aber so viel scheint wahrscheinlich zu seyn, daß sie seine esoterische Philosophie ausmachten. Wüßten wir nur mehreres von dem Inhalte derselben. Noch ein Werk citiret Aristoteles, welches verlohren gegangen ist, nehmlich διαιρεσεις [35]). Von welchem Inhalte es gewesen sei, läßt sich nicht bestimmen, aber aus dem Umstande, daß Plato in demselben nur drei Elemente annahm, kann man mit Grunde folgern, daß es auch ein esoterisches Werk war. Diogenes hat noch ein Fragment aus einer uns unbekannten Schrift des Aristoteles aufbehalten, in welchem einige Platonische Eintheilungen vorkommen. Ob dieses Fragment ächt sei, ist eine Frage, welche nicht leicht entschieden werden kann. Unterdessen, da Diogenes noch einige Schriften angiebt, in welchen Aristoteles Auszüge aus Platonischen Schriften gemacht hat, und verschiedene Bücher genannt werden, welche διαιρεσεις betitelt waren, so ist es zum wenigsten nicht unwahrscheinlich, daß Aristoteles auch die Platonischen Eintheilungen gesammelt haben könne [36]). Dazu kommt noch, daß diese

---

34) Aristotel. Physicor. IV, 2. sagt εν ταις λεγομενοις αγραφαις δογμασι.

35) Aristotel. de generat. et corrupt. II, 3. και δι τρια λεγοντες, ώσπερ Πλατων εν ταις διαιρεσεσι.

36) Z. B. τα εκ των νομων τυ Πλατωνος, τα εκ της πολιτειας. Simplicius in libr. Aristotelis de anima. S. 76. περι φιλοσοφιας ων λεγει, τα περι τυ αγαθυ ευτε εν ταις Πλατωνος

diese Eintheilungen meistentheils durch die noch vorhandenen Platonischen Schriften vollkommene Bestätigung erhalten. Die übrigen, bei denen man die Uebereinstimmung nicht unmittelbar zeigen kann, haben also zum wenigsten eine Vermuthung für sich, indem sie aus verlohren gegangenen Schriften entlehnt sein können. Aus dem Grunde halte ich den Gebrauch dieser Eintheilungen für zuläsig, der über manche Begriffe nicht selten viel Licht verbreiten wird.

Obgleich ein günstigerer Zufall über die Erhaltung der Platonischen Werke scheint gewacht zu haben als über die Aristotelischen, so giebt es doch einige Werke, welche nur stückweise auf uns gekommen sind. Dahin gehöret Philebus, Minos, Critias und Clitophon. In andern kommen ziemlich deutliche Spuren von Lücken vor. In dem ersten Alcibiades S. 165. fehlen einige Sätze, welche beim Stobäus gefunden werden, und Sextus Empiricus citieret eine Stelle aus dem Timäus, welche weder in diesem noch einem andern Dialog gefunden wird. (aduersus Mathematic. VII. S. 391.)

Zweiter Abschnitt.

Ueber die Zeitfolge der Platonischen Schriften.

Es ist bei keinem Schriftsteller gleichgültig, ob man die Zeit angeben kann, wenn er diese oder jene Schrift verfertiget hat, am allerwenigsten aber beim

Plato

τα αναγεγραμμένα συνεσιας, εν αις ετρεφε τας τε Πυθαγορείους και Πλατωνικάς τορι των οντων δοξας.

Plato. Wenn man einen einzelnen Dialog oder ein anderes Werk als ein für sich bestehendes Ganze liefet, so kommt zwar so viel nicht darauf an, ob man die Zeit der Verfertigung wisse oder nicht. Allein wenn einer die Absicht hat, sie alle zu studiren, und zwar die Absicht, um seine eigentlichen Ueberzeugungen zu erfahren, oder sein Verdienst als Philosoph schätzen zu können, oder dem Gang der Ausbildung seines Geistes nachzuspüren, so hat diese Untersuchung wegen ihres Einflusses mehr zu bedeuten. Es kommen zum Beispiel mancherlei Behauptungen vor, welche einander wirklich oder scheinbar widersprechen; manche Sätze werden ganz anders bestimmet, oder erscheinen in einem ganz andern Gesichtspunkte, mit mehr Klarheit und Deutlichkeit; der Grund davon kann theils in einem reifern Nachdenken, theils auch in andern Umständen und Veranlassungen liegen, welches aber nicht bestimmt werden kann, wenn nicht die Zeitfolge der Schriften ausgemacht ist.

So wichtig aber auch diese Untersuchung für die Platonische Philosophie sein mag, so viele Schwierigkeiten treten der Ausführung in den Weg, weil es in den meisten Fällen an Datis fehlet, worauf die Nachforschung sich stützen könnte. Denn in sehr wenigen Dialogen werden einige Winke über die Zeit der Abfassung gegeben, in den meisten fehlen sie gänzlich; und bei andern Schriftstellern findet man nur wenig Belehrung darüber. Unterdessen wollen wir diese Nachrichten sammlen und sehen, wie weit sie uns nebst einigen andern Hülfsmitteln führen werden. Daß die Untersuchung nicht erschöpfend sein, und das Resultat in den meisten Fällen nur Wahrscheinlichkeiten enthalten könne, begreifen die Leser von selbst.

Es ist eine gewöhnliche Meinung, daß Plato schon zu der Zeit, da er Sokratis Schüler war, einige Dialogen ben geschrieben habe [1]). Obgleich diese Nachricht weder durch viele noch durch wichtige Zeugnisse bestätiget werden kann, so halte ich sie doch für gegründet, weil innere Wahrscheinlichkeit das ersetzt, was ihr an äussern Gründen abgehet.

Als Plato mit seinem Lehrer bekannt wurde, war er zwanzig Jahr alt, ein Jüngling von muntern und lebhaften Geiste, und einer sehr feurigen Einbildungskraft; er besaß viel Empfänglichkeit für geistige Vergnügungen, und eine starke Neigung zu schriftstellerischen Beschäftigungen. Es ist daher gar nicht wahrscheinlich, daß diese Neigung auf einmal erstickt worden sei, indem sein Geist auf andere Gegenstände gerichtet wurde. Im Gegentheil kann man mit Grund voraussetzen, daß die Neuheit der Gegenstände, und die neue Form der Einkleidung, worauf ihn der Umgang mit dem Sokrates führete, desto stärker müsse gereizt haben, je mehr er sich von allen andern Gegenständen und Beschäftigungen losgerissen hatte. Man kann also mit Grund annehmen, daß einige Dialogen vor dem Tode des Sokrates geschrieben worden sind.

Aber welche Dialogen gehören unter diese Klasse? Die angeführten Schriftsteller, denen auch neuere beitreten, nennen ausdrücklich den Phädrus und Lysis. Indem sie den Phädrus als seine allererste Schrift auszeichnen, berufen sie sich auf das Urtheil mehrerer Kritiker, welche aus dem Inhalt und der Schreibart die Jugend des Verfassers schlossen. Allein dieser Grund mag wohl keine strenge Kritik aushalten. Denn was den Inhalt betrifft, so ist es noch zweifelhaft, ob die Schilderung der Liebe gerade für den Hauptgegenstand gehalten werden darf, indem Plato hier wie in andern mehrere Zwecke ver-

---

[1] Diogen. III, 35, 38. Olympiodorus, S. 584. In Ansehung des Lysis stimmt auch der angenannte Biograph bei.

verbindet. Aber gesetzt es sei dem also, so kann daraus noch nicht gefolgert werden, daß der Verfasser diesen Dialogen in seiner Jugend geschrieben habe, weil man sonst mit eben dem Rechte das Symposium für eine frühere Arbeit halten müßte, davon doch das Gegentheil erwiesen werden kann. Die Schreibart giebt eben so wenig ein sicheres Merkmal ab. Die eine Hälfte ist freilich in der höchsten Begeisterung geschrieben, und verräth eine ausserordentlich feurige und schwelgerische Phantasie, wie sie nur in einem jugendlichen Kopfe zu sein pflegt. Aber bei dem allen bemerkt man doch immer, daß sie von einer andern Kraft gleichsam an dem Zügel geleitet wird. In der zweiten Hälfte legt sich der Ungestüm der Phantasie, die Begeisterung verschwindet, und macht einem ruhigen und kalten Räsonnement Platz. Könnte man daher nicht mit eben dem Rechte, als jene Kritiker aus der dithyrambischen Schreibart, welche im ersten Theile herschet, auf die Jugend des Verfassers schlossen, aus der kaltblütigen Unterredung, welche darauf folgt, vermuthen, daß diese Schrift weit später sei aufgesetzt worden? Zum wenigsten bleibt doch immer unentschieden, ob jene Begeisterung eine absichtslose Folge oder gleichsam Entladung der überladenen Phantasie, oder eine beabsichtigte Nachbildung und nachgeahmte Schwärmerei sein soll. Es lassen sich vielmehr aus dem Phädrus selbst einige nicht unbedeutende Gründe für die spätere Verfertigung desselben angeben. Phädrus sagt unter andern: Sokrates verstehe sich sehr gut darauf, Mythen aus Aegypten und aus jedem andern Lande zu erdichten."). Sokrates hatte nehmlich eine Fabel von Gott Theut erzählet. Das führt nun ganz natürlich darauf, daß Plato wohl schon in Aegypten gewesen war, als er diesen Dialogen schrieb. Diese Folgerung scheint das Ende desselben

---

s) Phaedrus, 10ter B. S. 381.

deſſelben noch mehr zu beſtätigen. Sokrates ſucht hier mit vielen ſcheinbaren Gründen darzuthun, daß ein Denker ſeine eignen Ueberzeugungen nicht frei und ohne Zurückhaltung dem Papier anvertrauen könne, indem er allezeit Gefahr laufe, mißverſtanden zu werden, und dadurch ſich und die Wahrheit in unangenehme Verhältniſſe zu ſetzen. Dieſes Räſonnement wird in dem ſiebenten Briefe weiter ausgeführet, wozu ihm die Nachricht, als wenn Dionyſius etwas aus ſeiner innern Philoſophie bekannt gemacht habe, Gelegenheit giebt. Hieraus wird es zum wenigſten wahrſcheinlich, daß er damals, als er jene Gedanken niederſchrieb, ſchon einige Schriften herausgegeben hatte, welche ihm von den Orthodoxen manchen Verdruß zuzogen.

Mit mehr Grunde kann man behaupte, daß Lyſis eine ſeiner frühern Schriften ſei, welche er noch bei Sokratis Leben verfertigt hat. Außer jenen Zeugniſſen ſtimmt auch der Inhalt und die Ausführung ſehr gut damit zuſammen. Die Veranlaſſung ſcheint in einem Faktum zu liegen, welches ihm den Stoff zu dieſem Dialogen gab. Sokrates räſonniret zwar nicht ganz in ſeiner gewöhnlichen Manier, aber er darf doch auch nichts behaupten, und annehmen, welches dem Plato eigenthümlich angehörte. Allein wahrſcheinlich war Lyſis nicht die einzige Schrift, welche er in dieſem Zeitraume geſchrieben hat. Ehe ich aber die übrigen, welche in dieſe Klaſſe gehören, nach Vermuthungen beſtimme, muß ich vorher diejenigen angeben, von welchen ſich die Zeit der Verfertigung zuverläßiger erweiſen läßt.

Daß die Apologie, Crito und Phädo nach Sokrates Tode, oder die zwei erſten Schriften unmittelbar vor demſelben geſchrieben ſind, leuchtet ſchon aus dem Inhalte derſelben ein. Eben dieſes gilt auch von dem Theätet. Die Zeit der Unterredung fällt in die lezten Lebenstage des Sokrates, als er ſchon angeklaget war. Aber Plato

Plato hat sie später nach dem Tode des Sokrates, dessen er auch erwähnet, aufgesetzt, vielleicht zu der Zeit, da er in Megara beim Euclides sich aufhielt [3]).

Die zwei Dialogen, Sophista und Politicus sind als Fortsetzungen des Theätets anzusehen und müssen daher ebenfalls nach dem Tode des Sokrates verfertiget sein [4]). Außerdem kommt in dem Politicus noch ein sehr hervorstechendes Merkmal vor. Sokrates nehmlich tadelt in einer beissenden Satyre diejenigen Maximen und die Verfahrungsart der Athenienser, durch welche er war gezwungen worden, den Giftbecher zu trinken [5]). Vielleicht kann man aus dem Umstande, daß er etwas von der Staatsverfassung der Aegyptier erzählt, (S. 74.) nicht ohne Grund die Zeit der Verfertigung nach seiner Aegyptischen Reise setzen.

Da Kallicles in dem Gorgias dem Sokrates den Rath giebt, an statt immer zu philosophieren, lieber die Kunst der Beredsamkeit zu lernen, damit er, wenn er einmal vor Gericht angeklagt werde, sich vertheidigen könne, und nicht unschuldig verurtheilet werde; da Sokrates eingestehet, daß er sich in dem Falle durch keine Beredsamkeit zu helfen wisse, und es werde ihm alsdann nicht anders mitgespielet werden, als einem Arzte, welcher von einem Koche bei unverständigen Knaben verklagt wurde, daß er ihnen bittere Arznei gegeben habe: So läßt sich daraus zuverläßig folgern, daß auch dieser Dialog zu denjenigen gehöret, welche nach des Sokrates Hinrichtung sind geschrieben worden. Dazu kommt noch der Umstand, daß Sokrates sogar schon die wesentlichen Klagpunkte, welche man gegen ihn wirklich angebracht hat, sehr deutlich angiebt [6]).

Aus

---

3) Theätet, 2ter B. S. 49 und 195.
4) Sophista, 2ter B. S. 300. Politicus, 6ter B. S. 4.
5) S. 92.
6) Gorgias, 4ter B. S. 86, 161, 162.

Aus einem ähnlichen Grunde muß Meno unter diese Klasse von Dialogen gezählet werden. Anytus räth dem Sokrates wohlmeinend an, mehr Behutsamkeit zu gebrauchen, wenn er von diesem oder jenem Athenienser sein Urtheil sage, weil man in seiner Stadt so leicht als in Athen Menschen beleidigen könne. Anytus, erwiedert Sokrates, scheint mir aufgebracht zu sein, weil er glaubt, ich habe jene Männer aus Bosheit verläumdet, und weil er sich selbst zu jenen Männern rechnet. Aber ganz gewiß hat er keinen deutlichen Begrif von dem, was es heiße, von andern Leuten Böses sagen [7]). Die Schilderung von dem Charakter des Anytus ist nichts als Satyre, wozu sein Betragen gegen den Sokrates die erste Veranlassung gegeben hat. Eben daselbst wird eines reichen Thebaners des Ismenias erwähnet. Wenn dieser, wie es nach aller Wahrscheinlichkeit vermuthet werden kann, der nehmliche ist, von dem Plutarch erzählet, daß er von den herrschsüchtigen Lacedämoniern nach der Besetzung des Schlosses Cadmea hingerichtet worden sei, so hätte man einigen Grund anzunehmen, daß dieser Dialog um die hundertste Olympiade oder noch vorher geschrieben sei [8]). Da in dem Menexenus des Thebanischen Krieges erwähnt wird, und auf andere Begebenheiten, welche in diesem Zeitraum vorfielen, angespielet wird, so muß diese Schrift um die 102 Olympiade verfertiget sein.

Um diese Zeit oder auch noch etwas früher scheint auch Plato das Symposium geschrieben zu haben. Denn er gedenkt der Begebenheit, da die Mantineer von den Lacedämoniern gezwungen wurden, ihre Stadt zu verlassen, welche in die 98ste Olympiade fällt [9]). Aus der

---

7) Meno, 4ter B. S. 379. S. 369, 373, 390.
8) Ebendas. S. 369. Plutarch. Pelopidas, S. 280.
9) Symposium, 10ter B. S. 208. Wolfs Einleitung zu dem Gastmahl S. LV.

der Art, wie dieser Sache Erwähnung geschiehet, kann man schließen, daß sie noch im frischen Andenken war. Also ist das Symposium bald nachher verfertiget worden, wenn nicht Plato etwa diesen Umstand bei einer wiederholten Durchsicht hinzugesetzt hat. Aber so viel ist doch wahrscheinlich, daß die Zeit der Verfertigung dieser Schrift auch in dem Fall, daß man die letzte Meinung annehmen sollte, nicht weit über die acht und neunzigste Olympiade hinauszusetzen ist.

Von dem Parmenides kann man mit Grund annehmen, daß er nach Sokrates Tode geschrieben worden ist. Kephalus läßt sich von dem Antiphon einem Halbbruder des Plato die Unterredung, welche Sokrates mit dem Parmenides und Zeno gehalten haben soll, wieder erzählen. Von diesem Antiphon, sagt er, daß er bei seiner ersten Reise nach Athen sehr jung gewesen; bis zur zweiten Reise aber eine lange Zeit verflossen sei[10]. Das Sterbejahr des Aristo kann man aber nicht weiter als höchstens bis an das zwanzigste Jahr des Plato zurücksetzen, woraus folgt, daß Antipho, welchen Perilempes mit der Perictione zeugte, damals als Sokrates den Giftbecher trank, kaum mehr als ein Kind kann gewesen sein.

Die Bücher von der Republik und den Gesetzen sind die letzten Arbeiten des Plato. Hiervon haben wir ausdrückliche Zeugnisse[11]. Wenn man damit die Nachricht verbindet, welche uns Aristoteles giebt, daß die Gesetze nach der Republik geschrieben sind[12], so müssen die letzten Schriften des Plato so auf einander gefolget sein: Republik, Kritias, Timäus, von den Gesetzen, Epinomis.

Nach

---

10) Parmenides, 10ter B. S. 71.
11) Diogen. III, 37.
12) Aristotel. Politicor. II, 6.

Nach dem, was ich bisher gesagt habe, scheint mir folgende Zeitfolge aller vorhandenen Schriften die wahrscheinlichste zu seyn. In den acht Jahren, welche er Sokratis Schüler war, schrieb Plato den Lysis, Laches, Charmides, Hipparchus, Jon, die zwei Hippias, Euthydem und Protagoras. In allen diesen Dialogen ist die Absicht, theils die Menschen zur Erkenntniß ihrer Unwissenheit zu bringen, theils die übertriebenen Versprechungen, den aufgeblaheten Stolz, und die übertriebene Selbstgefälligkeit der Sophisten lächerlich zu machen. Wenn man bedenkt, daß Plato in dem Sophisten, welcher nach Sokratis Tode geschrieben ist, sich die Frage aufwirft: Was ist eigentlich der Sophist; welches ist der Character, welcher ihn von allen andern auszeichnet, so wird man es gewiß sehr wahrscheinlich finden, daß er zuvor den Versuch gemacht haben werde, einzelne Männer dieser Art zu schildern, ehe er auf den Gedanken kam, zu untersuchen, worin die Sophistik überhaupt bestehe. Er that in diesen Dialogen weiter nichts, als daß er die Manier seines Lehrers, aber freilich mit vieler Kunst und vielen Eigenthümlichkeiten seines philosophischen Geistes nachahmte. Seine eignen philosophischen Ideen schimmern zwar durch das Ganze durch, aber sie bleiben doch immer in einiger Entfernung, gleichsam im Hintergrunde zurück. Vielleicht gehören unter diese Klasse außer den genannten noch Theages, Erastd, und die beiden Alcibiades, und Kratylus. Wenn der erste Alcibiades wirklich unter diesen Dialogen seine Stelle bekommen muß, worüber ich noch ungewiß bin, so ist er doch wahrscheinlich einer von den spätern, weil die Idee von einer reinen Sittenlehre schon etwas deutlicher hervorblickt. — Nach dem Tode Sokrates folgten unmittelbar Euthyphro, die Apologie, Crito, Phädo, und Meno. Er widmete diese Schriften zum Theil dem Andenken seines großen Lehrers, seiner Vertheidigung gegen unverschuldete Anklagen, und der Darstellung des Charakters seiner Geg

Es ist wahrscheinlich, daß diese Dialogen zunächst nach dem Tode des Sokrates geschrieben sind, weil da der Unwille über das unwürdige Schicksal seines Freundes am lebhaftesten sein mußte. Eine mittelbare Ursache von der Verurtheilung des Sokrates lag in derjenigen Beredsamkeit, deren sich seine Feinde bedienten, durch welche aber Sokrates seine Unschuld nicht vertheidigen wollte. Dies war die Veranlassung zu Platos Gorgias. Hierauf folgen diejenigen Dialogen, worin er ohne alle Nebenzwecke wissenschaftliche Gegenstände untersuchet, nehmlich Thedtet, Sophista, Politicus, Philebus und Parmenides. Die vier letzten sind wahrscheinlich entweder während oder nach seinen Reisen geschrieben. Hieher gehören auch sein Symposium und Phädrus, wodurch Plato wahrscheinlich außer andern Nebenzwecken, seine Zeitgenossen von einem herrschenden Laster heilen, und ihre Empfindungen veredeln wollte, und Menexenus. Die Reihe seiner Schriften beschließen, wie wir schon gesagt haben, die Republik, Kritias, Timäus, die Gesetze und Epinomis. In seinen spätern Schriften trägt er seine philosophischen Ideen mit weniger Zurückhaltung vor, und spricht von Gegenständen der Religion mit mehr Unbefangenheit. So äußert sich zum Beispiel in dem Kratylus und Philebus eine gewisse Aengstlichkeit, wenn er auf die Götter der Volksreligion zu sprechen kommt [13]). In den Büchern von der Republik und den Gesetzen rügt er dagegen die Irrthümer und Vorurtheile der Volksreligion mit mehr Freiheit, und in dem Timäus lacht er unter dem Schleier der Ironie über die Vielgötterei. Ein politisches Problem war, wie wir in seinem Leben gesehen haben, das Band, welches seinen Geist so fest an Philosophie fesselte. Die Resultate seines Nachdenkens

---

[13]) Cratylus, 3ter B. S. 179, 181. Philebus, 4ter B. S. 310, 22).

dentens über diesen Gegenstand werden in seinen frühern
Schriften nur angedeutet, und auch das nicht sehr oft;
in den spätern hingegen machen sie gerade den Haupt-
inhalt aus.

Dritter Abschnitt.

Betrachtungen über seine Schriften, in so fern
sie die Hauptquelle seiner Philosophie sind.

Die Schriften des Plato können aus einem sehr verschiedenen Gesichtspunkte betrachtet werden, aus
dem ästhetischen und philosophischen. Die Betrachtung
derselben in der erstern Rücksicht, welche schon viele Kritiker der ältern und neuern Zeiten beschäftiget hat, gehört
uns hier nichts an, da wir sie blos als Produkte seines
philosophischen Geistes ansehen, aus denen der Stoff
und Inhalt seines philosophischen Lehrgebäudes genommen werden muß. Wir untersuchen hier nur die besondern Eigenthümlichkeiten seiner Schriften, welche nicht
nur auf die Einsicht und Erklärung derselben, sondern
auch vorzüglich auf die Bearbeitung seiner Philosophie
Einfluß haben. Diese Eigenthümlichkeiten betreffen
eines Theils die Form seiner Schriften, theils die Art,
wie Plato seine philosophischen Gedanken in Worte einkleidete. Wir untersuchen die Ursachen, aus welchen
jene Eigenthümlichkeiten begreiflich werden, und ziehen
endlich daraus in dem folgenden Abschnitt die Regeln,
welche bei dem philosophischen Gebrauch seiner Schriften
beobachtet werden müssen.

Plato wählte für die meisten Schriften die Form
des Dialoges; er spricht nicht selbst, sondern läßt andere

dere Personen auftreten, welche sich über eine Materie unterreden; den Anfang der Unterredung knüpft er meistentheils an ein Faktum an; er giebt den unterredenden Personen einen bestimmt gezeichneten Charakter, nach welchem sie nicht allein sprechen, sondern auch handeln, so daß der Dialog uns als eine Begebenheit vorkommt, welche vor unsern Augen und Ohren wirklich geschiehet, oder als ein philosophisches Drama. Es ist unstreitig, daß diese Form für die Darstellung der Wahrheiten, für die Entwickelung der Begriffe und Sätze, für die Widerlegung der Einwürfe, und überhaupt für die Hervorbringung der Ueberzeugung große Vortheile gewähret. Aber auf der andern Seite kann man auch nicht läugnen, daß der Gang der Untersuchung eben dadurch etwas weitläufig und zuweilen langweilig wird; daß sie oft Gelegenheit giebt, von dem Gegenstande abzuschweifen, daß sie dem Leser, der sich nicht völlig in den Standpunkt des Schriftstellers und in die Lage der unterredenden Personen zu versetzen weiß, oft verhindert, den eigentlichen Gegenstand von dem Zufälligen abzusondern, den rechten Gesichtspunkt zu fassen und die eigentlichen Resultate zu finden. Warum wählte Plato gerade diese Form, welche zwar von verschiedenen Seiten ein mannichfaltiges Vergnügen verschaft, aber eben so oft dasselbe wiederum störet, indem sie den Geist in dem ruhigen Fortgang der Betrachtung aufhält? Wählte er sie mit Absicht, oder drang sie sich durch ihre Verwandtschaft mit seinem Geiste von selbst auf? Ob wir gleich weder in seinen Schriften, noch in andern Denkmälern bestimmte Data finden, woraus diese Fragen beantwortet werden können; so lassen sich doch, wenn man sich in seine Lage hineindenket, einige Gründe entdecken, welche über diesen Punkt einiges Licht geben können. Seine Bekanntschaft mit Dichtern vorzüglich von der dramatischen Gattung, seine frühere Beschäftigung mit Werken dieser Art, mußten nothwendig eine gewisse Stimmung und Richtung in seinem sehr lebhaften Geiste hervorbringen, welche auch da noch fortdauerte, da er von der dramatischen Poesie auf immer Abschied genommen hatte. Mit dieser Disposition kam er in den Umgang mit dem Sokrates, der sich selten anders als durch Fragen und Antworten mit seinen Freunden unterhielt, und wenn er sich mit den Sophisten einließ, allezeit es ausdrücklich zur Bedingung machte, daß sie ihm zur Rede stehen mußten. Es ist daher leicht zu begreifen, daß ihm diese Sokratische Methode sehr gefallen mußte, weil sie der Stimmung seines Geistes so sehr angemessen war. Da die Sachen, welche er hörte, die Gegenstände der Unterredungen den Reiz der Neuheit hatten, so fing er an, dieselben schriftlich zu behandlen, und behielt die Art der Einkleidung zwar bei, aber gab ihr doch auch manche Eigenheiten, die sie in Sokrates Unterredungen nicht hatte. Er behandelte sie nehmlich wie einen dramatischen Stoff. Daher rühret die Verschiedenheit, welche man zwischen den sokratischen Unterredungen bei dem Xenophon und dem Plato wahrnimmt. Zu dieser Ursache gesellten sich noch andere hinzu. So wie Sokrates in seinen Unterredungen mehr die Absicht hatte, die Begriffe anderer zu entwickeln, als seine eignen vorzutragen, so ahmte auch dieses Plato nach, und konnte dazu keine schicklichere Form als die dialogische finden. Als er angefangen hatte die wissenschaftliche Philosophie zu seinem angelegendsten Gegenstande zu machen, fand er, eine so große Anzahl von falschen, schwankenden, und unbestimmten Begriffen, daß er vor der Hand nichts weiter zu thun fand, als diese nach ihrer wahren Beschaffenheit darzustellen, ihre Untauglichkeit zu einem philosophischen Lehrgebäude zu zeigen, und dadurch das Bedürfniß von philosophischen, d. h. bestimmten Begriffen vor Augen zu legen. Dieses konnte er auf keine bessere Art thun, als wenn er von einer Person einen solchen Begrif aufstellen, und von andern bezweifeln oder bestrei bestreiten ließ, indem dadurch die Mängel des Begriffes sowohl in die Augen fielen, als die damals gewöhnliche Art zu disputiren offenbar wurde, welche eben so schwankend war als die Begriffe. Nachdem er in der Folge sich nicht mehr damit begnügte, sondern auch die Resultate seines eignen Nachdenkens der Welt mittheilen wollte, behielt er die dialogische Form, woran sich sein Geist einmal gewöhnt hatte, bei, weil er sich einen andern Vortheil dadurch verschafte. Der Fortgang seines Nachdenkens führte ihn oft auf solche Gegenstände, worüber die verworrensten und irrigsten Vorstellungsarten herrschten, welche aber durch ihr Alter, durch ihren Zusammenhang mit heiligen Wahrheiten, durch den Schutz der Priester und des Staates ein solches ehrwürdiges Ansehen erhalten hatten, daß sie für ein unverletzbares Eigenthum der Menschheit galten. Er fühlte die Pflicht und den innern Beruf, so viel an ihm war, seine Zeitgenossen aufzuklären, allein auf der andern Seite erblickte er auch diejenigen Gefahren, welche unvermeidlich damit verknüpft waren, und wählte daher die dialogische Form, durch welche er Wahrheiten sagen konnte, ohne sich verantwortlich zu machen. Dieses sind, wie mir dünkt, die Hauptursachen, warum Plato seinen Schriften diese Form gab. Vielleicht aber wirkten noch andere Gründe mit, die sich jetzt nicht mehr entdecken lassen. Aus den angeführten Gründen läßt sich vermuthen, daß die Schriften seiner esoterischen Philosophie in einer andern Form geschrieben gewesen sind.

Mit diesem äußern Gewande seiner Schriften stehen einige andere Eigenthümlichkeiten in Verbindung, welche wir nun näher betrachten müssen. Aus dem, was vorher gesagt worden ist, folgt schon dieses, daß Plato nicht die Absicht hatte, sein Gedankensystem völlig klar und rein darzustellen. Es ist dieses keine Voraussetzung, die auf leeren Gründen beruhet, sondern eine Wahrheit, welche nicht nur durch die Bekanntschaft mit seinen

Schriften

Schriften, sondern auch durch sein eignes Bekenntniß volle Bestätigung erhält. Diejenigen, sagt er, welche etwas über meine Philosophie geschrieben haben, als wenn sie meine innere wahrhafte Ueberzeugung wußten, die haben nach meinem Urtheil gar keine Kenntniß davon [1]). Ein gründlicher Mann kann seine innere Ueberzeugung über wichtige Gegenstände nicht in schriftlichen Denkmälern der Welt übergeben, wofern er sich und die Wahrheit nicht verhaßt machen, und in Verlegenheit sehen will. Sie bleibt in seinem Kopfe in sicherer Verwahrung verschlossen [2]). Plato war auf gewisse Wahrheiten gekommen, für welche er so viel Achtung hatte, daß er sie dem ganzen Publikum nicht bekannt machen wollte. Denn er glaubte, daß nur wenige Männer im Stande wären den Sinn derselben zu fassen, und ihre Gründe einzusehen; die übrigen würden sie nur verspotten und verlachen, einige würden sie nur halb verstehen, und nur dazu brauchen, um ihren Stolz und Eigendünkel zu befriedigen; vielleicht könnten sie auch bei dem großen Haufen gar schädlich werden [3]). Damit ich diese besondere Denkungsart und die Gründe welche ihn dazu bestimmten, bestimmter darstellen könne, wird es nöthig sein, eine Stelle aus dem Phädrus einzurücken, worin er sich ausführlich über diesen Punkt erkläret.

Sokrates. Doch das sei genug von der Theorie der Beredsamkeit. Aber noch etwas müssen wir über die Zweckmäßigkeit und Unzweckmäßigkeit der Schriftstellerei sagen, und wie Schriften nach moralischen Zwecken eingerichtet sein müssen. Weißt du, wie man auf eine Gott wohlgefällige Art schreiben und handeln soll? Phädrus. Nein. Aber du wirst es wohl wissen. Sokrates. Zum wenigsten kann ich dir eine Sage der Alten erzäh-

---

1) Epistol. VII. S. 119.
2) Epistol. VII. S. 136.
3) Epistol. II. S. 71, 74. Epistol. VII. S. 119, 136.

erzählen, deren Wahrheit diese wissen mögen. Hätten wir selbst sie entdeckt, würden wir uns alsdann noch um Menschenmeinungen bekümmern? Phädrus. Die Frage beantwortet sich selbst. Aber was wolltest du erzählen? Sokrates. Ich habe also gehöret, es sei in der Gegend von Neucrate in Aegypten eine alte Gottheit gewesen mit Nahmen Theut, welcher der Ibis geheiliget war. Dieser Gott erfand, wie man sagt, die Zahlen und die Rechenkunst, die Geometrie und Astronomie, das Bret- und Würfelspiel, und endlich auch die Buchstaben. Zu derselben Zeit war Thamus König über ganz Aegypten, und residirte in der großen Stadt des obern Landes in Theben, wo der Gott Ammon verehret wurde. Theut reisete also zu dem König, zeigte ihm die erfundenen Künste, und verlangte, daß sie allen Aegyptiern mitgetheilt werden sollten. Als er nun auf Verlangen des Königes die Nützlichkeit jeder derselben erklärte, lobte und tadelte der König bald dieses bald jenes. Es würde zu weitläufig sein, alles, was der eine für und der andere gegen die Brauchbarkeit dieser Künste sagte, hier zu wiederhohlen. Diese Erfindung aber, sagte Theut, als es an die Buchstaben kam, wird die Aegyptier einsichtsvoller machen, und ihre Gedächtnißkraft stärken. Es ist eine wahre Universalmedicin für das Gedächtniß und den Verstand. O lieber erfindrischer Theut, antwortete der König, es ist nicht die Sache eines und des nehmlichen Mannes, Künste zu erfinden, und den Nutzen oder Schaden zu berechnen, welchen der Gebrauch und die Ausübung derselben verursachen kann. Du hast aus väterlicher Vorliebe gegen die Früchte deines Geistes dieser Erfindung eine Wirkung beigeleget, welche sie gar nicht hervorbringen kann. Sie thut vielmehr das Gegentheil, sie wird das Gedächtnißvermögen schwächen, weil die Lernenden es nun nicht mehr zu üben brauchen. Indem sie sich auf die äußern Zeichen verlassen, werden sie sich hun nicht mehr so viele Mühe geben, die Sachen in ihren

Er-

Verstand zu fassen. Deine Erfindung ist also kein Hülfsmittel des Gedächtnisses, sondern der Wiedererinnerung. Den Schülern gewährest du nicht Wahrheit, sondern den Schein der Erkenntniß. Sie werden nun viele Sachen lesen, ohne gehörige Anweisung, und sich gelehrt dünken, wenn sie auch eben so unwissend und unbehülflich sein sollten als der große Haufen. Der Stolz wird sie unerträglich machen. Sie werden nicht wahre, sondern nur Scheingelehrte werden. Phädrus. Sokrates, du wärest wohl fähig solche ägyptische Mythen und Sagen aus allen Ländern zu erdichten. Sokrates. Die Priester in dem Jupiterstempel zu Dobona sagen, die ersten mantischen Worte wären aus einer Eiche hervorgekommen. Unsre alten Vorfahren, welche freilich nicht so klug waren als die neuern, waren in der Einfalt ihres Herzens damit zufrieden, daß sie aus Bäumen und Felsen Stimmen hörten, wenn sie ihnen nur die Wahrheit verkündigten. Dir aber ist es vielleicht nicht einerlei, wer und welcher Landsmann etwas saget, und du fragst nicht allein darnach, ob sich die Sache so oder anders verhält. Phädrus. Diesen Verweis verdiente ich. Ich gebe dem Thebauer in Ansehung der Schreibekunst Recht. Sokrates. Derjenige ist also doch wohl sehr einfältig, der sich einbildet, eine Wissenschaft könne in den todten Buchstaben niedergeleget, oder aus denselben erlernet werden, gerade als wenn in den Schriften etwas Ausgemachtes und Unerschütterliches anzutreffen wäre; er verstehet den Ausspruch des Ammon nicht, indem er die geschriebenen Worte noch für etwas mehreres als für bloße Mittel hält, wodurch sich derjenige, welcher die Kenntnisse schon besitzt, den Inhalt einer Schrift wieder in das Gedächtniß bringt. Phädrus. Du hast Recht. Sokrates. Denn, mein Lieber, du wirst eine auffallende Aehnlichkeit zwischen der Bildhauer- und der Schreibkunst bemerken. Die Kinder jener stehen da, als wenn sie lebten; thut aber einer eine Frage an sie, so stehet ihnen das Schwei-

gen

gen sehr gut an. Nicht anders ist es mit den geschriebenen Worten. Sie scheinen immer etwas Großes sagen zu wollen, wenn aber einer zu seiner Belehrung Fragen an sie thut, um den eigentlichen Sinn zu erfahren, so geben sie immer nur das nehmliche stumme Zeichen von sich. Sind die Worte einmal geschrieben, so durchlaufen sie alle Kreise sowohl desjenigen Publikums, welches sie verstehen, als desjenigen, welches sie nicht fassen kann. Die Worte verstehen es nicht, mit wem sie sprechen oder nicht sprechen sollen. Der Sinn, der in den Worten liegt, wird ohne seine Schuld verdrehet und gekränkt; er kann sich nicht helfen, nicht vertheidigen; er bedarf allezeit die Nachhülfe seines Vaters. Phädrus. Das ist unstreitig sehr wahr. Sokrates. Nun laß uns aber einen andern Sinn und Geist der Worte, den ächten Bruder von jenem betrachten, und sehen, wie er entstehet und wie vortreflicher und kraftvoller er als jener ist. Phädrus. Welcher, und welches ist seine Entstehungsart? Sokrates. Derjenige, welcher durch die Wissenschaft in die Seele des Denkenden geschrieben wird, der sich selbst vertheidigen kann, und zu reden und zu schweigen weiß, wenn und vor wem er soll. Phädrus. Nennst du etwa die Gedanken dessen, der sich derselben bewußt ist, eine lebendige und beseelte Rede, dessen Schatten die Worte sind? Sokrates. Ganz recht. Was meinst du, würde wohl ein verständiger Landmann, wenn er für seine Pflanzungen Sorge trägt, daß sie ihm einst Früchte tragen, würde der wohl im Sommer in die Gärten des Adonis säen, und sich freuen, wenn die Felder schon in acht Tagen grün geworden wären; oder würde er so etwas nicht vielmehr zum Spaß und Vergnügen thun? Wäre es ihm aber um seinen Feldbau ein Ernst, so würde er doch wohl nach den Regeln der Feldbaukunst den Saamen in sein gehöriges Land säen, und sehr froh sein, wenn er nur in dem achten Monate die Früchte davon einärndten könnte. Phädrus. Dieses würde er zu seinem

nem Nutzen jenes zum Vergnügen thun. Sokrates. Dürfen wir wohl behaupten, daß derjenige, welcher die Wissenschaft von dem, was Gerecht, Sittlich und Gut ist, besitzt, nicht eben so verständig oder weniger sorgsam für seine auszusäende Früchte als der Landmann seyn müsse? Phädrus. Gewiß nicht. Sokrates. Wenn es ihm also ein Ernst ist, wird er gewiß den Saamen dieser Kenntnisse nicht auf Wasser ausstreuen, oder, welches gleich viel ist, sie mit der Dinte durch die Feder in Worte legen. Denn er kann weder selbst die Wahrheit auf befriedigende Weise ausdrücken, noch ihnen durch Worte nachhelfen. Phädrus. Das kann er freilich nicht. Sokrates. Er wird also die Gärten nur zu seinem Vergnügen bepflanzen, oder seine Gedanken schriftlich aufsetzen, um sich und allen, die auf eben dem Wege Erkenntniß suchen, für das Alter der Vergessenheit vielfache Erinnerungsmittel zu verschaffen; wird sich freuen, wenn er seine zarten Kinder aufwachsen siehet. Wenn andere Menschen andern Spielereien nachgehen, und sich in Gastmälern erfrischen, dann wird er lieber jenen ein geistigeres Spiel vorziehen. Phädrus. Du bringst eine sehr edele Belustigung in die Gesellschaft einer viel niedrigern, wenn ich mir einen Mann denke, der, indem er von der Gerechtigkeit und andern dergleichen Gegenständen Mythen schreibt, Vergnügen an der Thätigkeit des Geistes findet. Sokrates. So ist es freilich, mein lieber Phädrus. Unterdessen giebt es eine noch weit edelere und schätzbarere Beschäftigung mit diesen Gegenständen, wenn nehmlich jemand, der Fähigkeit dazu besitzt, nach den Regeln des Denkens Gedanken mit der Wissenschaft in seine Seele pflanzet, welche sich selbst und ihrem Pflanzer beistehen können, nicht unfruchtbar sind, sondern den Keim künftiger Früchte selbst in sich enthalten, woraus wiederum neue von anderer Art entstehen — und diese Zeugungskraft gehet ins unendliche fort — welche den, der sie hat, so glücklich machen

machen können, als die menschliche Natur nur immer
zuläßt. Phädrus. Wie weit herrlicher ist dieses vor
jenem. Sokrates. Nachdem wir darüber einverstanden sind, können wir nun entscheiden. Phädrus.
Worüber? Sokrates. Ueber den Tadel der Reden des
Lyſias, und überhaupt über die Beurtheilung der schriftſtellerischen Arbeiten, ſie mögen nach den Regeln der
Kunſt verfertiget sein, oder nicht. Denn worauf die
ſchriftſtelleriſche Kunſt beruhet, haben wir, wie ich glaube, hinlänglich erkläret. Phädrus. Mir zum wenigſten
ſchien es so. Unterdeſſen wiederhohle mir doch die
Hauptmomente *). So lange einer nicht die Wahrheit
desjenigen, worüber er denket oder ſchreibet, einsehen, und
den Gegenſtand in einen allgemeinen Begriff faſſen, denſelben in ſeine Merkmale und Arten zergliedern kann, so
lange er die allgemeine und individuelle Natur des Gemüthes nicht kennet, und daraus die für jede Art des
Gemüthes ſchickliche Rede beſtimmet: so lange wird er
nicht im Stande sein, seinen Vortrag, er mag übrigens
auf Belehrung oder Ueberredung abzielen, nach den Regeln der Kunſt einzurichten. Phädrus. Dieses ist im
vorhergehenden befriedigend abgehandelt worden. Sokrates. Wie verhält ſich aber nun Schicklichkeit und
Unſchicklichkeit, Lob und Tadel aus anderer Rückſicht;
wie müſſen dieſe Urtheile beſchaffen sein, und wenn finden ſie ſtatt? Vielleicht läßt ſich dieſes schon aus den
vorher gefundenen Reſultaten beſtimmen. Phädrus.
Wie denn? Sokrates. Wenn Lyſias oder jeder andere
Schriftſteller, der zu seinem eigenen oder zum öffentlichen Gebrauche Geſetze aufſezt, oder ein anderes politiſches Werk verfertiget, zu viel auf seine Deutlichkeit und
Beſtimmt-

*) Ich habe die Worte ταλιν δε υπομνησον με τας dem Phädrus, und nicht dem Sokrates, wie es in dem Texte geſchiehet, beigeleget, weil es der Zuſammenhang offenbar
erfodert.

Bestimmtheit rechnet, so verdient er Tadel, er mag nun wirklich getadelt werden oder nicht. Denn Schein und Wahrheit, Traum und Wirklichkeit in den Urtheilen über Gerechtigkeit und Ungerechtigkeit, über das Gute und Böse kann in der That dem Tadel nicht entgehen, wenn es auch ein ganzes Volk lobte. Phädrus. Ich stimme dir bei. Sokrates. Wer aber von der Nothwendigkeit überzeugt ist, daß in jeder Schrift viel Zufälliges und blos auf Belustigung abzielendes vorkommen müsse, und daß kein Vortrag, weder ein mündlicher noch schriftlicher, weder ein prosaischer noch metrischer, großes Nachdenken und vorzügliche Aufmerksamkeit verdiene, um sich daraus zu belehren, so wie die Gedichte ohne Beurtheilung, ohne den Zweck der Belehrung zur bloßen Ueberredung und Illusion beklamiret werden; wer sich überzeugt, daß sie, auch die besten nicht ausgenommen, blos zur Wiedererinnerung bestimmt sind; wer damit die Einsicht verbindet, daß nur in den Gedankenreihen, welche mit dem Verstande gefaßt, zur Belehrung vorgetragen, und eigentlich in die Seele geschrieben werden, daß nur in diesen Urtheilen über Gerechtigkeit, Sittlichkeit und das Gute nur allein Evidenz, Vollkommenheit und das Interessante angetroffen werde; wer diese Gedankenreihen für seine ächten Kinder hält, nehmlich zuerst diejenigen, welche er selbst erfunden hat, zweitens, die Brüder und Enkel von diesen, welche in andern Seelen gründlich gepflanzt worden sind, ohne auf die übrigen einen vorzüglichen Werth zu setzen: Wer dieses thut, sage ich, der möchte wohl ein solcher Mann sein, als ich und du zu sein wünschen. Phädrus. Ich zum wenigsten wünschte sehr, ein solcher zu sein. Sokrates. Doch wir haben nun schon genug Scherz über diese Materie getrieben. Gehe du aber hin, und sage dem Lysias, daß wir beide an die Musenquelle gegangen sind, und daselbst gewisse Worte gehöret haben, welche nicht allein ihm, sondern auch dem Homer und den andern Dichtern mit und ohne

Gesang

Gesang, auch dem Solon und dem ganzen Heere politischer Schriftsteller, die Weisung geben, daß, wenn sie die Wahrheit von den Gegenständen ihrer Schriften eingesehen haben, wenn sie den Inhalt derselben prüfen und vertheidigen, und so treflich davon sprechen können, daß ihre Schriften vor ihren mündlichen Erörterungen völlig in Schatten gesezt werden: daß sie alsdann keinen Beinahmen von der Schriftstellerklasse, zu welcher sie gehören, sondern einen glänzendern von dem Gegenstande ihres Forschungsgeistes verdienen. *Phädrus.* Welchen? *Sokrates.* Sie Weise zu nennen scheint mir zu viel zu seyn, denn dieses Prädicat kommt nur allein der Gottheit zu. Aber der Nahme eines Philosophen, oder ein anderer dieser Art möchte wohl schicklicher und für sie passender seyn. *Phädrus.* So denke ich auch. *Sokrates.* Diejenigen aber, welche nichts bessers haben, als was sie in ihren Schriften hinterlassen, was sie bald so bald anders stellen, an einander reihen oder trennen, diese kannst du mit gutem Gewissen Dichter, Redner, oder politische Schriftsteller nennen [1]).

Die Hauptgedanken, welche in dieser Stelle enthalten sind, lassen sich auf folgende Säze zurückführen. 1) Das Aufbewahren der Gedanken in einer Schriftsprache befördert so wenig die Wirksamkeit des Verstandes, als sie das Gedächtniß stärket. Ihr Zweck ist nur, dem Gedächtniß zu Hülfe zu kommen, und das Vergessen des Gedachten zu verhindern. 2) Die Buchstaben sind nur stumme Zeichen; der Sinn, der Wortverstand, ist der Geist, der in ihnen lebet. Aber auch dieser, in so fern er in Worte ausgedrückt wird, ist sprachlos, und immer dem Mißverstehen ausgesezt; er ist nur das Nachbild desjenigen, der sich nur in dem Geiste des Denkenden befindet. 3) Es ist nicht möglich, sich völlig bestimmt und deutlich auszudrücken. 4) Jeder Denker,
dem

[1]) Phaedrus, tota B. S. 379-389.

dem es um Wahrheit zu thun ist, findet immer an seinen Vorstellungen zu ändern und zu bessern. Hat er sie einmal in Schriften niedergeleget, so ist es nicht mehr möglich, seine bessere Vorstellungen in Umlauf zu bringen, und seine unreifern zu zernichten. 5) Die Schriften circuliren in allen Kreisen des lesenden Publicums, und nicht allein in denjenigen, für welche sie bestimmt sind. 6) In jeder Schrift kommt viel zufälliger, blos zum Vergnügen abzweckender, Stoff vor, welcher von dem übrigen nicht getrennt werden kann. Aus diesen meistentheils richtigen Sätzen schließt nun Plato, daß ein philosophischer Schriftsteller, den die Wahrheit interessiret, seine völlige reine Ueberzeugung in Schriften weder mittheilen könne noch dürfe, und daß man daher in keinem schriftlichen Aufsatz das vollständige deutlich ausgeführte Gedankensystem eines Denkers suchen müsse — Folgerungen, welche offenbar übertrieben sind, und in den Vordersätzen nur zum Theil liegen. Unterdessen scheint es doch in der That, als wenn es seine eignen Grundsätze gewesen wären, die er bei Verfertigung seiner Schriften beständig vor Augen hatte. Zum wenigsten stimmt ihre innere und äußere Einrichtung vollkommen mit seinen eignen Aussagen überein, wenn man die spätern Arbeiten ausnimmt, in welchen sein Gedankensystem etwas mehr als in den übrigen durchzuschimmern scheint. Ein anderer Umstand, welcher für die Wahrheit dieser Aeußerungen spricht, ist der, daß er eine gedoppelte Philosophie hatte, eine äußere und innere oder geheime, und daß es für die letztere auch besondere Schriften gab.

Was die Ursachen anbetrift, welche ihn dazu bewogen, und die Absicht, welche er erreichen wollte, so hat er sich in den angeführten Stellen ausführlich darüber erkläret. Aber die Hauptursachen, von denen er hier schweiget, lagen doch vorzüglich in gewissen Zeit- und Ortsumständen. Das große Publikum hielt Plato durchaus für unfähig, in seine Philosophie eingeweihet zu werden, weil es der dazu nöthigen Fähigkeiten und Hülfsmittel entbehret, und allzu steif an seinem Glauben und Vorurtheilen hänget. Wenn solche Wahrheiten Personen mitgetheilet werden, welche für dieselben keinen Sinn und Empfänglichkeit haben, so stiften sie nicht nur keinen Nutzen, sondern vielmehr Schaden; die einen fassen sie nur halb, oder mißverstehen verdrehen und verfälschen sie gänzlich; die andern, welche sich klüger dünken, belachen und verspotten sie, oder werden durch den Schein von Erkenntniß aufgeblasen und stolz⁶). Zweitens. Die freie Untersuchung und Bekanntmachung der Wahrheit war mit vielen Kränkungen und Gefahren verknüpft. Das Volk hielt, damit ich nur einige Beispiele anführe, diejenigen, welche die Natur untersuchten, für Atheisten, und bestrafte die Prüfung der Gesetze und Einrichtungen des Staates als ein Majestätsverbrechen⁷). Es ist gar wohl möglich, daß Plato diese Folgerungen nicht allein aus fremden Erfahrungen, wovon die Beispiele eben nicht selten waren, sondern auch aus seiner eignen gezogen hatte, und daß ihm mancherlei Anfechtungen zugestoßen waren, ob wir gleich in der Geschichte keinen ausdrücklichen Beweis dafür aufweisen können. Wenn die Anekdote, welche ich in dem Leben des Plato aus dem Themistius erzählet habe, wahr sein sollte, so würde sie zum Theil diese Muthmaßung bestätigen.

Einige Schriftsteller der Geschichte der Philosophie, als Brucker und Burant, geben noch eine andere Ursache von dieser Zurückhaltung an. Er hüllte nehmlich deswegen seine Philosophie in das Helldunkele, und gab sich die Mine, als wenn er sehr wichtige Geheimnisse für sich behalte, damit ihn das Volk desto mehr bewundern und anstaunen sollte.

6) Epistol VII. S. 130, 136.
7) Apologia. S. 34, 42. Philebus, 4ter B. S. 384. Timaeus. S. 303. Epist. VII. S. 130.

sollte. Allein da man kein unverdächtiges Zeugniß und kein Faktum für die Bestätigung dieser Muthmaßung angeben kann, jene Ursachen hingegen die Sache vollkommen begreiflich machen, so finde ich keinen Grund, davon Gebrauch zu machen, um so mehr, da Plato versichert, er würde es für die schönste Handlung seines Lebens halten, wenn er die Menschen über die Natur hätte belehren können *).

Hieraus lassen sich folgende Beschaffenheiten seiner Schriften erklären. In den meisten Dialogen bestreitet und widerleget er fremde Meinungen, ohne seine eigne Ueberzeugung vorzutragen. In dem Theätet z. B. stellt er mancherlei falsche Begriffe von der Wissenschaft auf, ohne seinen eignen anzugeben. — Er bestreitet aber nicht nur fast beständig andere Behauptungen, sondern er bekennt sich auch fast eben so oft zu dem Skepticismus. Sein Glaubensbekenntniß ist, er wisse nichts, er habe nicht die geringste Erkenntniß von irgend einer Sache; er forsche immer, ohne weiter als zu dem Bewußtseyn zu kommen, daß er noch nichts wisse, und je länger er seine Untersuchungen fortsetze, desto weniger erblicke er das Ziel, wo sie aufhören müßten. — Es kommen Behauptungen über einerlei Gegenstand vor, welche einander entweder offenbar widersprechen, oder sich doch nicht vereinigen lassen. In dem Protagoras scheint es, als wenn er das Gute und Angenehme für einerlei hielte; in dem Gorgias wird dieses bestritten *). In dem Protagoras ist Sittlichkeit nichts anders als Klugheit, oder die Kunst der Glückseligkeit, welche durch Rechnen und Abwägen die angenehmsten Empfindungen bestimmt und wählet, die unangenehmen aber entfernet; in dem Gorgias handelt er von einer ganz andern Sittlichkeit, welche

nicht

---

8) Epistol. VII, S. 130.
9) Protagoras. 3ter B. S. 171. Gorgias, 4ter B. S. 102. 112.

nicht das Angenehme, sondern das Gute zum Gegenstande hat. In dem Kratylus scheint er die Meinung zu begünstigen, als wenn durch äußere Reinigungsmittel auch das Innere der Seele gebessert werde, welche er sonst sehr lebhaft bestreitet [10]). In dem Hippias sagt er, diejenigen Menschen, welche mit Absicht und Ueberlegung lügen, betrügen, und Schaden zufügen, wären denjenigen vorzuziehen, welche eben das ohne Besonnenheit thäten. Zuweilen aber, setzt er hinzu, behauptet er das Gegentheil [11]). Wenn eine Handlung gute Folgen hat, sagt er irgendwo, so ist sie gut. Damit streitet aber ein anderer Satz, daß man gut ohne Rücksicht auf alle Folgen handeln müsse [12]). — Man trift zuweilen auf solche Sätze, welche auf solchen Voraussetzungen beruhen, welche er nicht annahm. Die Meinung, daß alles in einem beständigen Flusse von Veränderungen sei, bestreitet er beständig, und doch definirt er die Weisheit als das Vermögen dem Flusse von Veränderungen folgen zu können [13]). — Zuweilen erkennet er gewisse Gränzen der Untersuchung, und überschreitet sie doch. In dem Kratylus sucht er die Aehnlichkeit und Uebereinstimmung der Worte mit den bezeichneten Gegenständen zu entwickeln, und den Inhalt des Begriffes, welchen die ersten Sprachbilder in Worte gelegt hatten, zu erforschen. Aber er fühlet endlich, daß diese Fragen außer der Gränze einer möglichen Beantwortung liegen. Gleichwohl ist er sehr verschwenderisch mit solchen Wortforschungen [14]).

In allen Platonischen Schriften kommen sehr viele Zusätze der spielenden und dichtenden Phantasie vor, worauf er

---

10) Cratylus, 3ter B. S. 174.
11) Hippias, 3ter B. S. 217.
12) Gorgias, S. 51.
13) Cratylus, S. 272, 273.
14) Cratylus, S. 261.

er oft selbst durch einen hingeworfenen Wink aufmerksam macht. Dahin gehören unter andern auch seine Bilder, Vergleichungen, Allegorien, und Mythen; welche er theils schon gebildet fand, und nur in seine Schriften verwebte, theils selbst erst zusammensezte und dichtete. In den meisten Fällen waren es wahrscheinlich nur einige Vorstellungen, welche er aus Volkssagen, aus der Volksreligion, aus Dichtern nicht allein der Griechen, sondern auch anderer Völker nahm, und daraus ein Ganzes machte. Zuweilen giebt er selbst durch einen Wink zu verstehen, daß diese Mythen von ihm ersonnen sind [15]). Daß er diese Episoden für nothwendig hielt, haben wir oben in der Stelle des Phädrus aus seinem eignen Munde gehöret. Warum aber das, wird man fragen? Plato mischte sie deswegen ein, um nicht allein den Verstand, sondern auch die Phantasie seiner Leser zu beschäftigen; theils um über gewisse Fragen, welche die Einbildungskraft auf die Bahn bringt, etwas zu sagen, oder vielmehr seine Vermuthungen vorzubringen, da sich davon nichts wissen läßt; theils die Resultate seines Denkens durch Hülfe einer erdichteten Geschichte, oder eines sinnlichen Bildes anschaulicher zu machen. Diese freie Art des Vortrages erlaubte er sich in denen Schriften, welche er für das große Publicum bestimmt hatte; in jenen, wo er seine esoterische Philosophie entwickelte, fehlten, wie man aus einer Stelle schließen kann, wahrscheinlich alle diese Zusätze der Phantasie, oder wie er sie selbst nennt, Spielereien [16]).

Die Mythen, welche bei dem Plato vorkommen, lassen sich in drei Klassen abtheilen. In einigen trägt er Vermuthungen vor über Dinge, die außer dem Kreise des menschlichen Wissens liegen, z. B. über den Zustand nach

15) Gorgias S. 101. Charmides, ster B. S. 213. Phaedrus, S. 381.
16) Phaedrus, S. 304.

nach dem Tode. Diese machen meistentheils einen Ruhepunkt für den angestrengten Verstand aus; daher kommen sie gewöhnlich am Ende eines Dialoges vor, wenn er die Ueberzeugung eines Satzes durch Gründe auf allerlei Wegen versucht hat, um dem Geiste durch das Spiel der Einbildungskraft eine Erhohlung zu verschaffen. Andere hingegen enthalten eine anschauliche Darstellung dessen, was er sonst aus Gründen zu beweisen sucht. So stellt er die Lehre, daß die menschlichen Handlungen aus einer gedoppelten Quelle, aus einem vernünftigen und einem sinnlichen Triebe entspringen, in dem Mythen von zwei Pferden und dem Fuhrmanne vor [17]). Zuweilen kommen Mythen von zusammengesetzter Art vor, z. B. der am Ende des zehnten Buches der Republik, wo er zeigen will, daß die Tugend in diesem und jenem Leben von den seligsten Folgen begleitet werde, und zu diesem Zweck Vermuthungen über den Zustand nach dem Tode vorträgt. Er gehöret daher beider Arten gemeinschaftlich an. Eine dritte Art von Mythen machen diejenigen aus, welche nur den Zweck haben, die folgende Untersuchung einzuleiten, wozu der Mythe in dem Politicus von dem goldnen oder Saturnischen Zeitalter gehöret. Plato macht einen großen Unterschied zwischen einem Räsonnement und einem Mythen, wie aus dem Gegensatz von λογος und μυθος, und aus andern deutlichen Erklärungen erhellet [18]). Der Mythe selbst galt ihm für keine Wahrheit, nur die Idee, die zum Grunde lag, und gleichsam die Regel für die bildende Einbildungskraft war, ob er gleich zuweilen sich die Miene giebt, als wenn er alles für eine ausgemachte Sache halte. Aber auch alsdann fließen unvermerkt Zweifel

17) Phaedrus. S. 330.

18) Phaedo. S. 258, 259. Gorgias. S. 163, 172. Cratylus. S. 280. Protagoras. S. 307. Politicus. 6ter B. S. 28.

fel und Bedenklichkeiten ein, welche seinen ersten Glauben wankend machen ¹⁹).

Wahrscheinlich hatte Plato bei allen seinen Schriften sich den Zweck vorgesetzt, seine Zeitgenossen für das erste nur auf Wahrheiten aufmerksam zu machen, welche mit der Bestimmung des Menschen überhaupt zusammenhängen; ihren Verstand auf diese allgemeinen und nothwendigen Kenntnisse zu richten; die Beschaffenheit der bis dahin gewöhnlichen Vorstellungsarten und Maximen ins Licht zu setzen; das Bedürfniß richtigerer Begriffe und festerer Ueberzeugungen darzulegen; den Glauben an bisher fest geglaubte Traditionen und Wahrheiten nicht völlig zu erschüttern, sondern nur wankend zu machen, und ihn an den Gerichtshof der Vernunft zu weisen; den Verstand zu gewöhnen, anstatt auf Auctoritäten zu bauen, nach Gründen zu forschen. Seine Denkungsart, seine Zwecke, das Publikum, für welches er seine Schriften bestimmte, die Beschaffenheit derselben, nebst vielen Folgerungen aus dem, was ich gesagt habe, alles dieses scheint mir auf dieses wichtige Resultat hinzuleiten.

Wir gehen nun zu den Eigenheiten fort, welche in der Sprache und dem Styl der Platonischen Schriften wahrgenommen werden. Das karakteristische Zeichen aller noch so verschiedenen Schriften ist eine gewisse Fülle, Lebhaftigkeit, Feuer und Stärke, Richtigkeit in dem Ausdruck, Feinheit in den Wendungen; Anmuth in dem Gliederbau. Seine lebhafte rasche und gebildete Einbildungskraft, sein Witz, Laune und Ironie, seine Belesenheit, sein guter Ton haben sie mit allem demjenigen reichlich ausgestattet, was gefallen kann. Seine Sprache ist

---

19) Politicus. S. 28, 29. confer. S. 33, 36.

ist ein schönes reich verziertes aber doch nicht überladenes Gewand, in welches seine Darstellungskunst die nakten Gedanken kleidete. Doch wir untersuchen hier seine Sprache nicht in ästhetischer, sondern logischer Rücksicht, als Ausdruck seiner Gedanken, und in so fern sie Einfluß auf seine Philosophie hatte.

Die Menge von Bildern, Tropen, Gemählden und Allegorien, welche er theils aus Bedürfniß, theils zur Versinnlichung seiner Gedanken braucht, bringt oft die entgegengesezte Wirkung hervor, daß sie die Sache mehr verdunkelt als aufkläret. Die Begriffe nennt er zum Beispiele das Unsichtbare, den Augen verborgene, das Göttliche, das Unsterbliche (αορατον, ομμασι σκοτωδες, θειον, αθανατον) [20]). Die Ideen bezeichnet er mit den Worten, das Unkörperliche, unsichtbare aller Gestalt beraubte Ding (ασωματος κεχηματισεν, ασχημα υσια) [21]). Die Vorstellungen nennt er abgedruckte Formen und Bilder εκμαγεια [22]). Jede Veränderung heißt noch Bewegung, und das Veränderliche an den äußern Gegenständen wird mit dem Bilde des Bewegens, so wie das Beharrliche an ihnen mit dem des Stehens bezeichnet [23]). Wenn er sagen will, daß die sinnlichen Vorstellungen beständig in dem Bewußtsein wechseln, so vergleicht er die Seele mit einem betrunkenen hin und her wankenden und taumelnden Menschen [24]). Um die Erfahrung, daß einige Menschen mehr Empfänglichkeit zum Auffassen des Stoffes haben, andere hingegen die Vorstellungen besser behalten und erneuern, anschaulich zu machen, wählt er das Bild einer wächsernen Masse, in welche sich die Vorstellungen gleichsam abdrücken, und welche bald zu weich

20) Phaedo, S. 184, 185, 190. Theaetet. 2tes B. S. 76.
21) Phaedrus, S. 322.
22) Theaetet, S. 161, 163.
23) Theaetet.
24) Phaedo, S. 181.

weich bald zu hart, bald zu dichte bald zu locker, bald rein bald unrein ist ²⁵). In allen seinen Schriften kommt eine große Menge von solchen Ausdrücken vor. Die Ursache dieser bildlichen Sprache ist erstlich sein Bestreben alles klar und anschaulich zu machen, wozu in seiner so lebhaften und feurigen Einbildungskraft, theils der erste Reiz, theils der Stoff anzutreffen war. Zweitens aber sind diese Ausdrücke auch nicht allezeit absichtlich gewählte Zeichen, sondern der Mangel an bestimmten Wortzeichen nöthigte ihn diese zu Hülfe zu nehmen. Drittens kann und muß man annehmen, daß er nicht allezeit im Stande war seine Begriffe bestimmt in Zeichen zu fassen, und allen Stoff, an welchem sie heraus gebildet worden waren, abzutrennen und wegzulassen. Indem er z. B. die zwei Bestandtheile des menschlichen Vorstellungsvermögen (welches er zum Wesen der Seele machte) deren der eine den Stoff empfängt, der andere die Form an demselben hervorbringet, mit Worten bezeichnen will, wählet er dazu die Worte μεριστη und αμεριστος ουσια, das Theilbare und Untheilbare Wesen; Ausdrücke welche von dem Stoffe hergenommen sind, an welchem er die Begriffe von der Empfänglichkeit und Selbstthätigkeit des Vorstellungsvermögens abstrahierte. Wer in dem Worte μεριστος eine Spur von Materialismus finden wollte, der würde sich also sehr täuschen, wie weiter unten gezeigt werden soll ²⁶).

Zweitens. Seinem Vortrage fehlt es oft an Deutlichkeit, Bestimmtheit und Präcision. Viele Ausdrücke, womit er philosophische Begriffe bezeichnet, sind vieldeutig, schwankend und unbestimmt; viele Worte hatten diese Fehler in dem gemeinen Sprachgebrauche, und er hilft ihnen nicht allezeit durch Bestimmung der Begriffe nach; nicht selten vermehret er die

25) Theaetet, S. 161.
26) Timaeus, S. 312.

Vieldeutigkeit der Ausdrücke durch den Gebrauch, den er von ihnen macht. Diese Beschaffenheit der Sprache mußte nothwendig einen nachtheiligen Einfluß auf die Entwickelung seiner Ideen haben, Unbestimmtheit in seinen Sätzen, Lücken und Mangel an Zusammenhang in seinen Schlüssen und Ideenreihen zur Folge haben, und seine Räsonnements in Schatten und Dunkelheit setzen, welches dem Ausleger sehr oft äußerst beschwerlich wird. — Plato erkannte die Nothwendigkeit, die Zeichen der Gedanken genau zu bestimmen, und ihre Bedeutung zu fixiren, wenn Philosophie sich der Form einer Wissenschaft nähern solle; er begriff sehr gut, daß es für die Philosophie keine Synonymen geben könne und dürfe, und daß, wenn man eine Sache mit mehrern Worten bezeichne, man den eigentlichen Begriff noch nicht gefunden habe ²⁷). Nach diesen richtigen Grundsätzen suchte er auch, so viel an ihm war, die Sprache durch mehrere Deutlichkeit der Begriffe zum philosophischen Gebrauch auszubilden. Wenn er aber gleichwohl dieses nicht durchgängig that, sondern eine große Menge von Worten in seinem Vortrage gebrauchte, welche äußerst schwankend und unbestimmt waren, so fragt es sich, aus welchen Ursachen kann und muß diese Erscheinung erkläret werden? Einmal war die Sprache noch gar wenig zu einem philosophischen Vortrage geeignet. Durch die Dichter, Redner und Geschichtschreiber war sie zwar bereichert worden; durch die mancherlei Geisteswerke und durch die Kultur der höhern Klassen, hatte sie ihre Geschmeidigkeit, Annehmlichkeit, Feinheit, Stärke und Würde erlanget; kurz sie war zur kultivierten Sprache des Umgangs und der Empfindung geworden. Aber die besondern Eigenschaften, wodurch sie zu einem Organ des wichtigen Denkens erhaben wird, fehlten ihr fast durch-

---

27) Sophista, zter B. S. 256, 231. Theätet, S. 139.

durchgängig. Vor dem Plato hatten noch wenig Denker ihre philosophischen Gedanken in die Sprache niedergeleget, und die Wenigen nicht gar viel zur Bestimmung der Sprache beigetragen. Die Bemühungen der Sophisten, welche sich eigentlich zuerst mit dieser Sprachumformung beschäftiget hatten, waren nicht sehr fruchtbar und glücklich gewesen, weil sie nicht von wahrem Interesse für die Wissenschaft und dem philosophischen Geiste geleitet und betrieben wurden, und daher in Spitzfindigkeiten, in Wortklauberei ausarteten ²⁸). Der liebenswürdige Lehrer des Plato suchte nicht sowohl die Philosophie als Wissenschaft und die Sprache umzuformen als auf die Denkungsart seiner Zeitgenossen zu würken. Plato fand daher die Sprache in einem für Philosophie ziemlich unbehülflichen Zustande, welchen er allein durch seinen philosophischen Kopf nicht abändern konnte. Er brach die Bahn, und bestimmte den Sprachgebrauch durch Entwickelung der Begriffe, so viel er konnte; aber er konnte nicht alles thun, sondern ließ seinem Schüler dem Aristoteles noch ein großes Feld zur Bearbeitung zurück. So entwickelt er z. B. drei Bedeutungen des Wortes λογος, da es für die Sprache für einen ausführlichen Begriff, und für das Unterscheidungsmerkmal genommen wird; allein wie viele Bedeutungen kann man außer diesen nicht von λογος aufzählen ²⁹)? Eben so ist es mit επιστημη, αγαθος und καλος. Dieses ist wahrscheinlich auch die Ursache, daß er mit einem und demselben Worte oft ein Vermögen des Gemüthes und die Wirkung desselben anzeiget, z. B. λογος, δοξα. Wie denn auch bei uns in dem gemeinen Sprachgebrauche beides mit einander verwechselt wird ³⁰). Zweitens. Oft giebt Plato den Worten eine andere Be-

K 2   deu-

---

28) Theaetet, S. 139. Protagoras, 3ter B. S. 139.
29) Theaetet, S. 186, 187, 190.
30) Phaedo, S. 150, 203, 160, 201, 226. Dies sind nur einige wenige Beispiele von λογος aus einem einzigen Dialog.

deutung, als sie in der gemeinen Sprache seiner Zeit hatten, ohne diese Verschiedenheit allezeit anzuzeigen, weil sie einerlei Gegenstand bezeichneten, aber mit dem Unterschiede, daß Plato sich ihn unter andern Prädicaten dachte. J. B. ψυχη bedeutete in der Sprache des Volkes jede Bewegungskraft, weil es nach einer falschen Analogie schloß, alles was sich bewege, müße auch beseelet sein. Plato behält diese Bedeutung bei, ohne deswegen die Bewegungskräfte für seelenartig zu halten. Drittens. Plato kam durch die Richtung seines philosophischen Geistes auf viele Gegenstände, welche entweder noch gar nicht in Untersuchung genommen, oder doch nicht aus dem Gesichtspunkt betrachtet worden waren. Es konnte daher nicht fehlen, daß nicht die Reichhaltigkeit seines Geistes unter der Armuth der Sprache erliegen mußte. Zwar half ihm auch hier seine Einbildungskraft, indem sie ihm theils neue Wörter bilden half, theils durch Analogie und Bilder darstellte, was er gedacht hatte. Allein es ist keine leichte Sache, einen neuen Gedanken, für den in der Sprache noch kein Zeichen vorhanden ist, so genau und präcis darzustellen, als er dem Bewußtsein vorschwebt. Für den Erfinder ist auch ein unvollkommenes Zeichen hinlänglich; aber die Leser verbinden entweder nicht die nehmlichen Merkmale damit, oder sie fassen zu viel oder zu wenig Bestimmungen zusammen. Und wie leicht möglich ist es, daß eine solche neue Wortbildung Nebenbegriffe veranlaßt, welche der erste Denker entfernt wissen wollte? Viertens. Die Regeln des Denkens waren noch nicht entwickelt, und die Wissenschaft des Vorstellungsvermögens noch in dunkeler Entfernung. Der Mangel dieser Kenntnisse mußte nothwendig einen großen Einfluß auf alle philosophische Untersuchungen haben, und jedem Denker, der entweder diese Arbeit selbst vornahm, oder ohne diese Erörterung über einen Gegenstand nachdachte, sehr beschwerliche Hindernisse in den Weg legen. Diese Ursache nebst

der

der Beschaffenheit der Sprache waren unstreitig die Hauptschwierigkeiten, welche ein Schriftsteller, der sich deutlich und bestimmt ausdrücken wollte, zu überwinden hatte. Wenn Aristoteles so große Vorzüge in Ansehung seines philosophischen Vortrages vor dem Plato hat, so ist es größtentheils dem Umstande zuzuschreiben, daß er die Sprache mehr bearbeitet, und die meisten Regeln des Denkens durch seinen Lehrer entwickelt fand. Fünftens rühren auch viele Eigenheiten seines Vortrages von der Form und Einrichtung seiner Schriften her. In seinen Dialogen läßt er oft den Faden der Untersuchung fallen, ehe der Leser noch völlig befriediget ist; er verfolgt eine andere Gedankenreihe, die noch nicht genug vorbereitet ist; er entwickelt seine Begriffe und Schlüsse nicht vollständig, sondern führet sie nur bis zu einem gewissen Punkt fort. Daher fehlet es oft seinen Sätzen an Bestimmtheit und Deutlichkeit, und seinen Schlüssen an Zusammenhange. Endlich müssen hierher auch noch manche Zeit- und Ortumstände gerechnet werden, welche auf die Entwickelung der Philosophie, auf ihren Vortrag und auf die philosophische Sprache Einfluß hatten. Plato ist oft dunkel, weil er nicht deutlich sein durfte, wenn er sich nicht Verfolgungen von den Anhängern der herrschenden Religion zuziehen wollte. Es ist genug, wenn ich nur ein Beispiel anführe, aus welchem man die Richtigkeit dieser Behauptung einsehen kann. Der große Haufe hielt die Himmelskörper für Gottheiten, und verfolgte diejenigen, welche Muthmaßungen über die physische Beschaffenheit derselben anzustellen wagten, wie aus dem Leben des Anaxagoras bekannt ist. Diese Intoleranz nöthigte unsern Philosophen zuweilen in der Sprache des Volks zu reden, und ihre Meinungen zu den seinigen zu machen, wiewohl er ganz anders geredt haben würde, wenn ihm das Recht der Denkfreiheit zu Statten gekommen wäre. Dieses wird klar, wenn man die Stellen de legib. X. S. 69. 95. Epinomis S. 256. 258.

aufmerksam erwäget. Erstlich scheint es, als wenn er geradezu behaupte, die Himmelskörper wären Götter, wie es das Volk glaubte; aber unbemerkt drehet und wendet er den Gedanken dahin, man müsse eine Ursache von der Ordnung und Regelmäßigkeit annehmen, welche an dem Himmel wahrgenommen werde; diese Ursache (welche er Seele nennt) könne sowohl in jenem einzelnen Himmelskörper als außer demselben sein, um diese Wirkungen hervorzubringen. Zuletzt sagt er ausdrücklich, eins von beiden könne man mit Grund annehmen, entweder, daß sie selbst Gottheiten, oder ihre Bildnisse seien, d. h. daß sie die Gottheit nach ihren Ideen gebildet habe.

Es giebt denkende Männer, welche aus der Form und Schreibart, welche in den Platonischen Schriften wirklich angetroffen wird, den Schluß ziehen, daß Plato mehr Dichter als Philosoph gewesen sei, daß das Uebergewicht seiner Einbildungskraft über seine Vernunft es ihm beinahe unmöglich gemacht habe, sich von sinnlichen und concreten Vorstellungen zu abstrakten zu erheben, die Merkmale des Vorgestellten zu zergliedern, in Begriffe zusammen zu fassen, und mit Deutlichkeit und Präcision auszudrücken. Allein, außer dem, daß es nur wenige Schriften giebt, in welchen die Gewalt der Einbildungskraft den nüchternen Forschungsgeist zu überwältigen, und gleichsam in ihrem Strom mit fortzureißen scheint; und daß es in jeder Schrift lichte und helle Stellen giebt, in welchen seine Denkkraft eben so sehr hervorleuchtet, als in andern seine Phantasie: so scheinen sie an die Schwierigkeiten, mit welchen die ersten philosophischen Versuche zu kämpfen hatten, an die den freien Gebrauch der Geistesthätigkeit wenig befördernden Zeitumstände nicht gedacht zu haben. Plato kannte zum wenigsten die Bedingungen und Erfodernisse der Philosophie; dieses und sein rastloses Bestreben nach seinem Vermögen bei allen Schwierigkeiten und Hindernissen die Rechte der Vernunft

nunft geltend zu machen, verschaft ihm schon allein eine ehrenvolle Stelle in der Versammlung der Philosophen.

Vierter Abschnitt.

Regeln welche bei dem Gebrauch seiner Schriften beobachtet werden müssen.

Da in den Platonischen Schriften viele Schwierigkeiten und Dunkelheiten angetroffen werden, da Stellen vorkommen, welche äußerst unverständlich scheinen, andere welche verschiedene Erkldrungen zulassen, ja, welche mit andern nicht vereinbar sind: so müssen vor allen Dingen Regeln festgesetzt werden, nach welchen der eigentliche Sinn der Worte und Ausdrücke für sich und im Zusammenhange gefunden werden kann. Aus dem, was ich in dem vorhergehenden Abschnitte ausgeführet habe, folgt schon so viel, daß die allgemeinen Regeln einer gesunden Auslegungskunst bei dem Plato nicht zureichend sind, sondern noch andere mit ihnen verbunden werden müssen, welche auf die Eigenthümlichkeiten seiner Schriften besondere Rücksicht nehmen, und daher auch durch aufmerksames Studium derselben allein gefunden werden können.

Vielleicht wird manchem diese Arbeit als überflüssig oder entbehrlich vorkommen; denn es hat berühmte Männer gegeben, welche glaubten, Plato habe selbst kein festes Gedankensystem gehabt, und nicht selten Gedanken niedergeschrieben, welche ihm eben so unverständlich waren, als sie den neuern Forschern unerklärbar sind. „Unter solchen günstigen Umständen, sagt einer der

„der berühmtesten neuern Schriftsteller¹), hätte Plato
„auch bei wenigern glänzenden Gaben, als er wirklich
„besaß, ein großer Mann werden müssen: allein um
„alle eingesammelte wahre und falsche, wenigstens sehr
„verworrene und sich widersprechende Kenntnisse aus
„einander zu setzen, zu ordnen, aufzuklären, und in eine
„zusammenhängende Kette deutlicher Begriffe zu verbin-
„den, dazu hatte die Vorsehung ihn noch nicht bestim-
„met, auch nicht mit den erfoderlichen Geisteskräften
„ausgerüstet. - - Plato hatte für das Maaß seiner
„Kräfte zu viel gesammlet, als daß er die mühsam zu-
„sammengesuchten Kenntnisse anderer hätte übersehen,
„durchdenken und verarbeiten können: besonders da die
„Gedanken der meisten seiner Vorgänger roh, unentwi-
„ckelt, verwirret oder verwirrend waren. Hierzu kam
„noch, daß er zu viel und zu früh schrieb, früher, als
„er sein eignes kleines System aufgebauet, eine jede
„Materie in Zusammenhange mit allen angränzenden
„Fragen überdacht hatte, und mit sich selbst über seine
„eigne Meinung recht einig geworden war. Aus dieser
„Ueberladung mit zerstreuender Gelehrsamkeit und seiner
„frühzeitigen Schriftstellerei muß man sichs erklären,
„daß Plato niemals zu einem zusammenhängendem Sy-
„stem seiner Gedanken gelangte, bis ans Ende seines Le-
„bens selbst nicht genau wußte, was er behaupten oder
„verwerfen sollte, und nicht selten in verschiedenen
„Schriften in offenbare Widersprüche fiel; daß wir end-
„lich in seinen Räsonnements keinen verbindenden Faden
„wahrnehmen, und noch viel weniger genau bestimmen
„können, wo er von zweifelnder Ungewißheit in dogma-
„tisches Entscheiden übergehet. — Dunkelheit der
„Sprache konnte Plato durchaus nicht vermeiden, weil
„er über Materien zu schreiben wagte, die er von andern
unem-

---

1) Meiners vermischte Schriften. 1ster B. S. 15, 17, 19.

„unentwickelt ererbt hatte, und selbst aus einander zu
„wickeln sich nicht die Mühe nehmen wollte. Sein
„Parmenides vorzüglich, viele Stellen seines Phädrus,
„Timäus, Phädo, und selbst seine Republik sind durch-
„aus unverständlich, und belohnen dem Leser die darauf
„gewandte Mühe nicht. Dunkelheit und Verworrenheit
„in Begriffen ziehen ganz natürlich Weitschweifigkeit,
„und bei Männern von lebhafter Phantasie dichterische
„Verzierungen und prachtvolle Bildersprache nach sich."

Wer diese Darstellung für die richtige hält, und
diese Maximen billiget, der muß freilich über jeden Versuch, die Dunkelheiten, welche in dem Plato vorkommen,
aufzuklären, lächeln, und ihm im Voraus alles Glück
absprechen. Allein unter sehr vielen richtigen Bemerkungen kommen auch manche nur halb wahre vor; die
Ursachen von der Dunkelheit seiner Sprache hat Meiners nur einseitig angegeben, und viele wichtige, welche
auf ein ganz anderes Resultat führen, übersehen. Die
Behauptungen, daß Plato sich nicht habe die Mühe
nehmen wollen, viele Sätze zur Deutlichkeit zu erheben;
daß er selbst kein feststehendes System gehabt, und viele
Stellen niedergeschrieben habe, bei welchen er selbst
nicht gedacht habe, entsprechen nicht den eignen Bekennt-
nissen des Plato, stimmen nicht mit dem größten Theile
seiner Schriften überein, und führen auf eine Maxime,
welche für die Erklärung eines Schriftstellers, zumal eines philosophischen, schlechterdings nicht tauglich ist.
Denn wenn man mit solchen Voraussetzungen an die
Lektüre eines Buches gehet, so findet die Bequemlichkeit
nur allzuviel Nahrung und Vorschub, daß man entweder alle schwere Stellen als unerklärbar sogleich auf die
Seite leget, oder Widersprüche entdeckt zu haben glaubt,
welche durch eine sorgfältigere Nachforschung verschwun-
den sein würden. Es ist vielmehr nothwendig anzunehmen, daß der Schriftsteller oder der Philosoph einen
vernünftigen und zum wenigsten denkbaren Sinn mit

seinen

seinen Worten habe ausdrücken wollen, der auch durch die Anwendung der gehörigen Mittel entdeckt werden kann, und das so lange, bis alle mögliche Versuche erschöpft sind. Bei dem Plato ist diese Maxime eine desto unerläßigere Pflicht für den Bearbeiter seiner Schriften und Philosophie, je mehr für die Kritik, philologische Erklärung und Aufhellung seines Systems durch die Philosophie, noch zu thun übrig ist. — Giebt es also Regeln, welche, aus seinen Schriften abstrahiret, etwas dazu beitragen, Schwierigkeiten zu heben, Dunkelheiten aufzuklären, Widersprüche beizulegen, so dürfen sie wohl nicht für entbehrlich gehalten werden.

Die vorzüglichste Regel bestehet darin, daß man die Gedanken von ihrer Einkleidung und ihrem äußern Gewande absondere. Beide gehören freilich zusammen, indem sie in Vereinigung erst einen bestimmten Gedanken darstellen. Aber dennoch ist ihre Trennung und Unterscheidung eben so wenig unmöglich, als in einer Vorstellung die Unterscheidung der Form und des Stoffes. Diese Regel darf desto weniger bei dem Plato vernachläßiget werden, weil er selbst an einigen Orten auf den Unterschied des Inhalts und der Einkleidung seiner Gedanken aufmerksam macht. Aber unter welchen Bedingungen ist diese Unterscheidung möglich?

Zuerst ist nothwendig, daß man in jeder einzelnen Schrift den Hauptgedanken und den Zweck derselben, worauf sich alle einzelne Theile und Glieder des Ganzen beziehen, aufsuche, und in einen vollständigen Begriff fasse. Diese Arbeit muß in jedem kleinerem Abschnitt wiederhohlet werden, oder vielmehr aus diesen einzelnen Zergliederungen muß sich der Hauptgedanke ergeben. Zuweilen zeichnet er den Hauptgedanken selbst aus, wie z. B. in dem Theätet, Sophista, Politicus; aber eben so oft unterläßt er dieses. In jenem Falle, muß man
seine

seine Aufmerksamkeit darauf richten, ob er ihn vollständig, präcis und bestimmt angegeben habe. Denn nicht selten befindet man sich in dem Falle, daß man ihm gleichsam nachhelfen muß, indem er sich nicht so ausdrückte, als die Idee, welche ihm vorschwebte, erfoderte. In sehr vielen Dialogen verbindet er zwei oder mehrere Zwecke mit einander, da alsdann einer durch den andern bestimmt und modificiret wird. Z. B. in dem Meno ist zwar der Gegenstand seiner Untersuchung die Frage: ob die Tugend ohne selbstthätige Bildung entstehe, und ob sie durch Unterricht wie andere Kenntnisse mitgetheilet werde; aber außer diesem sucht er noch als Nebenzweck die Denkungsart des Anytus darzustellen, und seinen Haß gegen den Sokrates zu erklären. Diese Nebenabsicht macht, daß er seinen Gegenstand auf eine andere Art abhandelt, als er sonst gethan haben würde; daß er besondere Beispiele wählet, und bei einigen Nebengedanken länger verweilet. In sehr vielen ist außer der Untersuchung des Gegenstandes noch die Absicht, Regeln des Denkens zu entwickeln [2]). — Wenn man alsdann die ganze Reihe von Vorstellungen verfolgt, durch welche er einen Begriff bestimmen oder einen Satz ausführen wollte; wenn man die Verbindung und das Verhältniß derselben mit dem Hauptgedanken bemerket, und davon alles absondert, was er zur Erläuterung, zur Versinnlichung seiner Gedanken, oder zum Behuf anderer zufälliger Zwecke hinzufügte; so hat man für das erste die wesentlichen Gedankenreihen von den zufälligen geschieden, und diejenige Quelle bestimmt, woraus die eigentlichen Materialien seiner Philosophie genommen werden müssen. Weil diese Regeln nicht allezeit bei der Entwickelung der Platonischen Philosopheme sind befolget worden, so will ich noch durch ein Beispiel zeigen,

2) Politicus. S. 4.

zeigen, wie leicht man ohne solche leitende Grundsätze irre geführt werden kann, daß man diesem Philosophen Behauptungen anfinnet, an welche er nicht gedacht hat. Wenn er die Möglichkeit von der Zusammenreihung der Vorstellungen und von der verschiedenen Art den Stoff aufzunehmen, in einem Bilde anschaulich darstellen will, so sagt er: Man stelle sich vor, es sei in der Seele eine wächserne Tafel, welche in Ansehung der Größe, Reinheit, Weichheit vieler Grade und Zusammensetzungen fähig sei; in diese sollen sich die Vorstellungen gleichsam abdrücken. Diese Wachstafel findet er in dem Homerischen κηρ της ψυχης wieder, als Anspielung auf das κηρος[3]). Hieraus stellt Herr Schulz (Disputatio de ideis Platonis. S. 19.) folgende Sätze als Platonisch auf: Der Sitz und das Behältniß der durch die Sinne erlangten Vorstellungen ist der Sitz der sterblichen Seele, nehmlich die Brust und die Leber. Die vernünftige Seele, welche im Gehirne sich befindet, wirkt auf diese Theile, wenn sie etwas wahrnehmen will. Timaeus. S. 386, 387. Die Leber ist einer wächsernen Tafel gleich, wie sich Plato die Sache vorstellte, in welche sich die Bilder von allen Gegenständen der Vorstellungen abdrücken. Theaet. S. 154. — Allein, nur die unterlassene Unterscheidung des Gedankens von der Einkleidung, die Verwechselung des Wesentlichen mit dem Zufälligen konnte den Verfasser irre führen, daß er den Plato so etwas behaupten läßt. Plato sagt nicht, die Sinnlichkeit ist eine wächserne Tafel, noch vielweniger sie hat ihren Sitz in der Brust und Leber; sondern nur, man stelle sich dieselbe unter einer solchen Tafel vor, um es sich begreiflich zu machen, daß einige Vorstellungen (oder vielmehr Stoff von Vorstellungen) inniger und reiner aufgefaßt, und besser erhalten werden als bei andern.

Bei

3) Theaetet. S. 154, 161.

Bei den zufälligen Gedankenreihen ist die Beziehung auf einen wesentlichen Gedanken in Betrachtung zu ziehen, nehmlich dasjenige was er erläutern oder versinnlichen will. Den Vorstellungen und ihrer Zusammensetzung giebt Plato selbst keinen andern Werth, als daß er sie zu diesem Zweck brauchbar fand. Daher sind sie oft nur problematische Vorstellungsarten, oft gehören sie selbst ganz und gar nicht zu seiner Philosophie. So muß bei einem Mythen unterschieden werden, 1) der Gegenstand, 2) die Vorstellungen welche auf denselben bezogen werden, 3) das Verhältniß des Gegenstandes zu andern Sätzen, und die Verbindung mit gewissen Zwecken. Das Zweite macht den Mythen selbst aus und ist nur etwas zufälliges, ein Spiel der Phantasie [4]). Allein der Gegenstand kann durch die Beziehung auf nothwendige Zwecke der Vernunft, ein wichtiger Gegenstand für die Philosophie sein.

Was die Begriffe anlanget, so muß man die Merkmale derselben möglichst zu bestimmen und zu fixiren suchen. Dieses setzet voraus, daß man alle Fälle, welche vorkommen, und alle Stellen, in welchen sie gebraucht werden, zusammenstelle, mit einander vergleiche, und daraus die Merkmale des Begriffs abstrahire, wie ich an einem andern Orte mit den Begriffen ταυτον und ἱτερον gethan habe. Die Bemerkung per Ausdrücke, welche zur Bezeichnung des nehmlichen Begriffs, oder des entgegengesetzten gebraucht werden, hat fast immer den Vortheil, daß man ein Merkmal mehr, welches entweder in die Einheit aufgenommen, oder aus derselben ausgeschlossen worden ist, erkennet. Diese Arbeit ist um desto nöthiger, weil er in den meisten Fällen nicht bestimmt, was für Merkmale er sich in dem Begriffe dachte, theils weil er sich des Begriffs, den er mit dem Zeichen ver-

---

4) Politicus, 6ter B. S. 28.

verknüpfte, bewußt war, theils weil die Zergliederung nicht in das Unendliche fortgesezt werden konnte. Unter diesen ausgezeichneten Stellen kommt doch zuweilen eine vor, welche die Bedeutung eines Wortes, und den Inhalt eines Begriffes viel klärer und bestimmter angiebt, und dadurch auf alle übrigen viel Licht verbreitet. In dem Begriff αγαθὸν in dem Philebus haben einige Ausleger vorzüglich Ficin die Gottheit zu finden geglaubt, welche auch wirklich zuweilen mit diesem Nahmen bezeichnet wird. Allein, daß dieses Wort diese Bedeutung in dem Philebus nicht habe, konnte eine einzige Stelle, wo er sagt, er wolle untersuchen, welcher Zustand des Gemüthes (ἕξις, διάθεσις) das Gute sei, zum Ueberfluß belehren [5]). — Nicht wenig Schwierigkeit macht beim Plato der Umstand, daß so sehr vielerlei und oft nicht mit einander übereinstimmende Erklärungen von dem nehmlichen Gegenstande gefunden werden, von welchen man sich kaum einbilden kann, daß sie sich in einem Kopf haben zusammen vertragen können. Wenn diese Verschiedenheit in Begriffen nicht aus einem verschiedenen Gesichtspunkte, oder aus einem größern oder kleinern Grade der Einsicht, welche sich nach seinem verschiedenen Alter änderte, erkläret werden kann, so bleibt noch ein Ausweg übrig, welchen er selbst eröfnet hat. Er hatte eine andere Art, eine Sache zu definieren, wenn er mit Sophisten zu thun hatte, eine andere, wenn er sich mit Freunden, welche ernstlich nach Wahrheit forschten, unterredete. Im ersten Falle war es ihm genug, wenn er nur ein entfernteres Merkmal angegeben hatte; in dem lezten befolgte er die Regeln des Denkens pünktlicher. Ein auffallendes Beispiel giebt er davon in einer gedoppelten Definition von der Figur [6]). Hieraus kann man mit gutem Grunde schließen, daß man in einigen

Dialo-

5) Philebus, 4ter B. S. 209.
6) Meno. S. 338, 339, 341.

Dialogen keine andern Definitionen als von der erstern Art oder vielmehr Beschreibungen erwarten dürfe, wenn es sich aus sichern Merkmalen ergiebt, daß er in denselben nur die Absicht hatte, andere Behauptungen zu bestreiten; und man darf sicher annehmen, daß die richtigere Erklärung, welche in seinen Schriften vorkommt, auch in seinen Augen den Vorzug vor den andern behauptete. Nicht selten ist man in dem Fall, daß man dem Plato nachhelfen muß, weil ihm ein Begriff mit gewissen Merkmalen vorschwebte, den er entweder nicht vollkommen zergliedern, oder auch nicht bestimmt genug mit Worten bezeichnen konnte.

Bei den Sätzen und Schlüssen müssen die Begriffe des Subjekts und Prädicats genau bestimmt werden, um die Verbindung, den Zusammenhang und die Herleitung derselben aufsuchen zu können. Zuweilen bemerkt man eine Schlußfolge, welche aus den Vordersätzen nicht völlig zu folgen scheinet. In diesem Falle wird man allezeit einige Prämissen, die nicht ausdrücklich angegeben oder eine Bestimmung, welche stillschweigend bei einem Begriffe mit verstanden wurde, entdecken, die er voraussezte, weil sie in seinem Bewußtsein unzertrennlich mit seinen Begriffen verknüpfet waren. Ein Beispiel davon findet sich in den Lehren und Meinungen der Sokratiker über Unsterblichkeit 78, 83. Die Unterscheidung zwischen dem Satze, der bewiesen werden sollte, und zwischen den Gründen, aus welchen er abgeleitet wird, ist von großer Wichtigkeit in der Platonischen Philosophie. Jene Sätze sind oft sehr wahre und richtige Sätze, welche für die Menschheit das wichtigste Interesse haben; aber sie folgen nicht aus den angegebenen Gründen, oder diese bedürfen selbst wieder eines Beweises, und beruhen zum Theil auf falschen Voraussetzungen. Es sind alsdann Versuche der Vernunft, welche damals erst mit mehr Selbstthätigkeit und in einem größern Umfange die großen Aufgaben, die sie selbst erst erzeuget, aufzu-

aufzulösen sich bestrebte, um Gründe für die unentbehrlichsten Ueberzeugungen aufzusuchen, bei welchen sie aus Mangel der ersten Grundsätze und Unkunde ihrer eignen Wirkungsart nur zu oft sich mit unzulänglichen oder auch falschen Gründen begnügen mußte. In diesen Fällen, welche so oft in der Philosophie der Religion und in der praktischen Philosophie vorkommen, muß man sich genau in die Lage des Denkers versetzen, der zuerst das Bedürfniß des menschlichen Geistes nach allgemeingültigen Gründen empfand, und nach seinem Vermögen demselben abzuhelfen suchte; man muß seine Grundsätze studieren, den Grad und Umfang seiner entwickelten Kenntnisse untersuchen, die Richtung seines Geistes ausforschen, um den Gang, welchen die räsonnirende Vernunft auf den von ihm eröfneten und vorgezeichneten Wegen ging, gehörig verfolgen zu können. — Nicht weniger wichtig ist die Unterscheidung der Sätze nach ihrem verschiedenen Werthe und Verhältnisse zu einer Wissenschaft der Philosophie, ob sie auf historischen oder vernünftigen Gründen beruhen; ob sie für strenge erwiesene oder nur wahrscheinliche oder problematische Sätze erkläret werden. Hierdurch fallen schon viele scheinbare Widersprüche, und viele Vorwürfe, welche gegen seine Philosophie gemacht worden sind, hinweg.

Wenn Behauptungen vorkommen, welche mit einander streiten, so müssen folgende Regeln beobachtet werden. Vor allen Dingen ist die Untersuchung nothwendig, ob beide Behauptungen zur Platonischen Philosophie gehören, oder ob einer von den Sätzen unter diejenigen gerechnet werden müssen, welche Plato nur einstweilen annahm, oder seinem Gegner einräumte, um andern Behauptungen zu widerstreiten, welches vorzüglich in denjenigen Dialogen statt findet, wo er fremde Meinungen bestreitet, censiret, oder eine verkehrte Methode im Disputieren durch ein Beispiel darstellen will. — Gehören aber beide in den Umfang seiner Philosophie,

dann

dann muß man nachforschen, ob er sie nicht etwa in verschiedener Bedeutung genommen, oder aus verschiedenen Gesichtspunkten betrachtet, oder ob er nicht endlich die Quantität der Säße auf verschiedene Weise bestimmet habe. Ich will dieses durch einige Beispiele erläutern. Sokrates lehrte, Tugend könne nicht gelehret werden, um den Stolz der Sophisten zu demüthigen, welche sich anmaßten Tugend wie andere Kenntnisse zu lehren, oder vielmehr einzuflößen. Plato stimmt darin mit seinem Lehrer überein, und macht mit ihm oft gemeinschaftliche Sache. Unterdessen tadelt er doch auch die entgegengesezte Meinung, als eine Behauptung, welche alles moralische Interesse gegen sich habe ⁷). Dieser Widerspruch hebt sich durch eine andere Stelle, in welcher er den verschiedenen Gesichtspunkt bestimmet, nach welchem beide Säße, aber in verschiedener Rücksicht, für wahr und falsch angesehen werden können. Tugend ist die durch Vernunft bestimmte Handlungsweise. Tugend lehren heißt die Vernunft zu den unbedingten Zwecken der Sittlichkeit in Thätigkeit sezen und ausbilden, aber nicht die Tugend als eine Kenntniß eingießen, oder die Handlungsweise selbst hervorbringen ⁸). Die Meinung, daß alles in einem beständigen Flusse sei, bestreitet Plato zwar; aber in dem Theätet scheint er sie selbst zu billigen. Dieses kläret sich in dem Sophista auf, wo er die beiden entgegenstehenden Vorstellungsarten einschränket, und damit vereinbar machet ⁹). — Nothwendig ist ferner auch die Beurtheilung der Säße nach ihrem Werthe und Verhältnisse zur Wissenschaft, die Unterscheidung der erweisbaren von den wahrscheinlichen und problematischen; die Absonderung der Hauptsäße von den damit verbundenen Nebenvorstellungen, oder

von

---

7) de republic. VI. 7ter B. S. 77, 78.
8) de republic. VII. S. 135, 136.
9) Sophista, S. 259-266.

von den als möglich angenommenen Gründen derselben. Wenn die Widersprüche nur die letzten betreffen, so sind sie nur zufällig, und nur verschiedene Vorstellungsarten von einer Sache, die an sich problematisch ist. Hieher gehöret die Präexistenz der Seelen und die Reminiscens als Hypothese von der Möglichkeit der Ideen, die verschiedenen Vorstellungsarten von dem Zustande nach dem Tode. — Endlich lassen sich auch zuweilen die Widersprüche dadurch heben, wenn man die frühere oder spätere Behauptung ausfindig machen kann, wozu die Zeitfolge der Schriften des Plato dienen kann.

Eine der wichtigsten Pflichten, welche dem Bearbeiter der Platonischen Philosophie oblieget, bestehet darin, sich die möglichst vollständige Kenntniß von dem Zustande der Menschheit, der Religion und Philosophie, und insbesondere auch von der Verfassung des attischen Staates zu verschaffen. Denn Plato nimmt sehr oft besondere Rücksicht auf diese Thatsachen. In ihnen lassen sich viele Gründe finden, woraus sich die besondere Richtung seines Geistes, und manche Eigenthümlichkeiten seiner Schriften und Philosophie aufklären. Hiermit muß die vollständige Erforschung derjenigen Begebenheiten, Umstände, herrschende Urtheile und Maximen, feststehende Verfassungen, verbunden werden, welche auf den freien Vortrag seiner Gedanken einen entscheidenden Einfluß hatten, sie mögen nun religiöser oder politischer Beschaffenheit sein. Ich habe schon einigemal Gelegenheit gehabt zu zeigen, von welchen wichtigen Folgen die vollständige Aufsuchung dieser Thatsachen auch schon für die Erklärung seiner Schriften ist, und kann mich daher darauf berufen, wenn ich das Verhältniß derselben auf die Bearbeitung seiner Philosophie bemerkbar machen will.

Mit diesen Vorkenntnissen ausgerüstet, kann man mit mehr Leichtigkeit noch eine Arbeit vornehmen, welche wegen ihrer Verwickelung mit manchen großen Schwierigkeit» rigkeiten verknüpft ist, nehmlich die Absonderung der Platonischen Philosophie, sowohl dem Stoffe als der Form nach, von andern ältern Philosophien; — eine Arbeit, welche unentbehrlich ist, wenn man den Gang der Entwickelung und die Fortschritte des menschlichen Geistes richtig schätzen will. Es ist keinem Zweifel unterworfen, daß Plato seine Vorgänger benuzt, Materialien aus ihren kleinen Systemen genommen habe, und oft auf ihren Wegen weiter vorgegangen sei. Allein dieses ist noch nicht genug; man will auch bestimmt wissen, worin dieser entlehnte Stoff bestanden habe, welcher dem Plato eigenthümlich angehöre, und in wie fern die Bearbeitung und die Form neu und von der der vorhergehenden Denker verschieden sei. Diese Scheidung soll endlich nicht nach Gutbefinden oder einem willkührlichen Maßstabe, sondern nach bestimmten und sichern Regeln geschehen.

Wenn wir von der vorhergehenden Periode vollständigere mehr zusammenhängende und zuverläßigere Nachrichten hätten, wenn nicht so viele Denkmäler des philosophischen Geistes verlohren gegangen wären, so würde diese Arbeit weniger verwickelt und weit leichter sein; sie würde weiter nichts als eine vollständige und genaue Vergleichung erfodern. Da aber die meisten Data zur Einsicht in die ältere Philosophie fehlen, so bleibt weiter kein Mittel übrig, als aus der Platonischen Philosophie die ältere zu erforschen und nach ihrem Werthe zu beurtheilen. Wenn man nehmlich nach den angegebenen Regeln das Zufällige von dem Wesentlichen getrennt hat, so muß man aus diesem Stoffe durch mannichfaltige Bearbeitung die Zwecke, die allgemeinsten Gesichtspunkte und die ersten Grundsätze seiner Philosophie zu erforschen suchen, wozu er selbst nicht wenig Winke und Aufschlüsse giebt; hiermit endlich die ausgemachten Thatsachen von dem Zustand der Menschheit, der Religion und Philosophie verbinden, um diejenigen Gründe zu entdecken, welche seinem philosophischen Geiste die besondere Richtung

geben

geben konnten. Wenn dieses geschehen ist; so wird es, doch einigermaßen möglich sein, die eigenthümliche Form seiner Philosophie zu bestimmen, und die neuen Gegenbe der menschlichen Erkenntniß anzugeben, welche von ihm zuerst, oder mehr als sonst geschehen war, bearbeitet werden mußten. Es kann nicht fehlen, daß nicht hierdurch verschiedene Gesichtspunkte bestimmt werden sollten, aus welchen seine Philosophie mit den noch vorhandenen Materialien und Nachrichten von der ältern Philosophie verglichen werden kann, um das Eigenthümliche und Verschiedene in beiden zu erkennen. Es versteht sich von selbst, daß die Winke, die Nachrichten und Beurtheilungen der vorhergehenden philosophischen Versuche, welche sich bei dem Plato sowohl als vorzüglich bei dem Aristoteles finden, benutzt werden müssen, doch aber mit den erfoderlichen Cautelen. Denn Plato hat oft in die Darstellung fremder Philosophämenen eigne Zusätze hinzugefügt; die vorkommenden Vorstellungen entwickelt und zu einer Deutlichkeit erhoben, welche ihnen bis daher gefehlet hatte; die Behauptungen führt er nicht allein an, sondern stützt sie auf Gründe, deren sie bis dahin entbehret hatten. Es ist daher oft nöthig, die Behauptung, welche den ältern Philosophen, und die Darstellung, welche dem Plato angehöret, zu unterscheiden.

Dieses sind die vorzüglichsten Regeln, welche die Eigenthümlichkeiten der Sprache und Schriften, und die Art des Vortrags, mir zum wenigsten nothwendig zu machen scheinen, und die ich für unentbehrliche Bedingungen halte, wenn die Darstellung seiner Philosophie ihrem Gegenstande und dem Zwecke einer solchen Bearbeitung nur einigermaßen entsprechen soll. Sie werden daher auch bei der Ausführung meines Planes zum Grunde liegen.

Dritter Theil.

Allgemeine Betrachtungen über seine Philosophie.

Bevor man die Platonische Philosophie nach ihrem ganzen Umfange darstellen kann, ist es nothwendig, einige vorläufige Untersuchungen über den Zweck, Form, Charakter und Quellen, nebst den Unterscheidungsmerkmalen, wodurch sie sich vor andern Philosophien auszeichnet, aufzustellen, damit die Absonderung, Zusammenstellung und Ordnung seiner Gedanken nach gewissen leitenden Grundsätzen geschehen könne. Es findet sich zwar in seinen Schriften genug Data, aus welchen der Geist seiner Philosophie abstrahiret werden kann: allein sie sind zerstreut, nicht immer deutlich angegeben, oft nur durch Winke angedeutet, meistentheils nur hingeworfen, nicht bis zu der vollständigen Gedankenreihe entwickelt. So lange als die einzelnen Züge nicht gesammlet, aus ihrer besondern Verbindung herausgehoben, unter einem allgemeinen Gesichtspunkt zusammengestellt sind, so lange befindet man sich in Ansehung der Platonischen Schriften fast in dem nehmlichen Falle, als ein Reisender in einer unbekannten Gegend ohne Wegweiser. Zwar kommen Dialogen vor, in welchen man sich mit leichterer Mühe zu recht finden kann: aber auch viele, die entweder ganz oder zum Theil ohne leitende Ideen unverständlich bleiben müssen. Selbst jene Winke, Aeusserungen und Erklärungen über den Zweck seiner Philosophie, bekommen erst dadurch ihren vollen Sinn, und gewähren dem Denker den ungehinderten Ueberblick, wenn sie vereiniget werden. Für die Bearbeitung seiner

Philosophie sind aber diese leitenden Principe ganz unentbehrlich, wenn man nicht bloß eine Sammlung von Meinungen nach gewissen Fächern und Titeln — die freilich ohne jene möglich ist, aber auch nicht einmal vollkommene Harmonie und Zusammenstimmung leisten kann — sondern eine nach Gründen dargestellte Entwickelung des menschlichen Geistes in der versuchten Auflösung der wichtigsten Probleme, wozu das innere Bedürfniß des Geistes hinführte, und äußere Begebenheiten Veranlassung gaben, unter jenem Titel erwartet. Denn die Untersuchungen über diesen oder jenen Gegenstand der Philosophie, welche in den Platonischen Dialogen vorkommen, sind nicht zusammenhängend, haben oft durch besondere Zwecke eine individuelle Form und Beschaffenheit; ihre Entstehung, ihr Interesse, Beziehung auf andere Untersuchungen, und die Art ihrer Ausführung bleiben meistentheils unbekannt; die äusseren Veranlassungen werden nicht allezeit angegeben; der Gesichtspunkt des Denkers, seine Grundsätze und leitenden Ideen, von welchen die Ausführung und Behandlung bestimmt wird, werden meistentheils nicht mit dargestellet, weil sie seine ganze Gedankenreihe begleiteten, und oft nur einen unsichtbaren Faden abgaben, an und durch welchem seine Gedanken zusammenhiengen. Die Zwecke der einzelnen Untersuchungen, ja eines jeden Dialoges sind oder scheinen oft speciell oder gar individuell zu sein; aber sie hängen unter einander zusammen, und werden von einem höhern Zwecke bestimmt, der ihnen allen zum Grunde liegt, aber vielleicht eben deswegen nicht ausdrücklich angezeigt worden ist.

In jeder Philosophie, welche des Vortheiles entbehret, daß sie von bestimmten und allgemeingültigen Grundsätzen ausgehen kann, weil sie erstlich dieses Bedürfniß bemerket, und demselben durch Aufsuchung derselben abzuhelfen suchet, muß sehr viel von dem vorausgesetzet werden, was dem Bewußtsein zwar vorschwebet,

aber

aber noch nicht im Begriffe zusammengefaßt oder in Merkmale zergliedert worden ist. Die Summe dieses Vorausgesezten nimmt in dem Grade zu, je weiter die Versuche der räsonnirenden Vernunft von der Entdeckung der obersten Grundsäze noch abstehen. Die Folge davon ist nothwendig diese, daß ein Mangel an Deutlichkeit und an Zusammenhange bemerkt wird, der nur allein dadurch gehoben werden kann, daß dieses Vorausgesezte aus den vorliegenden Räsonnemens entwickelt und vollständig angegeben werde.

Endlich, wenn es zur richtigen Darstellung eines philosophischen Systemes schlechterdings erfoderlich ist, daß man sich in die ganze Lage und Denkungsart seines Urhebers zu versezen wisse, und davon nebst der Wissenschaft des Vorstellungsvermögens der glückliche Erfolg einer solchen historischen Arbeit am meisten abhängt; so muß die Untersuchung des Zwecks, der Form und der Ursachen, welche diese bestimmten, bei jeder historischen Bearbeitung einer Philosophie von sehr wichtigen Einfluß sein, weil diese Kenntnisse es erst möglich machen, sich an die Stelle des Denkers zu versezen, und mit ihm aus dem nehmlichen Gesichtspunkte die Gegenstände anzusehen.

Wir beschäftigen uns also in diesem Theile mit diesen allgemeinen Betrachtungen, welche zur bestimmten Kenntniß seiner Philosophie unentbehrlich sind, und suchen erstlich den Zweck derselben auf. Ich verstehe darunter nicht allein den Zweck, welchen sich Plato bei seinem Philosophieren vorsezte, sondern auch den Einfluß auf den Zustand der Menschheit, welchen er von der Philosophie erwartete, und durch dieselbe wirklich zu machen strebte. Hiermit stehen die Begebenheiten und Umstände der Menschheit in Verbindung, welche die Veranlassung zu diesen Ideen gaben, und seinem Geiste die bestimmte Richtung mittheilten, wodurch seine Philosophie ihren eigenthümlichen Charakter erhielt. In dem zwoten Abschnitt werden wir die Form seiner Philosophie, oder den Begriff, Umfang, Eintheilung, Erkenntnißquelle und die ersten Grundsätze derselben, aus dem Stoffe, welchen ein sorgfältiges Nachdenken über seine Schriften und die Resultate des erstern Abschnittes darreichen können, darstellen. Für den dritten Abschnitt bestimme ich endlich die Untersuchung über die Quellen, woraus einzelne Theile oder Lehrsätze der Platonischen Philosophie entlehnt sind, und über die karakteristischen Merkmale, wodurch sich diese Philosophie von den vorhergehenden auszeichnete. Wenn die Geschichte der Philosophie die Veränderungen, welche diese Wissenschaft des bestimmten nothwendigen Zusammenhangs der Dinge erfahren hat, vollständig erzählen muß, so gehöret auch mit in ihren Umfang, daß der Einfluß der vorhergehenden philosophischen Versuche auf die nachfolgenden bestimmt angegeben werde, in so fern ein Philosoph die Bemühungen der vorhergehenden Denker benuzte, weiter verfolgte, erweiterte, berichtigte, vervollkommete; durch sie auf neue Untersuchungen geleitet oder auf andere Wege geführet wurde; durch sie veranlaßt einen Theil der Wissenschaft aus einem neuen Gesichtspunkt betrachtete, oder ihm mehr Deutlichkeit und Zusammenhang ertheilte. Wenn diese Foderung auch in diesem Falle gehörig befriediget werden soll, so muß eine Vergleichung der Platonischen Philosophie mit den ältern Systemen angestellt werden, wodurch sich das Eigenthümliche, welches sie vor jenen voraus hat, aber auch das Gemeinsame und Aehnliche, wodurch sie sich an jene anschließt, von einander unterscheiden und beurtheilen läßt.

Erster Abschnitt.

Betrachtung über den Zweck der Platonischen Philosophie.

Um diese Betrachtung gehörig anstellen und ausführen zu können, müssen wir zuvor über die Art und Weise einig werden, wie sich der Zweck, welchen sich Plato bei seinem Philosophieren vorsezte, entdecken lasse. In seinen Schriften finden sich zwar viele und mancherlei, bald deutlichere bald dunkelere Aeußerungen darüber, allein es ist doch nicht hinreichend, sie zu sammlen und zusammenzustellen, weil sie mit vielen andern Kenntnissen in Verbindung stehen, welche sie nicht allezeit unmittelbar enthalten, sondern nur voraussetzen. Es wird sich weiter unten mit völliger Evidenz ergeben, daß Plato bei seinem Philosophieren beständige Rücksicht auf den Zustand der Menschheit in seinem Zeitalter nahm, oder vielmehr, daß er von demselben ausging. Wir müssen also für das erste uns in die Lage des Plato versetzen, und seinen Standpunkt wählen, d. h. wir müssen durch die Zusammenstellung derjenigen Thatsachen, aus welchen sich der Zustand der Menschheit, in so fern er einen Philosophen interessiren kann und muß, und aus den eignen Geständnissen dieses Philosophen, denjenigen Gesichtspunkt kennen lernen, aus welchem er den Zustand, den Grad der Kultur und die Bedürfnisse der Menschheit betrachtete, und auf die Mittel bedacht war, wodurch die Kultur auf denjenigen Grad gesezt werden konnte, welchen er als Menschenfreund für wünschenswerth, und als Philosoph für nothwendig achtete. Diese Thatsachen sind also von doppelter Art; einige betreffen den Zustand

Zustand der Menschheit, andere den Einfluß dieser Umstände und Begebenheiten auf seinen Geist. Die lezten erfahren wir nur allein aus seinen Schriften; die ersten werden zwar auch einem großen Theile nach aus ihnen erkannt, aber doch nicht allein aus dieser Quelle. Die vielen Bemerkungen über diese Gegenstände, welche in seinen Schriften gefunden werden, können noch mit vielen andern, die die Geschichte jener Zeiten und die gleichzeitigen Schriftsteller z. B. Xenophon, Jsokrates, und Aristoteles aufbewahrt haben, vermehrt werden, und sie müssen es, wenn wir uns ein allgemeines Gemählde von jenen Zeiten und ihrem Einfluß auf die Platonische Philosophie machen wollen. Diese Schilderung betrift zwar zunächst nur einen kleinen Theil der Menschheit, die Bewohner des attischen Staates, auf welche jene Schriftsteller unmittelbar Rücksicht nahmen: allein da sie solche Veränderungen, Lagen und Verhältnisse betreffen, welche auf jede Nation aber zu verschiedenen Zeiten passen; da ihre Ursachen und Quellen in dem menschlichen Geiste liegen, welcher unter den nehmlichen Umständen auf einerlei Art Einflüsse erleidet und auf sie zurückwirkt: so kann es nicht schwer fallen, jenes Gemählde durch Weglassung des Individuellen und Besondern allgemein zu machen.

Drei Hauptbetrachtungen werden diesen Abschnitt ausmachen. Erstlich die Betrachtung des Zustandes der Menschheit in diesem Zeitalter; Zweitens, Untersuchung über den Zustand und Beschaffenheit der damaligen Philosophie; Drittens, der Einfluß von allem diesem auf den Geist und das Herz unsres Philosophen.

1.

Zustand der Menschheit.

Sokrates und Plato lebten zu einer Zeit, welche durch eine allgemeine Erschütterung und Umwälzung aller Einrichtungen und Verfassungen, beinahe in ganz Griechenland diese Periode zu einer der merkwürdigsten in der griechischen Geschichte machte. Die Veränderungen der Staatsverfassungen; das Emporkommen und Steigen, das Fallen und Sinken der Staaten; Kriege und Eroberungen, sind zwar Begebenheiten, welche durch ihre weitaussehenden Folgen oft ein großes Ansehen bekommen. Aber hier interessiren sie uns nicht sowohl als politische Erzeugnisse, als vielmehr die Ursachen und Quellen, aus welchen sie entsprangen, weil sie durch ihre Triebfedern und Maximen den Zustand der Menschheit in den bürgerlichen Gesellschaften kenntlich machen; weil sie uns auf eine allgemeine Ursache hinführen, aus welcher das Streben und Widerstreben in allen Verhältnissen des gesellschaftlichen Lebens begreiflich wird.

Der Athenienſiſche Staat hatte von ſeinem erſten Entſtehen an mancherlei Veränderung in dem Staatsſyſtem erlitten, einige mit Einwilligung aller Staatsbürger, andere gegen den Willen des einen Theiles. Die von Solon gemachte Einrichtung, daß die ganze Staatsgewalt in den Händen des Volkes, aber unter der Leitung eines Senats ſein ſollte, dauerte nicht lange, weil die Reichern und der größere ärmere Theil des Volkes bald in zwei Partheien ſich trennten, von welchen die eine die andere vom allen Antheil an der Verwaltung der öffentlichen

lichen Angelegenheiten ausschließen, die zweite aber die Vormundschaft des höhern Standes nicht anerkennen wollte. Dieses Streben und Entgegenwirken, welches die größten Unruhen zur Folge hatte, war zu keiner Zeit so sichtbar und auffallend gewesen, als zu den Zeiten des Sokrates und des Plato [1]).

Die Gesetze, welche die einsichtsvollen zur Erhaltung der guten Ordnung entwarfen, und das ganze Volk genehmiget hatte, waren anfänglich von kleiner Anzahl und sehr einfach, aber sie wurden sehr genau befolget. Die Sanktion durch den Willen des ganzen Staates; die einfache Lebensweise; die Einfalt in den Sitten; die Angewohnung an Arbeit und Gehorsam gegen die Gesetze; die durch die Erziehung fortgepflanzte Vaterlandsliebe, alles dieses gab ihnen Ansehen und Einfluß in die Handlungen [2]). Sobald aber der Wohlstand und der Reichthum des Staates zunahm; der Hang zum Vergnügen und Bequemlichkeiten stärker und allgemeiner wurde; der Luxus einriß; die Bedürfnisse des menschlichen Lebens sich vermehrten und die Industrie beförderten; mehrere und stärkere Leidenschaften, z. B. Ehrgeiz und Eigennuz hervor traten; die Verhältnisse des menschlichen Lebens vielfältiger und verwickelter wurden: alsdann waren jene Gesetze nicht mehr in Stande, die ganze Summe von so vielen, verschiedenen und so gewaltsam an einander reibenden Kräften im Gleichgewichte zu erhalten. Man mußte die Anzahl der Gesetze immer vermehren, mehrere Handlungen verbieten, neue Strafen erfinden, um das Ansehen der Alten zu stützen: allein, alles dieses waren nur vergebliche Versuche, die rastlose Thätigkeit so vieler Köpfe in den Schranken zu leiten. Ihre eigne Schwäche verminderte

ihre

---

[1]) Isocrates Areopagicicus edit. Basiliens. 1565. S. S. 137, 141.
[2]) Isocrates, l. c. S. 137.

ihre Gültigkeit, und das hin und her schwankende Interesse der Partheien zerstöhrte wechselsweise ihren Einfluß ³). In frühern Zeiten unterwarf sich jeder willig den Gesetzen, zu welchen er seine Stimme mit gegeben hatte; jeder betrachtete sich als einen Theil der gesetzgebenden Gewalt, ohne auf der andern Seite zu vergessen, daß er nicht weniger ein Unterthan des allgemeinen Willens sei. In der Folge ging diese einfache Denkungsart verlohren. Der Ehrgeiz, Gesetzgeber sein zu dürfen, und der Dünkel, Gesetze geben zu können, blieb in seiner Kraft; aber die Gesinnung, den Gesetzen Gehorsam zu leisten, ging verlohren. Niemand wollte gehorchen, aber jeder befehlen ⁴).

Dieses war zum Theil eine Folge von dem schwankenden und falschen Begriffe, den man sich von bürgerlicher Freiheit machte. In ältern Zeiten dachte man sich schon glücklich in dem Besitze derjenigen Freiheit, vermöge deren jeder, ohne einen Alleinherrscher oder aufgedrungenen Regenten anerkennen zu müssen, unter dem Schutze der Gesetze seines Eigenthums genießen, und an der Verwaltung der öffentlichen Angelegenheiten einen allgemeinen Antheil nehmen durfte. Späterhin erweiterte man den Umfang der Freiheit, und befreiete sie eigenmächtig von allen Einschränkungen, wodurch sie gesetzmäßig wird; man setzte an die Stelle der Vernunft seine Willkühr, und an die Stelle der Gesetze sein eignes Interesse. Ehedem war Freiheit der Antipode von willkührlicher Gewalt, jetzt sogar von den Gesetzen selbst. Kurz Freiheit artete in Ungebundenheit, Zügellosigkeit und Anarchie aus ⁵). Aber auch die Existenz zweier Partheien hatte Schuld an der so großen Ausdehnung
der

3) Isocrates Areopag. S. 133, 134.
4) Isocrates Areopag. S. 127, 131. Xenoph, Memor. Soc. III, 4, 15 seq.
5) Isocrates Areop. S. 147.

der Freiheit. Denn die herrschende sezte allezeit ihre Freiheit mit darin, die entgegengesezte zu unterdrücken und unter ihre Willkühr zu zwingen.

In spätern Zeiten hatten die Athenienser nur ein gemeinschaftliches Interesse, den Wohlstand ihres Staates; nur ein Geist beseelte sie, und lebte in allen ihren Handlungen, Vaterlandsliebe. Bei diesem allgemeinen Bestreben ordnete der Bürger sein eignes Interesse dem allgemeinen Besten unter. Jezt ging dieser öffentliche Geist verlohren. Die Reichen machten in dem Staate einen eignen Staat aus, der sein besonderes Interesse hatte, seine eignen Maximen befolgte. Die Armen waren wieder ein eigner Staat für sich. Beide wirkten und strebten einander entgegen. Jezt hörte der allgemeine Nahmen Vaterland auf, und behielt nur in dem Herzen einiger guten Bürger seine volle Gültigkeit. Jede Parthie sezte ihre Wünsche, Begierden, Absichten, ihre Angelegenheiten, ihr Interesse an die Stelle desselben eigenmächtig hin [6]).

Der Inhalt aller Veränderungen, welche in dem Staate vorgingen, war Gedrückung von Seiten der Mächtigern, und Gedrückt werden von Seiten der Schwächern. Gerechtigkeit und Gewalt waren in Streit, worin die lezte meistentheils siegte. Eben dieses Gemälde findet sich auch in dem Verhältnisse der Staaten gegen einander wieder. Die unzähligen Befehdungen und Kriege, wodurch sich alle freie Staaten unter einander nach und nach aufrieben, rührten blos von der Herrschsucht und dem Eroberungsgeiste her. Das physische Gesez des Stärkern trat an die Stelle des Gesezes der vernünftigen Wesen. Freiheit war ein Recht, das jeder Staat für sich foderte, ohne es dem andern einzugestehen; Freiheit galt nur da, wo das Recht des Stärkern durch eine größere Macht in Schranken gehalten wur-

6) Isocrates Areopagit. S. 141.

wurde⁷). Faſt alle griechiſche Staaten handelten ſo, daß man nicht anders urtheilen kann, als daß ſie zur Freiheit noch nicht reif waren.

Nicht allein in den öffentlichen Angelegenheiten und politiſchen Verhältniſſen, ſondern auch in dem häuslichen Leben, und in dem Betragen gegen einzelne Mitbürger hatten ſich die Maximen und Grundſätze geändert. Einfachheit und Frugalität herſchte in den ältern Zeiten; das Leben war faſt eine beſtändige Arbeit, welche nur allgemeine und beſondere Feſttage unterbrachen. Die Begüterten brachten ihre meiſte Zeit auf dem Lande in nützlicher Thätigkeit für ſich und die ihrigen zu. Die Reichen gaben den Armen durch Arbeit und Beſtellungen hinlänglich Gelegenheit, ihren Unterhalt zu gewinnen. Die Armen achteten das Eigenthum der andern, und ſuchten nur durch Gebrauch ihrer Kräfte oder Geſchicklichkeiten ihren Unterhalt zu verdienen. Jeder Mitbürger hielt den andern für ſeines Gleichen, lebte mit ihm in ruhiger Eintracht, that ſeine Geſchäfte, und miſchte ſich in keine fremden Sachen, außer wenn es ſeine Bürgerpflicht erheiſchte⁸).

Dieſes Gemählde des häuslichen Lebens verlohr ſich bald nach den Perſiſchen Kriegen. Von der einen Seite wurden die Künſte des Vergnügens vervielfältiget und erweitert, mehr geſucht, geſchäzt und belohnt; nützliche Künſte und Manufakturen waren in voller Thätigkeit, um die Bedürfniſſe und Bequemlichkeiten des Lebens herbeizuſchaffen. Dieſe vermehrten ſich immer mehr, aber die Arbeitſamkeit und Induſtrie hielt nicht gleichen Schritt mit ihnen. Der Hang nach Genuß und Vergnügen, aber zugleich Gemächlichkeit und Scheu vor Arbeit, bemächtigte ſich der Reichen und Armen, die nun
darin

---

7) Xenophon Memorabil. Socr. III, 4, 15 ſeq. Thucydid. VI, 15. V, 89. Alcibiad. I, S. 24.
8) Iſocrates Areopagitic. S. 137.

darin ihr höchstes Gut setzten, und durch alle Mittel, erlaubte und unerlaubte, es zu erreichen suchten. Die einen wollten ihr Vermögen auf Unkosten anderer vermehren; die andern die Mittel zum Vergnügen von ihren Mitbürgern erobern. Hieraus entstand jenes beständige Streben und Entgegenstreben zwischen beiden Partheien, welches endlich dem Staate den Untergang bereitete. Während der eine Theil der Nation auf nichts als auf Vervielfältigung und Erhöhung des Genusses bedacht war, bemächtigte sich des andern ein unruhiges Streben nach Ehre, Ansehen, Macht, Einfluß und Ruhm [9]).

Diese Schilderung könnte leicht noch weiter ausgeführet werden. Allein nach unserm Zweck sind diese Thatsachen schon hinreichend, um zu bemerken, daß der Geist dieses Zeitalters in einem unruhigen Streben und Wirken, in einer rastlosen Thätigkeit ohne Leitung von sichern und festen Maximen bestand. Die Maximen, welche befolgt wurden, waren so beschaffen, daß sie einander selbst zernichteten und wechselsweise aufhoben. Das Recht des Stärkern lieferte den Unterdrücker selbst in die Hände der Unterdrückten, so bald ihre Macht überwiegender wurde. Diejenigen, welche ihr höchstes Gut in dem Genuß setzten, konnten dieses oft nicht anders erreichen, als daß sie den andern die Mittel, ihre Triebe zu befriedigen, gewaltsam entzogen. Die Menschen handelten oft nach ganz entgegengesetzten Maximen, sie schwankten von der einen zur andern, ohne einen festen Bestimmungsgrund ihrer Handlungen zu finden. Bald nüchtern und mäßig, bald schwelgend; bald unthätig und träge, bald unternehmend und arbeitsam ohne bestimmten Zweck; bald tolerant gegen gewisse Meinungen und Handlungen, bald intolerant und verfolgend [10]).

Um

---

9) Isocrates Areopag. S. 139, 141, 143. Scholiastes ad Thucydid. II, 40. edit. Biponr. 5ter B. S. 384.
10) Plato de legib. VII. S. 330.

Um diesen Geist eines Zeitalters nach seinem ganzen Umfange näher kennen zu lernen, müssen wir auch die Veränderungen, welche damals Religion und Moralität betrafen, nebst ihren Ursachen und Veranlassungen betrachten. Und wenn wir finden, daß auch diese Felder nicht weniger zerrüttet waren, als das häusliche Leben, und die bürgerlichen Verhältnisse, so werden wir auf die gemeinschaftliche Quelle zurückkommen, aus welchen jene Veränderungen sich vollständig begreifen lassen.

Die Religion, d. h. der Inbegriff von Ueberzeugungen, Neigungen und Handlungen, welche sich auf das Dasein einer Gottheit und den Glauben eines künftigen Lebens beziehen, beruhete bis in diese Periode hinein auf Ueberlieferungen, Sagen, Mythen, Dichtungen und überhaupt auf historischen Begebenheiten, welche durch ihr Alterthum geheiliget, durch die Verbindung mit der bürgerlichen Verfassung befestiget, durch ein inneres dunkeles Gefühl beglaubiget waren, und sich mit dem ganzen Gedankensystem der Menschen verwebt hatten. Die Priester, welche in den Jugendjahren der Menschheit, als Vorsteher der Menschen und Freunde der Götter mit fast abergläubischer Verehrung angebetet wurden, hatten sie gelehret; die Gesetzgeber hatten sie zur Grundlage der Staatsverfassung und Gesetzgebung gemacht; sie erbten vom Vater auf seine Söhne fort; von der frühesten Jugend an, wurden sie durch Erziehung und Beispiele gelehret und eingeflöst. Ob sie gleich dem äußern Scheine nach auf äußern Gründen beruheten, so bekamen sie doch durch Erziehung und Angewöhnung eine Art von Allgemeingültigkeit, und wurden ein Theil der allgemeinen Denkungsart.

Diese Ueberzeugung von dem Dasein Gottes und Unsterblichkeit aus bloßen historischen Gründen kann und darf nicht ewig dauern, sie ist nur die Vorstellungsart des Kindheitsalters der Menschheit. Wenn dieser Glaube durch die Zweifel an die Thatsachen, worauf er beruhet, wankend gemacht worden ist, dann wird die Vernunft durch das Interesse, welches sie an dieser Ueberzeugung nimmt, genöthiget, Gründe von anderer Art aus ihrem eignem Vermögen aufzustellen. Diese Veränderung eräugnete sich in diesen Zeiten.

Nicht allein Gelehrte, sondern auch denkende Köpfe aus allen Klassen fanden an den historischen Quellen dieser Ueberzeugungen so viel Unbegreifliches, Ungereimtes, so viel Spuren eines menschlichen, durch die Einbildungskraft entstellten, Ursprunges, daß sie dieselben für falsch; die Idee einer Gottheit für Täuschung und die Hofnung der Unsterblichkeit für eine Chimäre erklärten"). Die Ursachen und die Folgen dieser Veränderung verdienen eine nähere Untersuchung. Die Hauptursache, daß dieser Glaube erschüttert wurde, lag in der fortschreitenden Kultur des Verstandes. Die Veranlassungen und Beförderungsmittel der Thätigkeit des Geistes waren vervielfältiget, und der Wirkungskreis des Verstandes weit ausgebreiteter, als in den vorigen Zeiten. Nachdem die Menschen ihre höhern Geisteskräfte zur Befriedigung ihrer Bedürfnisse, zur Bequemlichkeit und Annehmlichkeit des Lebens und vorzüglich in den Werken der schönen Künste auf mannichfaltige Weise angewendet und geübt hatten, wurde es ihnen zum Bedürfniß, auch diejenigen Gegenstände unter das Gebiet des Verstandes zu ziehen, von welchen Gewohnheit und blinder Glaube das Nachdenken und den Forschungsgeist eine Zeitlang zurück gehalten hatte. Sie suchten sich jetzt von dem Grund ihres Glaubens in religiösen Gegenständen Rechenschaft zu geben, und fanden keinen andern, als das Fürwahrhalten derjenigen Thatsachen, welche bisher ohne Prüfung angenommen worden waren. Es waren nur Menschen, welche um sich das Unbegreifliche

zu

―――――――――――

11) Plato de legib. X. S. 73. Phaedo. S. 151.

zu erklären, daß Dasein Gottes und die Fortdauer der Seelen geglaubt hatten; Menschen waren es, die sich bestrebt hatten, diesen Glauben allgemein zu machen. Der Verstand befriedigte sich jetzt nicht mehr mit diesen menschlichen Zeugnissen, er verlangte höhere Beglaubigungsgründe [12]). Zweitens. Die Wunder der Natur, welche ehedem die Menschen veranlaßt hatten, etwas Ueberfinnliches anzunehmen, wirkten, nachdem sie durch wiederhohlte Erfahrungen zu alltäglichen Begebenheiten geworden waren, jetzt nicht mehr so unwiderstehlich auf das Gemüth. Der Verstand fand alles begreiflicher, und wartete vergebens auf neue Offenbarungen der Gottheit. Die Götter wirkten keine Wunder mehr, weil die Kenntniß der Natur und Erfahrung zugenommen hatten, und die Menschen den Erfolg der Begebenheiten und ihre Schicksale mehr als sonst ihrer Klugheit und ihren Einsichten zuschrieben. Gerade da, wo die Menschen die unmittelbare Offenbarung des Daseins einer Gottheit am sehnlichsten wünschten, in Bestrafung der Bösen und Belohnung der Guten, fanden sie sich in ihrer Erwartung am meisten betrogen [13]). Drittens. Das ganze Religionssystem, welches nach und nach in uncultivierten Zeiten entstanden war, machte ein übel zusammenhängendes Ganze aus. Da der Begriff der Gottheit seine meisten Bestimmungen aus dem Stoffe der Erfahrung und Dichtung erhalten hatte, so widersprachen diese denjenigen Eigenschaften, welche ein dunkles Gefühl mit demselben verknüpfte. Man mußte sich Gott als

12) Plato de republica VI. S. 823. ει δε νοει (Θεοι) τα και επιμελονται, υκ αλλοθεν τω αυτος ιδμεν η συμπαιρων, η εκ τε των λογων και των γενεαλογησαντων ποιητων.

13) Plato de legib. X, S. 97. Xenoph. Memor. Socr. l. IV, 9, 15. Thucydides II, c. 53. Auf diese Art entstand der Atheismus des Diagoras. Sextus Empiric. aduers. Mathematic. IX, 53.

als ein gerechtes oder sittliches Wesen denken; die Dichter stellten aber ihre Götter als bestechlich durch Gaben und Opfer leicht zu versöhnende, nach einem sinnlichen Interesse handelnde Wesen vor; sie besangen sie als gütig und doch auch als neidisch, als ewig und doch als erzeugt. Diese groben und sinnlichen Vorstellungen mußten nothwendig bei zunehmender Geisteskultur mit der unveränderlichen Idee der Vernunft in offenbaren Widerspruch erscheinen, und alle Ueberzeugungsgründe vom Daseyn Gottes, wie sie damals seyn konnten, verdächtig machen. Schon das ganze Gewebe von Vorstellungen uud Dichtungen, in welchen die Religionswahrheiten eingeflochten waren, mußten nothwendig durch ihre wunderbollen Ungereimtheiten einmal den Unglauben herbeiführen[14]). Viertens. Da jede Nation und jede Stadt ihre besondern Schutz- und Nationalgottheiten hatte, so war die Religion mit dem Staatsinteresse innigst vereiniget. Es war daher eine natürliche Folge, daß das Interesse der Religion fallen mußte, so bald der öffentliche Geist abnahm, und Patriotismus nicht die herrschende Triebfeder blieb. Fünftens. Es entstanden zweierlei Partheien in Ansehung der Religionsangelegenheit. Die einen hingen mit blinder Anhänglichkeit an dem alten Religionssystem; die andern wollten sich vom Aberglauben losreißen, und verwarfen zugleich alle Religionswahrheiten. Bei diesen äußerte sich Gleichgültigkeit oder Verachtung gegen die Religion, um aufgeklärt zu scheinen; bei jenem Religionseifer und blinder Glaube ohne Verstandeskultur, oder Gutherzigkeit mit Einfalt. Das Reiben dieser Partheien mußte das Nachdenken und den Forschungsgeist noch mehr aufreizen. Sechstens. Daß der Einfluß der Religion auf die Sittlichkeit der Handlungen
sehr

---

14) Plato de legib. X. S. 69, 74.

sehr vermindert war, und das Interesse, welches die
Menschen an der Sittlichkeit nehmen, ohne sich der
Gründe derselben bewußt zu sein, nicht weniger als die
Ueberzeugung der Religionswahrheiten, wankte, beförderte auf der einen Seite das freie Denken über die
Gründe des religiösen Glaubens, aber auf der andern
auch den Unglauben. So sehr auch die Religion sinn-
lich war, so gebot sie doch Legalität der Handlungen,
um den Zorn der Götter abzuwenden, und ihre Gunst zu
erlangen. Diese Triebfeder wirkte aber wegen der zweiten Ursache weit schwächer, als in den vorigen Zeiten,
und viele religiöse Vorstellungen, z. B. von der Versöhn-
lichkeit der Götter durch äussere Handlungen hinderten
schon von selbst ihren Einfluß. Die Religion gebot gute
Handlungen wegen der guten Folgen; Sittlichkeit war
der Glückseligkeit untergeordnet. Daher fehlten ihr alle
Antriebe zur innern Veredelung des menschlichen Herzens. Hierdurch verlohr sich nach und nach bei denkenden Köpfen die Achtung gegen Religion; sie ging in
Gleichgültigkeit oder gar Verachtung über. Um glückselig zu sein, d. h. um ihre Triebe zu befriedigen, glaubten die Menschen des Beistandes einer Gottheit um so
mehr entbehren zu können, je mehr sie jenen Beitrag
durch ihre eignen Einsichten und durch Klugheit meinten
ersetzen zu können. Nachdem also das lockere Band
zwischen Religion und Moralität, welches beide bisher
verbunden hatte, noch mehr aufgelöset war, so wagte
der menschliche Geist auch leichter einen freien Blick über
das ganze Gebäude zu werfen; aber weil er noch keine innern Gründe entdecken konnte, so mußte es ihm ganz
grundlos erscheinen. Die freie Prüfung beförderte
den Unglauben.

Die Ausbreitung des Unglaubens war also eigentlich die Folge von der überhand nehmenden Kultur des
Geistes, der sich jetzt nicht mehr mit dem Ansehen und
äußern Zeugnissen begnügte, sondern nach solchen Grün-

den strebte, welche ihm sichere Ueberzeugung gewähren könnten; eine Folge von der freiern Wirksamkeit der Vernunft, welche auch solche Gegenstände in ihr Gebiet zog, die ein blinder Glaube bisher gegen ihre Einwirkung verschlossen hatte. Wer Beruf zum Denken fühlte, überzeugte sich gar bald, daß die Gründe seiner bisherigen Ueberzeugungen gar keine Prüfung aushalten könnten; daß sie ihr Dasein den menschlichen Veranstaltungen der Priester und Gesetzgeber, und ihre Gültigkeit der Leichtgläubigkeit der Menschen, die sich von jenen blindlings leiten ließen, zu verdanken hätten ¹⁵). Daher rührte die Erschütterung auf dem Felde der Religion; daher der Zweifel und der Unglaube. Und weil Religion und Moralität auf einerlei Gründen beruheten, oder vielmehr die Sittlichkeit der Handlungen auf Religion gegründet war, so mußte mit dem Ueberhandnehmen des theoretischen Unglaubens, auch Regellosigkeit und Unsittlichkeit in dem Praktischen ausgebreiteter werden. Man konnte sich die Verbindlichkeit gewisser praktischen Regeln nicht anders erklären, als daß man sie aus dem Willen der Götter herleitete, welche aus Willkühr gewisse Handlungen geboten, andere verboten, und mit diesen Strafen, mit jenen Belohnungen verbunden hatten ¹⁶). Da das Dasein dieser Götter für grundlos gehalten wurde, so fielen auch ihre Vorschriften über den Haufen, welche um so mehr als unrechtmäßig aufgedrungene Gebote lästig wurden, jemehr der Zwang, der mit ihrer Befolgung verknüpft ist, für Stimme der Natur galt.

Während also bei einem Theile der Nation durch größere Thätigkeit des Verstandes eine Stütze der religiösen Ueberzeugungen nach der andern über den Haufen fiel, blieb der andere, bei weitem der größere, aus Gemächlich-

---

15) Plato de legib. X. S. 74-76.
16) de legib. VIII, S. 417. X. 68. 113-115. Thucydid. II, 53.

mächlichkeit und Stumpfheit des Verstandes bei seinen angewöhnten und angeerbten religiösen Vorstellungen stehen. Jener überließ sich dem Unglauben, dieser dem Aberglauben. Der Einfluß des leztern brachte andere nicht weniger schädliche Folgen für Sittlichkeit hervor als der erstere. Das ganze Interesse der Religion beruhete auf gewissen dunkel gefühlten Bedürfnissen der menschlichen Natur, etwas anzunehmen, wodurch das Streben des sinnlichen Triebes nach Glückseligkeit unter der Bedingung und im Verhältnisse mit Sittlichkeit vollkommen befriediget werden könnte. Aber der sinnliche Trieb wirkte stärker als der vernünftige, die Gesetze der Vernunft zu realisiren. Jener sprach laut und drang mit Ungestüm auf Befriedigung, während die Stimme der leztern sich meistentheils nur in leisen Abmahnungen hören ließ, welche bei Beruhigung der Leidenschaften erst vernehmlich wurden. Man wußte sich auch keinen Grund von der Stimme des dunkeln moralischen Gefühls anzugeben, und hielt sie aus Täuschung für die Einwirkung eines fremden Wesens. Die Menschen wurden also früher und besser mit dem Interesse des sinnlichen Triebes bekannt, als mit den Foderungen und dem Zweck des moralischen Gefühls. Aus diesen Ursachen wurde Glückseligkeit das höchste Gut des Lebens, und der Grund ihrer Religion. — Der Inhalt der Religion beruhete auf diesen Sätzen. Die Götter sind mächtige Wesen, welche die Sterblichen mit Fluch und Segen, wie es ihnen beliebt, überschütten können. Man muß ihnen also dienen, d. h. dasjenige thun, was ihnen gefällt, und dasjenige unterlassen, was ihnen zuwider ist. Ihre Willkühr ist die Richtschnur unsers Betragens; sie ist der Grund unserer Glückseligkeit, so wie unsers Elends. Ihnen dienen heißt Tugend und Gerechtigkeit [17]). Ihre Will-

---

17) Euthyphro. S. 14, 31.

Willkühr wird durch keine Gesetze, die unveränderlich sind, bestimmt (es sei denn von dem Fatum) sondern sie, die keine Gesetze anerkennet, und alle Gesetze aufhebet, ist für die Sterblichen das oberste Gesetz. Was sie das einemal willkührlich geboten haben, können sie das anderemal eben so willkührlich wieder aufheben. Durch Geschenke, Opfer und andere Gefälligkeiten von den Menschen, können sie bestimmt werden, von ihren Foderungen abzustehen, und ihren Unwillen über die Uebertretung ihres Willens fahren zu lassen. Kurz die Götter sind eben so willkührliche Gesetzgeber als bestechliche Richter der Handlungen; sie sind keine heiligen Wesen [18]). — Da die Willkühr der Götter für den obersten Bestimmungsgrund der menschlichen Handlungen angesehen wurde, so mußte es auch Menschen geben, durch welche die Götter ihren Willen offenbarten. Die Priester, welche von den ältesten Zeiten her in besonderm Rufe der Heiligkeit gestanden, und durch ihre Einsichten, die die Unwissenheit für Geschenke und Offenbarungen der Götter hielt, ein mehr als menschliches Ansehen erhalten hatten, wurden also die Verkündiger und Ausleger des göttlichen Willens, und die sichtbaren Stellvertreter der Götter. Ihnen war das Recht zu fluchen und zu segnen, zu belohnen und zu bestrafen, anvertrauet worden; ihnen allein waren die Mittel und Wege bekannt, wodurch die Gunst der Götter erlanget, und ihr Zorn abgewendet werden mußte. Die Priester befanden sich bei dieser Macht, welche ihnen der Aberglaube in die Hände gespielet hatte, sehr wohl; das Interesse ihres Ehrgeizes und Eigennutzes erfoderte es, daß sie, soviel an ihnen lag, die Abhängigkeit und Unmündigkeit der Menschen ewig zu machen suchten, und sich der Aufklärung mit aller Gewalt entgegensetzten.

Sie

---

18) Alcibiad. II, S. 99. de republic. II, S. 221. de legib. X. S. 66, 109, 112.

Sie erweiterten ihre willkührliche Gewalt zuletzt so weit, daß sie nicht Diener, sondern Beherrscher der Götter wurden, indem sie sich anmaßten, die Götter zu zwingen, den Menschen Fluch und Segen nach ihrem Willen auszutheilen. Ihre Herrschaft erstreckte sich nicht allein über die Lebendigen, sondern auch über die Todten. Denn auf sie kam es an, ob sie in den Tartarus verstoßen, oder in die Elysäischen Felder versetzt werden sollten [19]).

Eine solche Religion kann unter einer solchen hierarchischen Gewalt keinen günstigen Einfluß auf die Gesinnungen haben. Weit entfernt, die sittliche Triebfeder zu erwecken, zu beleben, und zu verstärken, macht sie es sogar unmöglich, den Buchstaben des Sittengesetzes äußerer Folgen wegen zu erfüllen, weil sie den Willen einer willkührlichen Gewalt der Götter und Priester unterwirft. Dies konnte nicht anders sein, auch wenn die Menschen in den Göttergeschichten nicht Anreiz und Entschuldigung genug gefunden hätten, alle ihre Begierden mit Aufopferung aller andern Rücksichten zu befriedigen [20]).

Die moralischen Wahrheiten hatten mit der Religion gleiches Schicksal; sie wurden bezweifelt, verworfen und durch falsche Maximen verdrängt, weil ihr Grund nicht erkannt war. Die Gefühle, Begriffe und Urtheile, welche ihren Grund in der praktischen Vernunft haben, waren den Menschen ein unerklärbares Geheimniß, ob sie gleich ihre Wirklichkeit in ihrem eignen Bewußtsein, in den Urtheilen anderer Menschen über freie Handlungen, in dem Lob und Tadel, Billigung und Mißbilligung derselben unwiderleglich fanden. Da man in den frühen Zeiten, wo Geisteskultur noch weit zurück war,

---

19) de republica, II, S. 220, 221. de legib X, 67.
20) de republica, II, S. 221, 222. III, 265, 266. de legib. XII. S. 176.

war, alles was unerklärbar und unbegreiflich ist, für Einfluß und Wirkung einer Gottheit hält, so erklärte man auch die dunkeln Aussprüche der praktischen Vernunft für Eingebungen oder Offenbarungen eines göttlichen Willens. Die Dichter, Priester, Gesetzgeber, und alle diejenigen Männer, welche durch ihre Talente, Kenntnisse und Ansehen auf ihre Zeitgenossen wirkten, glaubten theils selbst diese göttliche Eingebung, theils benutzten sie diese abergläubischen Vorstellungen der Menschen, um ihren gemeinnützigen Anstalten und Einrichtungen mehreren Eingang und eine längere Dauer geben zu können. Alle bürgerliche Gesetze, alle sittliche Vorschriften wurden dadurch in eine Art von Abhängigkeit von der Religion gesetzt, indem sie entweder selbst Gebote der Götter waren, oder doch ihre Sanktion durch dieselben erhielten.

So bald der menschliche Geist anfing freier zu denken, so bald untersuchte er auch den Grund, die Verbindlichkeit und die Quelle derjenigen Regeln, welche er bis dahin aus Instinkt befolget hatte. Da er noch nicht auf sein inneres Bewußtsein zu reflektiren gewohnt war, so fand er ihren Grund nicht in der vernünftigen Natur des Menschen, sondern nur in äußern Thatsachen und Einrichtungen. Die moralischen Vorschriften erschienen ihm nun als Befehle der Götter, deren Dasein er verwarf, oder als Willensmeinungen der Gesetzgeber, die dem Besten der Gesellschaft das Wohl der einzelnen aufgeopfert hatten, oder endlich als Maximen, welche durch Erziehung und Angewöhnung in die allgemeine Denkart eines Volkes übergegangen waren*). Alle die historischen Gründe, worauf sich der Glaube gestützt hatte, thaten jetzt den denkenden Köpfen keine Genüge;

*) τα δικαια α θεοι αυτοι νομω ενται. Theaetet. S. 112. Gorgias, S. 79, 81. de legib. X, S. 76.

Genüge; sie wollten nicht mehr glauben, sondern wissen, und darin sezten sie ihren Vorzug vor den untersten Menschenklassen. Der Antheil, welchen die Vernunft an jenen Thatsachen und Einrichtungen gehabt hatte, wurde verkannt; die Einschränkung, welche die geschriebenen und ungeschriebenen Gesetze an dem sinnlichen Triebe ausübten, und der Widerstand, den diese jenen entgegensezte, galt für die Stimme der Natur, welche sich durch willkührliche Gebote nicht unterdrücken lasse [22]). Hieraus entstand also ganz natürlich ein Bezweifeln und Verwerfen der sittlichen Ueberzeugungen.

Nachdem also die Gründe der Sittlichkeit der Handlungen umgestossen waren, folgte eine gänzliche Gesetzlosigkeit und Anarchie in allem dem, was das Thun und Lassen der Menschen betrift [23]). Die Menschen, welche ihre Würde verkannten, gaben ihre moralische Freiheit auf, und unterwarfen sich der Nothwendigkeit der physischen Welt. Die uneingeschränkte Befriedigung ihrer sinnlichen Triebe wurde der oberste Bestimmungsgrund der Handlungen, und die durch den Trieb und das Maas der Kräfte bestimmte Möglichkeit der Befriedigung (das Recht des Stärkern) das oberste Menschenrecht [24]). Gieb und verschaf dir allen möglichen Genuß; brauche andere Menschen als Mittel zu Erreichung deiner Absichten; zwinge sie dir zu dienen und zu fröhnen. Du darfst alles wollen, was du kannst. Alles ist gut, was mit den Trieben der sinnlichen Natur und ihrer uneingeschränkten Befriedigung übereinstimmet. Dieses war der Inhalt ihrer Grundsätze, welche auf einen groben Eigennuß

---

22) Gorgias, S. 81.
23) Plato de republica. VIII. S. 217-219. Epistol. VII. S. 96. Isocrat. Areopagit. S. 127.
24) Gorgias, S. 80, 90, 98, 99. de republica. I. S. 120, 169. de legib. IV. S. 180-182. de legib. X. S. 76.

nutz hinführeten. Die Denkungsart des größern Haufens, welcher die Religion und die positiven Gesetze gelten ließ, beruhete auf solchen Grundsätzen, welche am Ende die nehmlichen Folgen herbeiführeten. Denn die positiven Gesetze geboten nur Handlungen, welche mit dem Buchstaben der Vorschriften übereinstimmten (Legalität). Die Triebfeder zu Befolgung derselben war Gehorsam gegen den Willen der Götter. Die Religion aber stützte sich auf das Princip der eignen Glückseligkeit, welches, wenn es nicht einem höhern untergeordnet wird, nur eigennützige Gesinnungen hervorbringen kann [25]).

Die Erziehungsart, welche die damals vorhandenen moralischen und religiösen Kenntnisse verbreitete und befestigte, hatte eben so große Veränderungen erlitten. Da Moral und Religion auf keinen andern Gründen beruhete als auf historischen und einem dunkeln innern Gefühle, so hing ihr Dasein und Wirksamkeit einzig von dem Umstande ab, daß blinder Glaube und Gehorsam fortdauerten, und das sittliche Gefühl durch kein anderes Interesse irre geleitet, durch keine entgegengesetzten Räsonnements gestöhret wurde. Diesen Zweck zu befördern, war die alte Erziehungsart eingerichtet. Angewöhnung an die eingeführten Sitten und Gewohnheiten, Einflößung einer einfachen und lautern Denkungsart; Bildung des Charakters mehr durch Beispiele als durch Lehren; vorzüglich aber die Maxime, alles zu glauben, was die Vorfahren angenommen hatten, und sich keine Abweichung von ihren Einrichtungen zu erlauben; dies machte das Wesentliche derselben aus [26]). Kurz vor den Zeiten des Sokrates bekam sie eine andere Gestalt. Beredsamkeit, die Seele der demokratischen Staaten, wurde zu einer Kunst gemacht, und als das Mittel

---

25) Plato de republ. II, S. 221. de legib. X, S. 66, 109 u. 112. Alcibiad. II. S. 99.
26) Plato de legib. IV, S. 111, de legib. VII, S. 330.

Mittel, sich Ansehen und Ehrenstellen zu verschaffen, über alles geschäzt. Die Kultur des Geistes ging von der Bearbeitung der schönen Künste aus, und verbreitete sich immer weiter. Diese und andere Kenntnisse wurden jezt der Jugend gelehret, und Ausbildung des Verstandes wurde zum vorzüglichsten Zweck gemacht. Die Sophisten und andere Gelehrte, welche häufig nach Athen kamen, verdienten sich durch Mittheilung ihrer Kenntnisse und durch Unterricht der Jugend, sehr große Summen. Aber je mehr Sorgfalt auf die Bildung des Verstandes gewendet wurde, desto nachläßiger und sorgloser betrieb man die Veredelung des Charakters. Aus Verkennung höherer Principe wählte man die Glückseligkeit oder die Erreichung anderer Zwecke des Lebens zu dem Maaßstabe, nach welchem der Werth der Kenntnisse bestimmt und der ganze Charakter gebildet wurde. Die Sophisten lehrten zum Behuf der politischen Beredsamkeit die Kunst, alles zu vertheidigen, alles zu bestreiten; eine Geschicklichkeit, welche in den höhern Ständen vorzüglich geschäzt wurde. Hierdurch verbreitete sich Freiheit im Denken, das Bedürfniß der eignen Untersuchung und Prüfung wurde genähret, die Anhänglichkeit an alten Vorstellungsarten verlohr sich, und die Gewohnheit ohne Selbstdenken zu glauben, was die Vorfahren geglaubt hatten, verschwand. Aber hiermit war auch der Hauptgrund der Religion und Moral untergraben, an die Stelle des Aberglaubens trat Unglauben, Religiosität verlohr sich in Gesetzlosigkeit [27]).

Von allen Seiten in allen Gegenständen, worauf wir unsere Aufmerksamkeit richten, werden wir eine größere Wirksamkeit des Verstandes gewahr. Der menschliche Geist fing nach und nach an die Fesseln zu zerbrechen, welche ihm Gewohnheit, Stumpfsinn, die Politik, und

---

[27]) Theages. S. 7. Crito. S. 117. Apologia Socratis. S. de republica II, S. 247. de republica VI, S. 17.

und das Intereſſe der Prieſter angelegt hatten. Die gewöhnlichen Gründe ſeiner unentbehrlichſten Ueberzeugungen thaten ihm kein Genüge, er fand keine andern, welche ihm Beruhigung geben konnten; er verwarf alſo mit einemmale die Vorſtellungsarten, die Regeln und Vorſchriften, welche das ganze Alterthum für heilig gehalten hatte. In dem erſten überraſchenden Gefühl der Freiheit zernichtete er alle Abhängigkeit von höhern Geſetzen — er wurde zügelloß; mißtrauiſch gegen ſich gemacht, glaubte er gar nichts, um nichts ohne Grund ſich aufbringen zu laſſen. Die Religion, religiöſe Gebräuche und Geſellſchaften ²²); der Staat, das Vaterland, Geſetze und öffentliche Einrichtungen, kurz alles, was ſonſt in dem heiligſten und ehrwürdigſten Anſehen geſtanden hatte, wurde jetzt ein Gegenſtand der Gleichgültigkeit, der Verachtung und des Spottes. — Aber während in dem einen Theil der Nation dieſe Veränderung vorging, ſchlummerte der menſchliche Geiſt noch in dem großen Haufen in Unthätigkeit fort, hing er noch an ſeinen alten abergläubiſchen Vorſtellungsarten, ging er noch an dem Gängelbande der Politik und der Prieſterſchaft. Bei dieſer Verſchiedenheit der Denkungsart, waren die Maximen für das praktiſche Leben faſt einerlei. Beide erkannten kein anderes Geſetz als das der Sinnlichkeit, ein uneingeſchränktes Streben nach Befriedigung des eigennützigen Triebes. Aus dieſen Urſachen laſſen ſich alle Erſcheinungen in den Verhältniſſen der menſchlichen Geſellſchaft, welche wir berühret haben, vollkommen begreifen. Sie laſſen ſich auf zwei Haupturſachen zurückführen: Mangel an richtigen und unerſchütterlichen Gründen für die unentbehrlichſten Ueberzeugungen der Menſchheit; und größere freiere, aber zugleich geſetzloſere Wirkſamkeit des menſchlichen Geiſtes.

II.

22) Selbſt die Eleuſiniſchen Myſterien nicht ausgenommen, wovon Thucydides l. VI. c. 28. ein auffallendes Beiſpiel erzählet.

II.
Zustand der Philosophie.

Die Philosophie ging von einem Punkte aus, von welchem an sie einen langen Weg zu gehen hatte, bis sie an ihr eigentliches Ziel gelangte. Sie fing mit Speculationen über die Welt und die Grundursachen der äußern Erscheinungen an, und legte sich erst spät diejenigen Fragen vor, welche für sie eigentlich bestimmt sind: Welches sind die Gründe von den unentbehrlichsten Ueberzeugungen, von den Pflichten, Rechten und Erwartungen der Menschheit. Unterdessen war jener Gang freilich unvermeiblich, und selbst durch die Natur des Vorstellungsvermögens bestimmt. Die ersten Gegenstände, welche den Forschungsgeist auf sich zogen, waren die Erscheinungen des äußern Sinnes, der Zusammenhang und die Ableitung derselben aus einem obersten Grunde, d. h. aus einem oder mehreren Grundelementen. Um dieses auszumachen, wendeten die ersten philosophischen Köpfe alle ihren Witz und Scharfsinn, den ganzen Vorrath von eignen und fremden Erfahrungen, Beobachtungen an; sie geriethen auf vielerlei Vermuthungen, Analogien und Hypothesen, welche sie mit aller der Ueberredungskraft vorzutragen pflegten, deren sie und ihre Erfindungen fähig waren.

Es gingen hieraus verschiedene Systeme hervor, welche weiter nichts als den Gegenstand gemein hatten, und ob sie gleich alle von einem Satze ausgingen: Aus Nichts wird nichts, dennoch sehr verschiedene, oft widersprechende Resultate daraus herleiteten. Sie fanden bald Anhänger, bald Bestreiter, welche durch ihre Bemühunmühungen, das eine Philosophem zu widerlegen, oder das andere geltend zu machen, immer mehr Streitigkeiten veranlaßten, ohne sie beilegen zu können.

Diese ganze Periode war nur eine Schule, eine Vorübung für die Philosophie. Sie mußte bei ihren ersten Versuchen alles dasjenige entbehren, welches zur gründlichen Erörterung eines Begriffes, zur Aufstellung von Grundsätzen und Herleitung der Folgesätze, und zum bündigen Beweise erfodert wird. Sie konnte noch keinen Gebrauch von bestimmten Begriffen, und von einem Grundsatze machen, der sie bei ihrem Forschen hätte leiten können. Zwar gingen alle ihre Speculationen von einem Gesetz des Verstandes aus, welches zu allem was geschiehet eine Ursache, und zu allem, was ist, einen Grund aufzusuchen gebietet; aber dieses Gesetz lenkte sie anfänglich nur nach einem dunkeln Bewußtsein auf ihre Speculationen hin, und konnte erst nach einigen Arbeiten des Verstandes in eine, doch noch unbestimmte, Formel ausgedrückt werden. Die ersten Denker befolgten die ursprünglichen Gesetze des Verstandes, ohne sie zu kennen, und die Regeln des Denkens zum Behuf der wissenschaftlichen Erkenntniß waren noch nicht gefunden, in Begriffe gefaßt, und zu einem Ganzen geordnet worden. Die Philosopheme dieser Periode, die Bestreitung und Vertheidigung derselben gaben die Veranlassung und Aufforderung, diese Regeln aufzusuchen, und erleichterten ihre Entdeckung, indem sie der forschende Verstand schon an seinen Produkten vorfand.

So unnütz also auch die ersten Speculationen waren, weil sie Gegenstände betrafen, welche außer den Grenzen des menschlichen Wissens liegen, so unentbehrlich waren sie doch zur wissenschaftlichen Kultur der Philosophie, theils weil die räsonnirende Vernunft von keinen andern ausgehen konnte, theils weil ihre Folgen von so wichtigem Einfluß waren. Eine Menge von Begriffen wurde gebil-

gebildet und bearbeitet, daß sie zu Materialien für die geübtere Philosophie dienen konnten; der Weg zu vielen philosophischen Wissenschaften wurde gebahnet; eine wissenschaftlichere Form zum Bedürfniß gemacht und vorbereitet. Endlich war auch selbst die Vielheit und Unverträglichkeit der Philosopheme eine neue Schule für den philosophirenden Verstand, worin er viele fruchtbare Belehrungen und Entdeckungen machen mußte. In manchen philosophischen Lehrgebäuden wurden aus Begriffen Folgerungen gezogen, welche der Erfahrung offenbar widersprachen, z. B. iu dem Eleatischen, es giebt keine Veränderung. Hierdurch wurde der Unterschied zwischen zwei verschiedenen Erkenntnißquellen zuerst bemerkbar gemacht, aber auch die erste Veranlassung zu dem Skepticismus gegeben. Die Bemerkung, daß die räsonnirende Vernunft über einerlei Gegenstand so sehr entgegengesetzte Behauptungen aufgestellet habe, beförderte eben dieselbe Denkungsart, alles zu bezweifeln, nichts zu behaupten, daß es keine gewisse Erkenntniß gebe. Man hätte denken sollen, daß die Bemerkung der Widersprüche in den entgegengesetzten Systemen vielmehr die Vernunft hätte nöthigen müssen, die Quelle derselben aufzusuchen, und durch die Entdeckung der Fehler, welche ihnen allen zum Grunde lagen, sich in den Stand zu setzen, das ihnen allen gemeinschaftliche Wahre herauszuheben, und ein allgemeingeltendes System aufzustellen. Allein ehe dieses geschehen konnte, mußten jene Systeme selbst um ihr Ansehen gekommen sein, und dieses war die Folge von dem Skepticismus und der Sophistik.

Der Mangel an bestimmten Grundsätzen, die Widersprüche, welche sich in den Meinungen, Handlungen und Maximen der Menschen fanden, der Geist des Zweifels und die Meinung, daß sich nichts erkennen lasse, mußte nothwendig bei Männern von vielen Kenntnissen, Gelehrsamkeit und Beredsamkeit, wenn sie selbst von keinen Grundsätzen bei ihrem Denken geleitet wurden, diejenige Kunst hervorbringen, welche unter dem Nahmen der Sophistik so berühmt worden ist. Sie war ein sonderbar Gemisch von Dogmatismus und Skepticismus. Wenn es ausgemacht ist, schlossen sie, daß es keine Erkenntniß und keine strenge Wissenschaft giebt, so hat keine Vorstellungsart, kein Satz, kein Schluß vor dem entgegengesezten etwas voraus; so ist eine Behauptung so gut wahr oder falsch, als diejenige, welche ihr entgegensteht. Es kommt nur darauf an, daß man der einen durch scheinbare Gründe eine scheinbare Gültigkeit gebe, so ist sie wahr, und die entgegengesezte falsch, und so auch im umgekehrten Falle. Die Kunst, jeden Satz durch Schein und Blendwerke geltend zu machen, aber auch durch die nehmlichen Mittel zu bestreiten, war die Sophistik. Diese Männer fühlten kein reines Interesse für wissenschaftliche Kultur; die Bildung ihres Geistes diente ihnen nur zur Befriedigung ihres Eigennutzes, Ehrgeizes und ihrer Ruhmsucht. Auch verfehlten sie ihre Absichten nicht. Da ihre Kunst diejenige Beredsamkeit, welche in den Freistaaten für unentbehrlich gehalten wurde, zu unterstützen, ja zur höchsten Vollkommenheit zu bringen versprach; da ihre Denkungsart mit derjenigen übereinstimmte, welche sich in den höhern Klassen des Volkes ausbreitete, so konnte es nicht fehlen, daß sie nicht für die größten Gelehrten, oder gar für die Besitzer der erhabensten Weisheit gehalten wurden. Ihnen wurde die Erziehung der edelsten Jünglinge übergegeben; sie verdienten sich dabei Ehre, Ruhm, und die ansehnlichsten Summen. So wie ihre Kunst aus dem Mangel von bestimmten und allgemeingültigen Grundsätzen für das Wissen und Handeln entsprungen war, so trug sie auch das meiste bei, die Verwirrung in den Wissenschaften und die Gesetzlosigkeit in dem Handeln zu befördern und zu erhalten.

Wäh-

Während daß die Philosophie den Weg der Speculation verfolgte, und sich auf demselben aus Mangel der Vorerkenntnisse und aller leitenden Principe entzweiete, waren die wichtigsten Angelegenheiten der Menschheit ohne ihren Einfluß, ohne ihre Leitung dem bloßen Zufall überlassen. Wenn sie die wichtigsten Dienste, welche die Menschheit erwartete, damals nicht leistete, so war es nicht ihre Schuld, sondern eine unvermeidliche Folge von dem Gang der Kultur. Weil die Ueberzeugungen von dem Dasein eines Gottes, von der Fortdauer der Seelen, und von den Pflichten dieses Lebens, so weit diese Kenntnisse nach dem damaligen Grade der Kultur unentbehrlich waren, auf historischen Gründen beruheten, die durch Mitwirkung eines lebhaften aber dunkeln innern Gefühles eine so starke Ueberzeugungskraft bei sich führten, als Vernunftgründe, die noch nicht möglich waren, jenen Menschen nicht hätten gewähren können, so fühlte der menschliche Verstand auch keinen Beruf, den Grund dieser Wahrheiten, welche so klar und evident waren, zu untersuchen. Dieses war eine von den Ursachen, welche den Gang der Philosophie bestimmten, daß sie von Speculationen über den Grund der äußern Erscheinungen anfing. Die Wunder der Natur, die Veränderungen der Körper reizten zur Erforschung des unbekannten Grundes, von dem sie abhingen; aber die Erscheinungen des innern Sinnes waren schon aus Täuschung auf einen äußern Grund übergetragen. Das Gefühl von der Verbindlichkeit gewisser Handlungen, der Glaube an das Dasein Gottes und die Hofnung der Unsterblichkeit waren die Folgen von den Offenbarungen eines unbekannten Wesens, welches aber durch die Offenbarung seines Willens aufhörte unbekannt zu sein. Die Phantasie war unablässig beschäftiget gewesen, dieses nicht erkennbare Wesen durch Eigenschaften zu bestimmen, welche in der Erfahrungswelt vorkamen, und es so weit zu versinnlichen, daß es

Menschen menschlich sich vorstellen konnten. Durch Erziehung, Gewohnheit, religiöse und politische Einrichtungen, welche mit diesen Vorstellungsarten genau zusammenhingen, wurde sie innig mit der ganzen Denkungsart einer Nation verwebet. So lange also diese Ueberzeugungsgründe ihre volle Gültigkeit behielten, fehlte es an Beruf und Auffoderung für die Vernunft, ihre Thätigkeit auf diese Gegenstände zu richten. Die Priester und Dichter, durch deren Mund die Götter ihren Willen zuerst den Sterblichen kund gethan hatten, blieben immer in dem Vorrechte, die Geheimnisse des Himmels zu bewahren. Das Ansehen, die Ehre und Würde, welche sie mit den Göttern theilten, die Eigenliebe, die Ersten der Menschen zu seyn; der große Einfluß auf den größten Theil der Menschen: alles dies wirkte mit zu starkem Reiz auf das Gemüth der Priester, um nicht die Herrschaft über die Köpfe und die Gewissen der Menschen, welche ihnen die Schwachheit und Leichtgläubigkeit derselben gutwillig in die Hände spielte, zu behaupten und soviel, als möglich war, zu befestigen. Sie suchten daher der Vernunft jeden Blick in das Gebiet des Glaubens zu verwehren, sie in beständiger Unabhängigkeit zu erhalten, um die ewigen Vormünder ihrer Unmündigkeit zu seyn. Sie, die sich allein im Besitz der göttlichen Offenbarungen dünkten, machten es der Vernunft zu einem Verbrechen, über die Natur und die Gegenstände der Religion freie Untersuchungen anzustellen, und brauchten den Arm der Obrigkeit, um es mit dem Tode zu bestrafen [29]). Aus diesen innern und äußern Hindernissen läßt es sich sehr gut begreifen, warum die Vernunft und ihre Stellvertreterin, die Philosophie, so langsame Fortschritte in dem Gebiete der Religion und Moral machte.

Die

---

29) Plato Politic. S. 126. Apologia, S. 44, 54. de legib. VII, S. 387. de legib. X. S. 77. de legib. XII, 229, 230.

Die Philosophie hatte aber aller Schwierigkeiten ungeachtet angefangen über die Grundwahrheiten der Religion nachzuforschen. Sie nahm das Daseyn Gottes und die Wirklichkeit eines künftigen Lebens auf Treu und Glauben der historischen Ueberzeugungsgründe und aus innerm Bedürfniß an, ohne die Gültigkeit derselben in Zweifel zu ziehen, suchte hingegen nur das Wesen Gottes und der Seele und den Zustand nach dem Tode zu bestimmen. Allein selbst die Art, wie sie diese Probleme aufzulösen versuchte, verwickelte sie in Widersprüche mit den Aussprüchen des gemeinen Menschenverstandes, und führte endlich durch die Mitwirkung anderer Ursachen den Unglauben herbei. Das Bewußtseyn hatte zwar sehr bald die Unterscheidung des Vorstellenden von allen vorgestellten Gegenständen gelehret, aber der Grund derselben mußte so lange unentdekt bleiben, als die Gesetze des Vorstellens durch vollständige Entwickelung des Vorstellungsvermögens nicht erkannt waren. Es war daher unvermeidlich, daß die Philosophen, als sie das Wesen der Seele erforschen wollten, dasselbe für bloße Materie hielten, weil sie mit der Speculation über die Grundursachen der Materie am meisten beschäftiget, die Prädikate der Körper durch die Anschauung viel bekannter, als die Prädikate des unbekannten Subjekts des innern Sinnes waren. Die einen hielten daher die Seele für Luft, andere für Wasser, andere für Feuer, andere nur für ein Accidens der thierischen Organisation, welche ihren Grund in dem Blut oder in dem Gehirn habe. Auf eben diese Weise wurde das Wesen der Gottheit bald für diese bald für jene Materie gehalten [30]). Die Uneinigkeit der Philosophen in der Bestimmung des Wesens der Gottheit und der Seele, der Widerstreit dieser Behauptungen mit den Ideen der Vernunft, die Empörung des moralischen Gefühls,

---

30) Phaedo, S. 218. Cratylus, S. 289, 290. de legib. X, S. 10. XII, 229, 230. Epinomis, S. 267.

Gefühls, worauf alles Interesse dieser Ideen beruhete, gegen dieses materialistische System, brachten endlich eine Gleichgültigkeit gegen dieselben herbei, welche sie gegen die immer stärker werdenden Zweifel über die Realität derselben, nicht mehr zu schützen vermochte.

Obgleich einige Philosophen würdigere Begriffe von der Gottheit und verfeinerte Vorstellungen von dem Zustande nach dem Tode lehrten und verbreiteten, so waren sie doch noch nicht von allen Schlacken der Phantasie gereiniget. Allein auch die bessern Begriffe fanden keine sichere Stütze, welche sie hätte fest halten können, so lange der feste unerschütterliche Grund von den religiösen und moralischen Wahrheiten nicht entdekt, und in dieser Beschaffenheit anerkannt war. Dieses war noch nicht geschehen. Daher gab es noch keine Philosophie der Religion, welche Aberglauben und Unglauben mit glücklichem Erfolge zurückhalten, oder auch nur bestreiten konnte [31]).

Aus eben diesen Ursachen fehlte es an einer Philosophie der Moral. Weil nehmlich die moralischen Vorschriften als Befehle des göttlichen Willens angesehen und als solche lange Zeit befolget wurden, so hielten sich die philosophirenden Köpfe desto mehr an diesen Grund, weil sie mit Speculationen zu sehr beschäftiget waren. Es fehlte an Veranlassung und äußern Aufforderungen, um nach dem eigentlichen Grunde der Sittlichkeit zu forschen, und die Vernunft war zu diesen Untersuchungen noch nicht genug vorbereitet und geübt. Denn die Form der Vernunft, welche das Sittliche in den Handlungen bestimmt, konnte und mußte vor einigen tiefern Blicken auf das Vorstellungsvermögen sich zwar in dem unentwickelten moralischen Gefühle äußern, konnte aber nicht
in

---

31) K. L. Reinholds Briefe über die Kantische Philosophie. Erster Band.

in deutlichere Begriffe zergliedert werden. Was daher in dieser Periode zum Besten der Moral als Wissenschaft geschah, schränkt sich größtentheils auf einige Bestimmungen moralischer Begriffe ein ³²). Die Pythagoräische Schule selbst, so viele treflichen Männer sie auch durch ihr ascetisches Institut bildete, hat sich doch kein weiteres Verdienst, als ich eben angegeben habe, in diesem Fache erworben.

Die Sophisten, welche bald durch Läugnung alles Allgemeingültigen in der menschlichen Erkenntniß, bald durch dreusten Dogmatismus als Viel- oder Alleswisser glänzen wollten, zogen auch die Moral und Religion in das Gebiet ihrer anmaßenden Wissenschaft. Allein da weder der Erkenntnißgrund dieser Ueberzeugungen entdeckt, noch richtige Grundsätze aufgestellt waren, so konnten sie, die von keinem reinen Interesse für die wissenschaftliche Kultur, und Veredelung der Menschheit geleitet wurden, zum Besten einer wissenschaftlichen Philosophie der Religion und Moral nichts beitragen, außer daß sie das Bedürfniß und die Nothwendigkeit derselben in guten Köpfen zu stärkerer Ueberzeugung brachten. Denn sie läugneten entweder die Grundwahrheiten der Moral und Religion, oder sie nahmen die damals herrschenden Meinungen und Maximen des Volkes an, gaben ihnen durch ihre verführische Beredsamkeit den Schein von Wahrheit, und beförderten dadurch die unsittlichen Denkungsarten ³³). Durch die in Freistaaten so geschätzte Beredsamkeit bekamen sie einen entscheidenden Einfluß auf die Erziehung und den ganzen Charakter des Volkes, welcher für die sittliche Bildung der Menschheit so nachtheilig wurde, als er auf der andern Seite die wissenschaftliche Kultur der Philosophie beschleunigte. Denn je mehr die Grundsätze, welche mit Sittlichkeit stritten,

32) Aristotel. ηθικα μεγαλα. I, 1.
33) Sophist. S. 234. de republic. VI. S. 17.

streiten, entwickelt, bestimmt und verallgemeinert, je mehr sie mit aller Stärke der Beredsamkeit vorgetragen wurden, desto offenbarer wurde der Unterschied zwischen ihnen und den entgegengesetzten bessern Ueberzeugungen; desto lauter und stärker widersprach ihnen ein unerklärbares inneres Gefühl; desto stärker wurde die Auffoderung für Männer von gesundem Menschenverstande und reinem Herzen, an der Veredelung und Verbesserung des menschlichen Geschlechtes zu arbeiten.

Der erste, welcher der verdorbenen Denkungsart seines Zeitalters entgegen arbeitete, war Sokrates. Sein guter schlichter Verstand, sein reines Gefühl für alles Gute und Schöne, seine lautere sittliche Gesinnung gaben ihm den Beruf zum Lehrer der Menschheit. Mit einem Eifer, mit einer Uneigennützigkeit, welche ihm die Achtung aller Zeiten sichert, suchte er die Erziehung zu verbessern, und sittlichere Grundsätze zu verbreiten; er bestrebte sich in seinen Mitbürgern das sittliche Gefühl zu entwickeln und zu stärken, und ihnen in ihrem eignen Bewußtsein die Quelle aller Vorschriften freier Handlungen ihre höchste Bestimmung und Würde zu zeigen. Von dieser Seite erzeigte Sokrates der Menschheit und mittelbarer Weise auch der Philosophie den wichtigsten Dienst. Indem er in einem Zeitalter, wo kalte Speculation, Vernünftelei, und Schulgelehrsamkeit, Unglaube und Aberglaube, die größten Verwirrungen anrichteten, wo Vergnügen und Genuß über Sittlichkeit und Klugheit, über Weisheit geschätzt wurden, auf einmal ganz neue Ansichten eröfnete; einen bisher verdunkelten Weg zur Veredelung der Menschheit entdekte, den menschlichen Geist auf neue Gegenstände richtete, welche seiner Beachtung seither entgangen waren. Durch die Art und Weise, wie er die sittlichen Ueberzeugungen zu entwickeln pflegte, machte er auf eine Quelle und einen Grund der moralischen Erkenntniß aufmerksam, welcher der Philosophie eben so neu als überraschend sein mußte.

Er

Er gab dadurch Veranlassung zu einer Reform und Revolution der Philosophie; aber weiter erstreckt sich sein Verdienst um sie als Wissenschaft nicht. Sein Bestreben war nicht eigentlich auf die wissenschaftliche Kultur derselben, sondern auf die sittliche Erziehung und Bildung der Menschen gerichtet; er wollte die moralischen Begriffe nicht aus einem Grundsatz ableiten, und in ein System ordnen, sondern sie aus dem Bewußtsein eines jeden einzelnen Menschen entwickeln, und sie zu ihren eignen Ueberzeugungen machen; nicht die Wissenschaft der Moral, sondern ihre Anwendung zur Erziehung und Bildung war sein Hauptgeschäfte. Wiewohl er zu diesen wichtigen Fortschritten in der Philosophie die nächste Veranlassung gab, so lag doch die Bearbeitung der Philosophie als Wissenschaft außer seinem Wirkungskreise. Sein Geist war zu voll mit den dringenden Bedürfnissen der sittlichen Kultur, als daß er noch auf etwas anders hätte denken können. Es scheint auch, als wenn Sokrates gar keinen andern Begriff von der Philosophie gehabt habe, als daß sie praktisch sei, oder in der Anwendung gewisser Lehrsätze zum Besten der Menschheit bestehe. Denn aus den Denkwürdigkeiten Xenophons siehet man, daß er das Brauchbare und Nützliche als den einzigen Maasstab zur Beurtheilung des Werthes der Wissenschaften betrachtete [34]). Die Beschaffenheit der Philosophie bis auf seine Zeiten konnte freilich einigermaßen dieses Urtheil veranlassen und rechtfertigen; allein es ist doch auf der andern Seite eben so einleuchtend, daß er nicht so geurtheilet haben würde, wenn sein ganzer Sinn nicht auf das Praktische gerichtet gewesen wäre. Weil der menschliche Geist eine Zeitlang in Speculationen sich verlohren hatte, von denen unmittelbar kein Nutzen abzusehen war, so schränkte er denselben

---

34) Xenophon, M. S. I, 1. 9. 11-17. IV, 7.

selben einseitig auf diejenigen Kenntnisse ein, welche die Pflichten der Menschheit und nützliche Thätigkeiten betreffen, oder welche auf das thätige Leben einen nähern Einfluß haben. Nach dieser Denkungsart ist es sehr möglich, daß er jede andere Philosophie als unnütz verwarf, welche nicht praktisch ist, d. h. in der Anwendung ihrer Lehrsätze bestehet, auch selbst diejenige nicht sehr schätzte, welche sich mit der Untersuchung der Gründe und systematischerm Anordnung der praktischen Begriffe beschäftigte. Hieraus läßt es sich erklären, warum Sokrates nichts geschrieben hat, und warum einige Sokratiker eine Abneigung vor der wissenschaftlichern Form der Philosophie äußerten. So viel ist zum wenigsten ausgemacht, daß Sokrates die Philosophie einseitig nur auf das Praktische einschränkte, und zu ihrer wissenschaftlichen Bearbeitung selbst nichts beigetragen hat [35]).

[35]) Ich kann hier nicht unbemerkt lassen, daß dieses Räsonnement durch das Gespräch Klitophon sehr viel Bestätigung erhält. Klitophon behauptet hier vom Sokrates, daß er in so weit ein vortrefflicher Lehrer sei, in so fern er die Menschen durch seine kräftigen Ermahnungen auf ihre Bestimmung aufmerksam macht, und die Liebe zum Guten und das Bestreben zur Tugend zu erwecken und zu stärken im Stande sei. Allein er lasse es auch nur allein bei Ermahnungen bewenden; bestimme nicht, was Tugend sei, und worin ihr Zweck bestehe, und zeige nicht die Mittel an, durch welche man zur Tugend gelangen könne. Der Tadel mag etwas übertrieben sein — denn in einzelnen Menschen entwickelte er freilich auch die sittlichen Begriffe — aber im Allgemeinen scheint doch die Thatsache gegründet zu sein. Zu mehrerer Bestätigung dient noch Aristoteles ηθικων μεγαλων I, 1. ηθικων Ευδημιων I, 5. und Cicero de Oratore I, 47.

III.

Einfluß dieser Thatsachen auf den Geist des Plato.

Plato hatte, als er zu philosophiren anfing, diejenigen Thatsachen, welche sich auf den Zustand der Menschheit und der bürgerlichen Kultur in dem Athenienstschen und andern ihm bekannten Staaten beziehen, beständig vor Augen; sie waren gleichsam die Data, von denen er ausging. Es ist daher zur vollständigen Kenntniß seiner Philosophie sehr wichtig, den Gesichtspunkt, aus welchem er diese Thatsachen betrachtete, und den Einfluß, welchen sie auf sein Philosophieren hatten, näher kennen zu lernen. Glücklicherweise hat er selbst diese Untersuchung durch einige Geständnisse in dem siebenten Briefe um vieles erleichtert.

Die Beobachtung der verderbten Sitten, der eingerissenen Uebel und Unordnungen in der bürgerlichen Gesellschaft, der Zerrüttungen in den Staaten, welche ihn von der politischen Laufbahn zurückgehalten hatten, reizte seinen Geist unaufhaltsam zur Erforschung der Ursachen dieser Uebel der Menschheit, und der Mittel, wodurch ihnen abgeholfen werden könnte. Ein fortgesetztes Nachdenken führte endlich die Ueberzeugung herbei, daß nicht allein der Athenienstsche, sondern auch alle ihm bekannt gewordenen Staaten einer Reformation bedürften, welche nicht etwa diesen oder jenen Theil verbesserte, sondern sich über das ganze Staatsgebäude erstrekte, weil die Gesetze, die Sitten und die durch Erziehung fortgepflanzten sittlichen und religiösen Ueberzeugungen theils ihre Lauterkeit, theils ihren Einfluß verlohren hätten

hätten ³⁶). Zulezt ergab sich aus allen diesen Untersuchungen dieses Resultat: daß ohne Philosophie diese Reformation nicht möglich sei, daß die Uebel der Menschheit niemals aufhören würden, bevor durch die Philosophie die Grundsätze des Rechts und Unrechts, für einzelne Menschen und für ganze Staaten entwickelt und festgesezt wären ³⁷). Plato glaubte also die Ursache von den Unordnungen und Zerrüttungen der menschlichen Gesellschaft in dem Mangel an bestimmten Grundsätzen der Pflichten und Rechte, und an festen Ueberzeugungsgründen für die moralischen und religiösen Wahrheiten zu finden. Zwar saget er von den lezten nichts ausdrücklich, aber es lieget doch mit in dem Worte ἀρχή. Da dieses die motalischen und religiösen Ueberzeugungen bedeutet, welche auf dem unentwickelten Gefühle beruhen, und den geschriebenen oder positiven Gesetzen entgegengesezt sind, so kann man sicher annehmen, daß er in der Beschaffenheit der Religion nicht weniger als in der Beschaffenheit der sittlichen Ueberzeugungen die Ursache von den Uebeln der Menschheit suchte ³⁸). Das einzige Mittel, wodurch die Menschheit von diesen Uebeln befreiet werden kann, ist die sichere Erkenntniß der wahren Gründe der Sittlichkeit, woraus sich die Pflichten und Rechte der Menschen an sich und in ihrer

gesell-

---

36) Epistol. VII, S. 96. τα τε των νομων γραμματα και εθη διεφθειρετο, και επιδιδω θαυμαστον ὁσον.

37) Ebendas. S. 96, 97. λεγειν τε αναγκαςθην, επαινων την ορθην φιλοσοφιαν, ὡς εκ ταυτης ἐςι τα τε πολιτικα δικαια και τα των ιδιωτων παντα κατιδειν· κακων ουν ου ληξειν τα ανθρωπινα γενη, πριν αν ἡ το των φιλοσοφουντων ορθως γε και αληθως γενος εις αρχας ελθη τας πολιτικας, ἡ το των δυναςευοντων των εν ταις πολεσιν εκ τινος μοιρας θειας οντως φιλοσοφηση. Verglichen de republica, V, S. 52, 53. VI. S. 76, 77 seq.

38) de legib. VII, S. 330, 331. Xenophon M. S. IV, 4, 19.

gesellschaftlichen Verhältnissen ableiten lassen. Diejenige Wissenschaft, welche diese Erkenntniß zum Gegenstande hat, ist Philosophie. Eine Philosophie, welche diesen erhabenen Dienst der Menschheit leisten konnte, war ihm noch nicht bekannt. Es ist also eben so viel, als wenn er gesagt hätte, alle Unordnungen und Zerrüttungen der menschlichen Gesellschaft rühren von dem Mangel einer richtigen Philosophie her.

Wenn man den Zustand der Menschheit, den Gang der Kultur und die Beschaffenheit der damaligen Philosophie mit einem aufmerksamen Blick betrachtet, so muß man gestehen, daß Plato vollkommen Recht hatte. Der Mangel an bestimmten Grundsätzen für die Pflichten und Rechte, der Mangel gültiger Gründe für die Religion, das Verkennen der wahren Gründe dieser Ueberzeugungen ist eben so augenscheinlich, als die Läugnung und Bezweifelung dieser Wahrheiten, wofür sich doch das Herz in jedem Gutgesinnten zum voraus erkläret; als die Entstehung und Verbreitung solcher Grundsätze, wogegen sich ein innerliches damals noch nicht entwickeltes Gefühl empöret. Alles dieses war eine unmittelbare Folge von der Beschaffenheit der bis dahin gegoltenen Gründe der Religion und Moral, und dem Unvermögen der nach Erkenntniß ringenden Vernunft, die wahren Gründe zu entdecken. Diese Untersuchung war jetzt das dringendste Bedürfniß, und zum Wohlstande der gesammten Menschheit unentbehrlich. Das Interesse für Wahrheit und Sittlichkeit, wo es durch den Aberglauben nicht unterjocht und durch den einreißenden Unglauben nicht verdrängt war, foderte jeden denkenden Kopf unwiderstehlich auf, mit sich über diese Angelegenheit einig zu werden, und wo möglich, auch alle Menschen darin zu verständigen.

Dieses ist der gemeinschaftliche Gesichtspunkt, von welchem Sokrates und Plato in ihrem Philosophieren ausgingen; obgleich beide nicht auf einerlei Wege diese

Ange-

Angelegenheit der Menschheit zu berichtigen suchten. Jener schränkte sich darauf ein, die sittlichen Ueberzeugungen durch Entwickelung und Bildung der praktischen Urtheilskraft bei einzelnen Menschen zur Anwendung in dem wirklichen Leben zu beleben und zu bestärken, dieser bestrebte sich die sittlichen Wahrheiten zum Behuf der Wissenschaft zu entwickeln und zu ordnen. Die Ursache von diesem verschiedenen Wege lag nicht allein in der Neigung des Plato zur Geistesbeschäftigung und zum Philosophieren, welche durch mancherlei Umstände genähret und bestimmt wurde, (man sehe sein Leben) sondern auch darin, daß er die Nothwendigkeit erkannte, diese Gegenstände, welche nur in Ideen bestehen (νοούμενα) durch bestimmte Formeln oder deutliche Begriffe aufzustellen, damit sie von jedem Menschen, als Regeln seines Lebens befolget werden könnten [39]). Er hielt diese Ueberzeugungen für zu wichtig, als daß er nicht für seinen Theil den Versuch hätte machen sollen, sie nach ihren objektiven Gründen, abgesondert von allem konkreten und subjektiven, in ein systematisches Ganze zu verknüpfen. Die Allgemeinheit und Nothwendigkeit, womit sich diese Ueberzeugungen ankündigten, mußten nothwendig einen so tiefdenkenden Mann, als Plato war, darauf führen, den Grund derselben zu erforschen, und die innern Angelegenheiten der Menschheit machten diese Untersuchungen für sein Herz zum heiligsten Geschäfte.

Von der Philosophie der Pflichten und Rechte der Menschen versprach sich Plato die wichtigsten und ausgebrei-

---

39) Politicus, S. 64, 65. τεις δ'αν μεγιστης και ακριβεστατης με εςιν ειωλεν οδον προς την αληθειαν εγχειμιναγχομος, ἡ διεχθιντος την εν περθομενη ψυχην ὁ κεχρημενος εντελκυφαιση, προς των αισθησεων τινα προσαρμοτταν, μανως πλυρωσει, δια δει μελιγαν, λογον εαυτον δοντων ειναι δυναι και δεξασθαι. τα γαρ εφθτα, καλλιστα οντα και μεγιστη λογω μονον, αλλω δε ουδενι σαφως δεικνυται.

gebreiteſten Folgen für die Menſchheit in allen ihren Angelegenheiten und Verhältniſſen. Dann, glaubte er, würde die Menſchheit glückſelig ſein, und von den drückenſten Uebeln befreiet werden, wenn die Grundſätze der Moral, welche die Philoſophie aufſuchen müſſe, allgemein anerkannt und befolget würden. Die einzige Bedingung aber, unter welcher ſie zu allgemeingeltenden Maximen werden könnten, ſchien ihm nur dieſe zu ſein, wenn wahre Philoſophen die Angelegenheiten der Menſchen beſorgten, d. h. regierten, oder die Regenten anfingen, wahrhaftig zu philoſophieren. Dieſer erhabene Gedanke iſt vielfältig mißverſtanden, und dem großen Mann als ein lächerlicher Irrthum angerechnet worden. Allein die größten Selbſtdenker überzeugen ſich immer mehr davon, daß Plato hiermit eine Wahrheit geſagt hat, welche immer einleuchtender werden muß, je mehr die Philoſophie an Einfluß gewinnt, und die Vernunft in ihre Rechte eingeſetzt wird. Dieſes Selbſtgeſtändniß zeigt uns auf einmal den Geſichtspunkt, von welchem die philoſophiſchen Unterſuchungen des Plato ausgingen, und aus welchem ſie betrachtet werden müſſen, wenn ſie richtig beurtheilet werden ſollen. Zwar würden wir auch ohne dieſen Brief, aus ſeinen übrigen Schriften eben dieſes Reſultat ziehen können. Allein ſo klar und beſtimmt als an dieſem Orte hat er ſich nie ausgedrückt. Unterdeſſen wollen wir dieſem Reſultate auch von dieſer Seite mehr Ueberzeugungskraft geben, daß wir die Belege aus ſeinen übrigen Schriften zuſammenſtellen.

I. Plato glaubte, der Grund aller Uebel der moraliſchen Welt ſei nirgend anders als in der Sinnlichkeit zu ſuchen, in ſo fern ſie nicht durch andere Geſetze eingeſchränkt werde. Die Selbſtliebe, wenn ſie die Schranken übertritt, iſt die Quelle aller Sünden. Der Menſch, der blos nach den Antrieben ſeiner Sinnlichkeit handelt, ohne höhere Geſetze anzuerkennen, handelt nicht

O beſſer

beſſer als das Thier. Zwiſchen den Trieben und Reigungen der Sinnlichkeit iſt ein ewiger Zank und Streit. Wenn daher Menſchen weiter kein Intereſſe kennen als ihre Sinnlichkeit zu befriedigen, ſo fehlt es an Einheit, Harmonie und Geſetzmäßigkeit der Handlungen, und es herrſcht ein beſtändiger Aufruhr und Krieg unter ihnen [40]).

II. Das einige Gegenmittel gegen alle dieſe Uebel iſt die Thätigkeit des Verſtandes und der Vernunft. Der Menſch wird durch mannichfaltig verſchiedene ſinnliche Triebfedern in Bewegung geſetzt; die Vernunft aber gebietet, ihr allein zu folgen. Sie ſchreibt Geſetze vor, welche durchgängig als Richtſchnur der Handlungen befolget werden müſſen. Sie beſtimmet die oberſte Regel für die Handlungen, und den höchſten Maaßſtab für alle Kenntniſſe und Wiſſenſchaften, und bringt dadurch die noch ſo ſehr entgegengeſetzten Beſtrebungen in Einheit und Harmonie. Die ſittlichen Geſetze geben das ſtärkſte Vereinigungsband für die menſchliche Geſellſchaft ab; ohne ſie wird der Menſch von äußern Triebfedern auf einem ſtürmiſchen Meere ohne Steuermann herumgetrieben [41]).

III. Man muß alſo ſeine Begierden einſchränken und beherrſchen, nicht durch ein anderes ſinnliches Intereſſe, ſondern durch die Geſetze der Vernunft ſelbſt. Darin beſteht der Werth und die Beſtimmung des Menſchen [42]).

IV. Um glückſelig zu ſein, muß man die Geſetze der Vernunft befolgen. Es giebt alſo gewiſſe allgemeine

Bedin-

---

40) de legib. IX. S. 47. de republic. IX. S. 267, 269. Gorgias, S. 76, 78, 123, 125. de republica VIII. S. 217. de legib. V. S. 213. Phaedo. S. 150. 188, 190.

41) de legib. I. S. 44, 45. Alcibiad. II. S. 93, 94. Politicus. S. 61, 103, 114, 115. Theaetet. S. 117, 121.

42) Phaedo, 6. 145, 149, 188. de republica VI. S. 105, 104. de legibus I, S. 44, 46.

Bedingungen der Glückseligkeit, welche die Philosophie aufsuchen muß [43]).

V. Der Endzweck der Philosophie ist die wissenschaftliche Erkenntniß der Gesetze der Vernunft, oder der Sittlichkeit [44]). Eine solche Wissenschaft ist ein Bedürfniß der Menschheit. Denn die meisten Menschen sind über das, was Recht und Gut ist, nichts weniger als einig; sie urtheilen auf eine ganz entgegengesetzte Weise über diese Gegenstände, und das aus Mangel eines höchsten allgemeinen Begriffes, welcher allen concreten zum Grunde liegt [45]). In diesen wichtigen Wahrheiten zeigt sich eine große Unwissenheit bei den Menschen. Sie kennen entweder die Grundsätze ihres Thun und Lassens nicht, oder sie ersetzen den Mangel ihrer Kenntniß mit falschen Begriffen oder mit dem Dünkel einer schon errungenen Erkenntniß. Hieraus fließen alle ihre Fehler und Vergehungen. Die Philosophie soll also theils das Blendwerk einer eingebildeten Wissenschaft aufdecken, um die Menschen nach wahrer Belehrung und Aufklärung begierig zu machen; theils ihrer Unwissenheit durch die Aufstellung richtiger Grundsätze über ihre Pflichten und Rechte zu Hülfe kommen, und sie zur Selbsterkenntniß führen [46]) Die Philosophie soll die verwirrten und undeutlichen Urtheile über sittliche Gegenstände in deutliche auflösen, und die Grundbegriffe der Sittlichkeit aufsuchen [47]). Die Wichtigkeit und das Interesse dieser Gegenstände erfodert destomehr eine wissenschaftliche Bearbeitung durch bestimmte Begriffe

---

43) Theaetet, S. 117. Meno, S. 364-366.
44) Phaedo, S. 145. de republica VII. S. 163. V. S. 57, 58.
45) Alcibiad. I, S. 20, 48, 49. Minos, S. 131, 132. Sophista, S. 231.
46) Alcibiad. I, S. 33, 34, 66. Sophista, S. 222 seq.
47) Theaetet, S. 117. de republica, V. S. 58, 64, 66. VI, S. 70, 81, 82. VII, S. 167.

griffe und Formeln, je weniger ihnen der Vortheil zu Statten kommt, daß die äußere Anschauung auf sie, als etwas Beharrliches hinweiset⁴⁸).

Hier kommt also das nehmliche Resultat wieder zum Vorschein, und es erhellet daraus, daß Plato die Begründung einer wissenschaftlichen Moral, welche er die Wissenschaft des Guten oder des Bösen nennt, für den wichtigsten und obersten Zweck der Philosophie hielt. Hingegen schloß er auch das Interesse der theoretischen Erkenntniß nicht von dem Interesse der praktischen Vernunft aus, sondern vereinigte beide so, daß er das erstere dem zweiten unterordnete. Er vermied also den Fehler, in welchen Sokrates gerathen war, daß er den höchsten Zweck der Vernunft zu dem einzigen machte, und den menschlichen Geist durch einseitige Gränzbestimmung einschränkte. Außer dem innern Beruf und der Neigung des Plato zu Speculationen und Untersuchungen aller Art; außer seinem gebildeten und mit mannichfaltigen Kenntnissen genährtem Geiste, begünstigte selbst die Anerkennung des obersten Zweckes die Erweiterung des Gebietes der Philosophie. Er war überzeugt, daß die praktische Philosophie nur durch die Befolgung der Gesetze des Denkens zur Wissenschaft erhaben werden könne. Sie setzte also schon die Erkenntniß dieser Gesetze voraus. Nun waren aber diese Gesetze noch nicht gefunden, d. h. das Verfahren des Verstandes und der Vernunft beim Denken war noch nicht auf bestimmte Regeln und Formeln gebracht worden, ob sie gleich einzelne Denker immer mehr oder weniger befolgt hatten⁴⁹). Hieraus erkannte also Plato die Nothwendigkeit einer Wissenschaft für die Regeln des Denkens, und schätzte sie als diejenige, welche für

alle

48) Politicus. S. 64, 65.
49) Sophista, S. 304. Politicus, S. 62, 63. Philebus S. 220.

alle Philosophie die Form bestimmt ⁵⁰). Zweitens. Alles was zum Denken Stoff und Anleitung giebt, trägt zur Kultur und Bildung des menschlichen Geistes, und dadurch unmittelbar oder mittelbar zur Entwickelung des Vernunftvermögens bei, wodurch Sittlichkeit befördert wird ⁵¹). Aus diesem Gesichtspunkte konnte er keine Kunst, keine Wissenschaft, woran der menschliche Geist seine Kräfte äußert, verwerfen, er mußte sie alle als Geistesbeschäftigungen gelten lassen. Alles Vorstellbare, alles was durch Vorstellungen möglich ist, war ihm ein Gegenstand des Wissenswürdigen, aber in ungleichem Grade, welchen das Verhältniß zur praktischen Philosophie bestimmt ⁵²). Aus diesem Grunde schloß er die theoretischen Theile nicht aus dem Umfange der Philosophie aus. Drittens. Einige Theile der speculativen Vernunft erschienen ihm in einem noch nähern Verhältnisse und Zusammenhange mit der Praktischen. z. B. die Wissenschaft von der theologischen Idee, die Lehre von der Unsterblichkeit. Die ganze Morallehre beruhete auf der Selbstkenntniß des menschlichen Geistes, und führte daher auf die Untersuchung der ganzen Natur desselben ⁵³).

Obgleich die Vernunft bis auf seine Zeiten mehr zum Behuf ihres theoretischen als praktischen Interesses gethan hatte, so war doch der Zustand der speculativen Philosophie nicht sehr einladend, wie wir oben gezeigt haben. Aus den Streitigkeiten der Philosophen unter einander, aus den entgegengesetzten und widerstreitenden

50) Sophista, S. 274, 275. Politic. S. 63. Phileb. S. 218, 219.
51) Philebus, S. 313, 314, 291. de republic. VI, S. 71, 143 seq.
52) Politicus, S. 103. Charmides, S. 150-152. de republ. V. S. 56.
53) Alcibiad. I, S. 65. de republica IV, S. 372 seq.

Meinungen schloß Plato, daß man noch weit von der Erkenntniß dieser Gegenstände entfernt sei, und daß es der Philosophie noch an denjenigen Bedingungen fehle, auf welchen die Möglichkeit einer Wissenschaft beruhe [54]). Aus diesem Grunde entfernte er sich auch von dem Skepticismus, welcher schon damals durch die Sophisten sich allgemein ausbreitete. Er glaubte, daß es noch keine allgemeingeltenden Grundsätze für die Philosophie gebe, konnte aber eben deswegen die Möglichkeit einer Erkenntniß nicht bezweifeln. Vielmehr bestrebte er sich durch Aufsuchung und Feststellung solcher Gründe, welche keinen Beweis weiter voraussetzen, oder Principien, die Philosophie auf eine wissenschaftliche Form zu bringen, ihr von Innen mehr Bestand, von Außen mehr Würde und Ansehen zu geben [55]).

Alles Denken und Philosophiren des Plato ging also von einem Punkte aus, und zielte auf einen Punkt ab. Er suchte die praktischen Erkenntnisse in ein ganzes systematisch geordnetes Ganze zu bringen, oder der praktischen Philosophie systematische Form zu geben, und der mannichfaltigen Verbindung wegen, auch der theoretischen Philosophie eben diesen Dienst zu erzeigen. Ob er sich gleich diesem erhabenen Ziele nur in großer Entfernung nähern konnte, weil der menschliche Geist zu dieser wichtigen Beschäftigung noch lange nicht genug geübt und vorbereitet war, weil die Bedingungen der Auflösung der theoretischen sowohl als der praktischen Aufgaben noch nicht in ihrer Reinheit und Vollständigkeit entdeckt waren; so haben seine philosophischen Bemühungen doch das Verdienst, daß sie den Zweck, die Form und Bedingungen der Möglichkeit der Philosophie auf eine befriedigendere Weise, als bis dahin geschehen war, in ihr gehöriges Licht setzten, und zur

Reali-

---

54) Sophista, S. 231. Minos, S. 131, 132.
55) Meno, S. 361. Sophista, S. 266.

Realiſirung der Philoſophie nach ſeiner Idee viele ſchätzbare Beiträge lieferten. Seine Verdienſte um die Philoſophie laſſen ſich unter folgende Geſichtspunkte ſtellen: 1) er beſtimmte zuerſt den Begriff, den Umfang, die Theile der Philoſophie und ihre Verbindung unter einander. 2) Er dachte zuerſt über die Form der Philoſophie nach. 3) Die erſten analytiſchen Verſuche über das Vorſtellen und Denken über die praktiſche Philoſophie. 4) Er bearbeitete einzelne Theile der Philoſophie, entwickelte manche neue Begriffe und Sätze. 5) Die Cenſur über ältere Philoſopheme.

Ehe ich dieſen Abſchnitt verlaſſe, muß ich noch etwas über eine Stelle ſagen, worin Plato dem Scheine nach, der Philoſophie einen andern Zweck beilegt, und noch einige abweichende Erklärungen neuerer Gelehrten über dieſen Gegenſtand beurtheilen. In dem Phädo ſagt Plato, der Zweck der Philoſophie beſtehe darin, daß man ſterben lerne, oder die Seele von dem Körper abſondere und trenne [56]). So ſchwärmeriſch auch dieſer Ausdruck lautet, ſo hat er ihn doch nicht ſo verſtanden. Wenn man die Hülle des bildlichen Ausdrucks abſondert, ſo bleibt nur die Selbſtbeherrſchung als der eigenthümliche Zweck der Philoſophie übrig, worauf ſeine weitere Erklärung ſelbſt hinführet. Der wahre Philoſoph ſetzet ſeine höchſte Beſtimmung in der Tugend; dieſe beſtehet aber in der Beherrſchung der Begierden, nicht um eines andern ſinnlichen Intereſſes wegen, ſondern aus Achtung gegen die Vernunft und um der Vernunft wegen [57]). Ein Philoſoph muß ſich ſehr viel mit dem abſtrakten Denken beſchäftigen. Dieſes kann er aber nicht, wo er nicht Herr über ſeine Sinnlichkeit iſt, und ſich von allen äußern Gegenſtänden losreißen kann. Das Studium der Weisheit verträgt ſich nicht mit der Herrſchaft

---

56) Phaedo. S. 145.
57) Phaedo. S. 146, 155-157.

schaft der Sinnlichkeit *). Das Streben nach selbstthätiger Wirksamkeit der Vernunft und Unabhängigkeit von dem überwältigenden Einflusse der sinnlichen Triebe, nennt er im uneigentlichen Sinn, Trennung der Seele von dem Körper, und das Bestreben zum Sterben.

Es scheint zwar, als wenn die Meinung, daß die Sinnlichkeit die erste Quelle aller Irrthümer sei, und der Verstand bei dem Denken und Forschen nach Wahrheit der Mitwirkung des sinnlichen Vorstellungsvermögens ganz entbehren könne, indem dieses die Wirksamkeit des Verstandes nur hindere und einschränke, allen diesen Gedanken zum Grunde liege, und daß diese Grundsätze gerade zu auf jene Schwärmereien führen mußten, welche nach Christi Geburt unter dem Namen des Neuplatonismus so nachtheilig für die Kultur der Menschheit geworden sind. Allein wenn auch hier und da Stellen vorkommen, welche einer solchen Auslegung fähig sind, so finden sich doch auch andere, welche von richtigeren Einsichten zeugen. Man würde daher aus einem gedoppelten Grunde Unrecht thun, wenn man so einseitig den Zweck der Platonischen Philosophie bestimmen wollte; einmal, weil jene Vorstellungsart auf bildlichen und metaphorischen Ausdrücken beruhet, da deutlichere und bestimmtere Erklärungen vorkommen; zweitens, weil der Phädon einer von den früheren Dialogen ist. Also muß man nach vernünftigen Foderungen eins von beiden annehmen: entweder Plato hatte wirklich in seinen frühern Jahren jene schwärmerische Vorstellung von dem Zwecke der Philosophie, berichtigte sie aber in der Folge durch reifere Einsichten; oder wenn das nicht ist, so hat er sich in dem Phädon nicht deutlich und bestimmt genug ausgedrückt. Es sei nun der eine oder der andere Fall wirklich, so fließt doch einerlei Folge daraus, daß man

den

38) Phaedo, S. 148.152.

den Zweck seiner Philosophie nicht nach jenen undeutlichen Gedanken, sondern nach den bestimmtern und deutlichern erklären müsse.

Es ist zwar nicht leicht zu entscheiden, in welchem von beiden Fällen Plato sich befunden habe, weil die angeführte Stelle in dem Phädo einer doppelten Auslegung fähig ist. Unterdessen wenn man sie mit mehrern im Phädon vorkommenden Parallelstellen vergleicht, so bekommt der zweite gedenkbare Fall ein Uebergewicht von Wahrscheinlichkeit, welche auf der Seite des zweiten sich nicht befindet. Denn 1) nicht die Sinnlichkeit selbst, sondern die Herrschaft derselben über den vernünftigen Trieb wird für die Quelle aller Unsittlichkeit, und für ein Hinderniß des Selbstdenkens ausgegeben. Dieses nennt er ατ αφροσυνη τυ σωματος [59]). 2) Er hält nicht jede Befriedigung des sinnlichen Triebes für unerlaubt, sondern nur die uneingeschränkte mit Vernachlässigung höherer Zwecke. Man soll dem Körper nicht mehr geben, als was ihm nothwendig ist [60]). 3) Jener uneingeschränkte Einfluß der Sinnlichkeit hindert in so fern das selbstthätige Denken, als er das höhere Streben nach Geisteskultur unterdrückt. Der Sinnliche Mensch kennt kein anderes Gut als den Genuß, welchen er durch den Körper erhält, er kennt keine andere Wahrheit, als die Empfindung. Der Philosoph will aber das Unveränderliche und Allgemeine erforschen; er muß also aus einer andern Quelle als der Sinnlichkeit schöpfen [61]). 4) Plato lehrt nicht, daß die Philosophie die Sinnlichkeit (wenn es möglich wäre) zerstören und unterdrücken müsse, sondern sie beruhige und besänftige nur die sinnlichen Triebe, folge der Vernunft, untersuche das Wahre und Unver-

---

59) Phaedo, S. 152.
60) Phaedo, S. 188, 189, 146, 147.
61) Phaedo, S. 148, 149, 188–190. de republica VII, S. 136.

änderliche, und ſetze darin die Beſtimmung des Lebens⁶²).
Dieſe Stelle zeigt offenbar, daß es in den übrigen Stellen an Deutlichkeit des Ausdruckes fehlet.

Es iſt nur noch ein einziger Punkt, welcher mit dieſer Erklärungsart ſich nicht gut zu vertragen ſcheint, nehmlich die Meinung, daß die Seelen in einem vorhergehenden Leben reine Intelligenzen geweſen, und durch viele Grade der Ausbildung in einem künftigen Zuſtand wieder werden können und ſollen. Allein jenes iſt nur eine doktrinale Hypotheſe in der Platoniſchen Philoſophie, und dieſes nicht über alle Zweifel erhoben. In der Folge werde ich Gelegenheit haben, den Beweis davon zu führen. Ich bemerke nur jetzt einſtweilen ſo viel, daß in dem Timäus die Seelen in eine nothwendige Verbindung mit den Körpern geſetzt werden; daß nach eben dieſem Buche die Beſtimmung des Menſchen darin beſtehet, die Begierden und Gefühle der Sinnlichkeit durch Vernunft zu beherrſchen; und endlich, daß eine mit den Foderungen der vernünftigen, und den Bedürfniſſen der ſinnlichen Natur übereinſtimmende Diät der Seele und des Körpers gelehret wird⁶³). Die Vergleichung des Phädo mit dem ſechſten Buche der Republik, wo er ebenfalls von den Kennzeichen und der Handlungsweiſe eines Philoſophen handelt, wird dieſes Reſultat noch mehr beſtärken. Es zeigt ſich daraus ganz deutlich, daß jene anſtößigen Ausdrücke in dem Phädo nur Uebertreibungen ſind. Es iſt aber nicht zu läugnen, daß ihm zuweilen Ausdrücke entfallen, welche aus der falſchen Meinung herzufließen ſcheinen, daß die Verbindung der Seele mit dem Körper eine weſentliche Einſchränkung des Geiſtes, als des eigentlichen Menſchen, und daher ein Uebel ſei⁶⁴). Allein auch dieſe Stellen ſind im Verhältniß

62) Phaedo, S. 191.
63) Timaeus, S. 326, 426=433.
64) Phaedo, S. 150. ἕως ἂν τὸ σῶμα ἔχωμεν, καὶ ξυμπεφυρμένη ᾖ ἡμῶν ἡ ψυχὴ μετὰ τοιούτου κακοῦ.

niß zu jenem nur sparsam, und können deswegen nicht für die eigentliche Meinung des Plato gelten. Er würde sich vielleicht bestimmter ausgedrückt haben, wenn er über das Verhältniß der Sinnlichkeit zu dem Verstande, und der Organisation zum Geiste festere Begriffe gehabt hätte. Allein wenn er auch glaubte, daß der Geist abgesondert von der Organisation oder auch selbst von der Sinnlichkeit das Wesen der Menschheit ausmache, so hat dieser Irrthum doch weiter keinen Einfluß auf den Zweck der Philosophie, den Menschen ihre Bestimmung zu lehren, welche in der Selbstthätigkeit und freien Einschränkung des sinnlichen Triebes' besteht. Der Mensch besitzt Vernunft und Sinnlichkeit; diese letzte rühre her, woher sie wolle, so muß doch er sie durch Vernunft, und um vernünftig zu sein, einschränken.

Eben diese Trennung der Seele von dem Körper nennt auch Plato eine Reinigung 65). Dieser Ausdruck hat durch seine Unbestimmtheit manchen Forscher seiner Philosophie zu unrichtigen Resultaten verleitet. So hat zum Beispiel Plessing zu beweisen gesucht, daß der Zweck der Philosophie nach dem Plato in der Tödtung des Fleisches bestehe; daß sie die Verbindung der Seele mit dem Körper aufhebe, und den Menschen zur Anschauung der unsichtbaren, unveränderlichen und unmateriellen Substanzen d. h. der Ideen erhebe, durch deren Beschauung er in einem vorigen Zustande glückselig gewesen sei; daß sie durch jene Trennung die Spuren jener Anschauung erneuere, und dadurch den Menschen in den Besitz der verlohrnen Seeligkeit wieder einsetze 66). Allein diese Darstellung thut kein Genüge, und ist aus verschiedenen Ursachen fehlerhaft. Erstlich verläßt sie
die

---

65) Phaedo, S. 152.
66) Memnonium, Zweiter B. S. 227. In den meisten Punkten stimmt auch Schulze mit ihm überein. De summo secundum Platonem Philosophiae fine. Helmstadii 1789.

die bildliche Sprache nicht, in welche Plato seine Ideen eingekleidet hatte. Es ist aber mehr um den Inhalt als die Einkleidung zu thun, zumal bei dem Plato, welcher in manchen Fällen so sehr die bildliche Sprache liebt. Der Ausleger muß alsdann dem Philosophen nachhelfen, und darf es um so mehr, wenn es sich ausweiset, daß er in einer andern Stelle das Bild selbst durch deutlichere Begriffe aufgekläret hat, wie hier wirklich der Fall ist. Zweitens. Plessing bemühet sich dadurch eine Aehnlichkeit zwischen den Mysterien und der Platonischen Philosophie darzuthun, welche doch in der That nicht zu denken ist. Ich übergehe jezt die sonderbare Erklärung von den Ideen, worüber ich mich weiter unten weitläufig erklären werde. Was also erstlich den Begriff der Reinigung anlangt, so erklärt ihn Plato selbst auf eine philosophische keine Schwärmerei begünstigende Weise [67]. Reinigung heißt die Absonderung des Unedlern von dem Edlern. Sie ist in Ansehung des Gegenstandes von zweierlei Art, eine körperliche und geistige. Die körperliche veredelt und vervollkommt den Körper durch äußerliche und innerliche Mittel. Von ihr ist die geistige völlig verschieden. Sie veredelt die Seele durch Absonderung alles desjenigen, was sie unvollkommen macht. Die Unvollkommenheiten der Seele lassen sich in zwei Klassen eintheilen. Das Mannichfaltige, was zur Seele gehört, (Vernunft, Begehrungsvermögen, Urtheile, Gefühle, Begierden) ist entweder in Streit und Aufruhr gegen einander, oder es fehlet nur Harmonie, Einstimmung und Zweckmäßigkeit; Jenes können wir Krankheit der Seele, (νοσος) dieses Unvollkommenheit oder Fehler (αισχος) nennen. Die Krankheit der Seele ist Unsittlichkeit z. B. Ungerechtigkeit, Unmäßigkeit, welche durch Disciplin geheilet wird (κολασται oder δικη.) Die Fehler oder

---

67) Theaetet. S. 220/221.

oder Mängel der Seele beruhen auf Unwissenheit, welche von gedoppelter Art ist. Man ist entweder blos unwissend, oder es gesellt sich doch der Dünkel hinzu, daß man die Kenntniß und Einsicht habe (αμαθια.) Jene Art der Unvollkommenheit wird durch Unterricht (διδασκαλια), diese durch Censur (νεϑεσις oder ελεγχος) verbessert. Wenn also darin der Zweck der Philosophie bestehet, so ist er nicht verschieden von dem, welchen wir oben nach andern Stellen angegeben haben. Plato bediente sich eines damals sehr gewöhnlichen Ausdrucks, wodurch die sittliche Kultur aber freilich nach rohen, unentwickelten Begriffen bezeichnet wurde. Reinigung war ein Bestandtheil jeder Religion, und auch der Mysterien, welche aber nur in körperlichen Abwaschungen, Besprengungen und andern äußerlichen Cerimonien bestand, wodurch, wie man glaubte, auch die Seele gereiniget, d. h. gottgefällig gemacht würde [68]. Er bezeichnet daher mit dem nemlichen Worte nicht eben den Sinn, wie das sehr häufig bei ihm der Fall ist, und setzte an die Stelle eines rohen unedlen Begriffes einen edeln und entwickelten. Daher sagt er, die Stifter der Mysterien scheinen keine schlechten Männer gewesen zu sein; sie ahndeten, wie mir dünkt, schon damals, daß Gerechtigkeit, Mäßigkeit und jede Tugend in einer Reinigung bestehe, und behaupteten demnach, daß jeder Mensch, der gereinigt ist, in jenem Leben der Glückseligkeit theilhaftig werden wird. Der gereinigte ist aber meiner Meinung nach der wahre Philosoph [69]. Hieraus folgt nun kinesweges, daß Plato der Philosophie und den Mysterien einerlei Zweck beilegte, sondern vielmehr dieses, daß er den Zweck der Mysterien vorstellte, wie er gesunden philosophischen Begriffen nach sein sollte.

Herr

68) Cratylus, S. 273, 274. de republica II, S. 222.
69) Phaedo, S. 157.

Herr Eberhard glaubt, der Zweck der Platonischen Philosophie sei kein anderer gewesen als, dem gemeinen Wesen tugendhafte, wohlthätige und weise Staatsbürger, Obrigkeiten und Rathgeber zu bilden, er ist überzeugt, daß man vermittelst dieses Zweckes alle seine Dialogen, wie man will, in ein analytisches oder synthetisches System ordnen könne 70). Ich zweifele im geringsten nicht, daß dieses wirklich ein Zweck der Platonischen Philosophie war; aber es ist nicht der vollständige, viel weniger der Zweck seines Philosophierens. Nach den Betrachtungen, welche ich bisher angestellt habe, sollte freilich die Philosophie die Menschen über ihre Pflichten und Rechte belehren, über ihre wichtigsten Angelegenheiten, Sittlichkeit und Religion, Aufklärung verschaffen — dies war der Punkt, von welchem er ausging — aber sie sollte nicht weniger die obersten und allgemeinsten Gründe des Denkens, und die allgemeinsten Prädikate der denkbaren Gegenstände entwickeln; sie befaßte das Gebiet der theoretischen und praktischen Vernunft. Nur allein durch diesen Zweck läßt sich eine Verbindung unter seinen Dialogen bemerken. Eine Philosophie, welche dieser Idee entsprochen hätte, fand Plato noch nicht. Daher bestrebte er sich nach dem Maaß seiner Kräfte, sie wirklich zu machen. Und das war der Zweck seines Philosophirens. Die Ursache, warum Herr Eberhard nicht auf eben dieses Resultat kam, liegt, wie mir dünkt, hauptsächlich darin, daß er den Gang, welchen der philosophische Geist des Plato nahm, nebst der Beschaffenheit und dem Einflusse der Zeitumstände auf denselben übersehen, und den Zweck der Sokratischen und Platonischen Philosophie nicht genug unterschieden hat. Seiner Meinung nach sind beide in Absicht ihres

Zweckes

---

70) Von dem Zweck der Philosophie des Sokrates und der Platonischen Mythen, in seinen neuen vermischten Schriften. Halle 1788. 8. S. 358 seq.

Zweckes einerlei, und Plato ging von seinem Lehrer nur darin ab, daß er die allgemeinen Begriffe und Definitionen von den Dingen absonderte, welches Sokrates nicht thut. Aus der gegenwärtigen Darstellung aber zeigt es sich augenscheinlich, daß ihre Zwecke eben so verschieden waren, als ihre Gesichtspunkte, und daß daraus die Philosophie beider Männer eine eigenthümliche Beschaffenheit bekommen mußte. Doch davon werde ich weiter unten mehr zu sagen haben.

Zweiter Abschnitt.

Ueber den Begrif, Umfang, Eintheilung und Form seiner Philosophie.

Erhaben ist die Schilderung, welche Plato von einem ächten Philosophen entwirft. Es ist ein Ideal, welches, wenn man einige fremde hinzugekommene Züge absondert, alles enthält, was die Würde, Achtung und Bewunderung der menschlichen Natur ausmacht. Der Philosoph, sagt er, liebt und schätzet unaufhörlich diejenige Wissenschaft, welche das Unveränderliche, Beharrliche, keinem Wechsel unterworfene zum Gegenstande hat; er liebt sie in ihrem ganzen Umfange; er achtet nicht allein die großen und edelern Theile, sondern würdiget auch die kleinern und weniger edeln. Sein ganzes Streben gehet auf Erkenntniß der Wahrheit, daher ist er ein Feind von aller Lüge und Falschheit. Wenn die Begierden auf einen Gegenstand mit einer gewissen Stärke und Lebhaftigkeit, gerichtet sind, so werden alle andere geschwächt und verdunkelt, weil sie alle gleichsam

nur

nur jenem einem Kanale zuströmen. Der einzige Strebungspunkt des Philosophen ist die Untersuchung der erhabensten Wahrheiten, daher sucht und schmeckt er mehr das innere reine Vergnügen des Geistes, als Sinneslust. Er ist daher enthaltsam und von allem Eigennutz entfernt. Dean er kennt noch höhere Bestrebungen, als diejenigen, zu deren Befriedigung der Besitz äußerer Güter als Mittel dienet. Kleinheit des Geistes und des Charakters kann nicht in einem Gemüthe wohnen, welches die allgemeine Verbindung der Dinge und der vernünftigen Wesen vor Augen hat.

Der Philosoph betrachtet das Selbstständige, was über allen Wechsel der Zeit erhaben ist, und erweitert daher seine Blicke über das gegenwärtige Leben hinaus. Der Zeitraum des menschlichen Lebens erscheint ihm daher als etwas Unbeträchtliches, und er fürchtet den Tod nicht. Da er Herr seiner Leidenschaften ist, ohne Habsucht, ohne niedrige Denkungsart, ohne Anmaßung und Furcht, so kann er nicht ungerecht oder ungesellig sein. Wenn andere Menschen nach dem Genuß von einzelnen Gegenständen streben, und Vergnügen an Tönen oder Farben finden, so erhebt er sich von der Anschauung der einzelnen Gegenstände zu den allgemeinen Begriffen von dem Schönen und Guten, und findet in dem Denken dieser Gegenstände die Nahrung seines Geistes. Wenn die Menschen über das Mein und Dein streiten, und über die Verletzung ihrer Rechte in einzelnen Fällen klagen, so gehet er von diesen concreten Fällen zu der Untersuchung über: was ist überhaupt und schlechterdings Recht und Unrecht, und wodurch unterscheiden sie sich von einander? Die Frage, ob ein König glückselig sei, der große Schätze besitzet, richtet seine Aufmerksamkeit auf die Untersuchung der Frage: Was Regierung sei? Worin die Glückseligkeit oder ihr Gegentheil bestehe? Welches die Bedingungen seien, das eine zu erlangen, und das andere zu entfernen? — Die gewöhnlichsten

Vor-

Vorfälle einzelner Menschen, die Stadtneuigkeiten, und was sonst die Neugierde des großen Haufens reizet, entgehet seiner Bemerkung; denn er ist nur dem Leibe nach an einem Orte gegenwärtig; ihm kümmert das nicht, was vor seinen Füßen liegt, da seine Seele, wie Pindar sagt, die ganze Erde und den Himmel ausmißt, und das Wesen aller Dinge umspannet. Er ist daher in den Sachen des gemeinen Lebens fremde, und wenn er über solche Gegenstände spricht, so wird er als ein einfältiger ausgelacht. Wenn er zum Beispiel die Glückseligkeit eines Tyrannen lobpreisen höret, so stellt er sich einen wohlhabenden Hirten vor, welcher viel milkt, nur freilich aber kein so geduldiges und zahmes Thier als der Hirte. Wenn man einen rühmet, daß er zehn tausend Morgen oder noch mehr besitzet, so dünkt ihm, der an den Umfang der ganzen Erde denket, das nur eine Kleinigkeit zu seyn. Wird einer wegen seines Adels gerühmet, daß er sieben reiche Vorfahren herzählen, oder sein Geschlecht in gerader aufsteigender Linie vom Hercules oder Amphitruo ableiten könne, so kommt ihm dieser Stolz als eine Nichtswürdigkeit vor, weil er weiß, daß jeder Mensch viel tausend Vorfahren, unter welchen reiche und arme, Könige und Privatpersonen sind, annehmen könne. Bei solchen Urtheilen wird er von den einen als ein stolzer, von den andern als ein unwissender Mensch ausgelacht, weil er das, was vor seinen Füßen ist, nicht kennet, oder sich in dem Einzelnen, Individuellen und Konkreten nicht zu benehmen weiß¹). — Andere Menschen haben nur höchstens Meinungen von dem, was gut, schön und recht ist; sie können die Ideale derselben nicht von den einzelnen Gegenständen unterscheiden, nicht mit denselben vergleichen. Der Philosoph strebt aber nach der Vernunfterkenntniß dieser Ideen selbst,

1) de republica V. S. 56 seq. VI. S. 70-74. Theaetet. S. 116-121.

selbst, und beurtheilet nach diesen alle einzelnen gegebenen Gegenstände. Daher lebt er gleichsam wachend, da die andern ihr Leben nur hinträumen ²). Wenn einem solchen Manne die Gesetzgebung oder Regierung eines Staates aufgetragen würde, wenn er das Göttliche und das Menschliche genau kennte, und das Lezte nach den Idealen des Ersten zu bestimmen und einzurichten suchte: dann würde die bürgerliche Gesellschaft ihrer Vollkommenheit entgegen eilen, und die Menschheit die größte mögliche Glückseligkeit erreichen ³). Der Philosoph nach diesem Gemählde ist, wie der Weise der Stoischen Schule, ein Ideal; ein Wesen, bei dem die theoretische und praktische Vernunft in ihrer größten Vollkommenheit und Harmonie vorhanden ist; bei dem Wissen und Handeln Eines ist. Es ist ein Ideal, dem sich ein Mensch nur nähern, welches er aber nicht erreichen kann. Dasjenige Wesen, welches diesem Ideal in der größten Reinheit entspricht, ist der Weise (σοφος), es ist, wenn es personificirt wird, das höchste Wesen, die Gottheit. Der Philosoph sucht dieses Ideal zu realisiren, er strebet nach dieser Vollkommenheit ⁴). Der Inbegrif derjenigen Erkenntniß, welche er aus inniger Liebe zu ihr zu erreichen sucht, ist Philosophie objektive; das Interesse und die Thätigkeit der Vernunft in Beziehung auf dieselbe ist Philosophie subjektive genommen. Doch wir müssen nun bestimmter den Begrif angeben, welchen sich Plato von der Philosophie gebildet hatte.

Da dieses Wort durch die Entwickelung des Begrifs noch keine bestimmte Bedeutung erhalten hatte, so wurde es in sehr weiter Bedeutung von jeder Kenntniß, Kunst und Geschicklichkeit gebraucht, welche nicht unter die gemeinen gehörte, z. B. die Beredsamkeit, die Dichtkunst

---

2) de republic. V. S. 58, 59.
3) de republica VI. S. 103 - 105.
4) Symposium. S. 232. Phaedr. S. 318.

kunst⁵). Hieraus entstanden zwei falsche Begriffe, welche Plato bestreitet. Erstlich Philosophie ist nichts anders als Polymathie oder Vielwisserei, das Streben nach vielen und mannichfaltigen oder vielmehr nach allen Kenntnissen ohne Auswahl und Unterschied. Allein gleichwie die Gesundheit des Körpers weder durch zu wenige, noch durch zu viele Arbeiten befördert und erhalten wird, sondern nur eine bestimmte Art und ein gewisser Grad zu diesem Zweck beförderlich ist: so ist auch die Sammlung von allen Kenntnissen ohne Auswahl und Modificirung dem Wohlstande der Seele mehr schädlich als nützlich. Man kann noch fragen, welche Kenntnisse, und in welchem Grade sind sie den Zwecken der Geistes-kultur zuträglich⁶)? Zweitens. Philosophie bestehet in der Erwerbung der schönsten und zuträglichsten Kenntnisse, durch welche sich einer den größten Ruhm verdienen kann, d. h. wodurch er die Einsicht in alle, oder wenn das nicht möglich ist, in die meisten und geachtesten Künste erlanget. Diese Künste sind diejenigen, welche freigebohrnen Menschen angemessen sind, mehr im Denken als in mechanischen Fertigkeiten bestehen. Es ist nicht nöthig, daß der Philosoph alle und jede Künste vollkommen inne habe, sondern es ist genug, wenn er mit den Künstlern über ihre Kunst sprechen und sein Urtheil fällen kann. — Wenn Philosophie weiter nichts ist, als diese oberflächliche Kenntniß der Künste, so ist sie ganz unnütz. Denn wenn es auf die Anwendung und den Gebrauch einer Kunst ankommt, so mußte ein solcher Vielwisser dem Künstler weit nachstehen. Philosophie muß, wenn sie etwas wirkliches ist, etwas ganz anders sein, in so fern sie einen viel erhabenern Zweck, als irgend eine Kunst, beabsichtiget, welcher auf den Menschen selbst und

---

5) Isocrates Panegyricus, S. 61. Diogenes Laert. 1, 14.
6) Amatores, C. 32 seq.

und vorzüglich auf die Kultur und Disciplin seines Geistes und Charakters gehet⁷)

Philosophie ist eine Wissenschaft, aber nicht jede Wissenschaft ist Philosophie. Wissenschaft ist ein höherer, ein Gattungsbegrif, Philosophie nur eine Art⁸). Da Plato, so viel wir wissen, der erste ist, welcher diesen für die Philosophie so wichtigen Begrif in Betrachtung gezogen hat, und er das Hauptmerkmal in der Definition der Philosophie ist, so werden wir seinen Ideengang so genau als möglich verfolgen müssen, um die Merkmale zu finden, aus welchen er den Begrif der Philosophie zusammengesetzt hat.

Das Wort Wissenschaft (επιστημη) ist in der weitesten Bedeutung gleichbedeutend mit Kunst (τεχνη). Beide werden sehr oft bei dem Plato für einander gesetzt. Es bedeutet demnach den Inbegrif von gewissen theoretischen oder praktischen Kenntnissen, welche sich auf einen Gegenstand beziehen. Der Zweck der Wissenschaften in dieser Bedeutung ist entweder die Herbeischaffung und Bearbeitung derjenigen Dinge, welche zur Erhaltung oder Bequemlichkeit des Lebens gehören; oder die Erziehung und Bildung der Jugend; oder endlich die Befriedigung der geistigen Bedürfnisse, oder die Erkenntniß selbst⁹).

Jede Kunst oder Wissenschaft hat einen Gegenstand, womit sie sich beschäftiget, und von dem sie selbst verschieden ist, z. B. die Baukunst, die Erbauung eines Hauses; die Rechenkunst, die Vielheit des Gleichen oder Ungleichen. Der Gegenstand ist theils ein Werk (εργον) d. h. etwas Sichtbares, welches durch die Kunst hervorgebracht wird, oder ein Körper, welcher vorher nicht war; theils etwas von allem Körperlichen verschiedenes¹⁰).

Jede

---

7) Amatores, S. 36 seq.
8) de republica VII. S. 165, 166.
9) Philebus, S. 299.
10) Charmides, S. 133.

Jede Kunst oder Wissenschaft beabsichtiget einen Zweck. Plato erfodert aber, daß der Zweck auf etwas Gutes gerichtet sei. Er kann von geboppelter Art sein, entweder das Beste (die Vollkommenheit) des Körpers oder die Vollkommenheit der Seele [11]. Jede Kunst muß endlich vernünftig sein, d. h. sie muß einen vernünftigen Grund angeben von dem, was sie über einen Gegenstand behauptet, oder an ihm vornimmt; das Mannichfaltige ihres Stoffes muß unter Regeln geordnet sein. Dieses kann nicht ohne Einsicht und Kenntniß in die Natur ihres Gegenstandes geschehen. Sie schließt daher jede Empirie (ἐμπειρια τριβη) aus, d. h. ein Verfahren nach dunkeln Vorstellungen ohne deutliches Bewußtsein von Regeln und Zwecken [12]). Dieses sind die allgemeinen Erfodernisse aller Künste und Wissenschaften in der weitern Bedeutung. Sie werden von dem Plato auf verschiedene Art eingetheilet.

Die Künste unterscheiden sich nehmlich zuerst in Ansehung des Gegenstandes. Ihr Gegenstand ist entweder etwas, das entstehet und vergehet, und überhaupt veränderlich ist, z. B. alle Erscheinungen, alles was in unserer gesammten Erfahrung vorkommt. Dahin gehören die mechanischen Künste, die Musik, die Medicin, die Ackerbaukunst, die Kriegswissenschaft, selbst die empirische Physik, welche die Gegenstände des äußern Sinnes betrachtet, in so fern sie entstehen, und wie sie wirken und leiden — oder etwas Bleibendes, Unveränderliches, Beharrliches (τὸ αἰεὶ καὶ κατὰ τὰ αὐτὰ ὡσαύτως ἔχον) [13]). Zweitens, in Ansehung der wissenschaftlichen Form. Einige sind einer wissenschaftlichen Vollkommenheit empfänglich, andere nur in einem geringern Grade. Jene nennt er reine, diese unreine Künste (καθαραὶ, ἀκαθάρτοι.)

Unter

---

11) Gorgias, S. 39, 119, 152.
12) Gorgias, S. 35, 37, 41, 117. Philebus, S. 299.
13) Philebus, S. 306.

Unter jene rechnet er die Arithmetik, Meßkunst und überhaupt die mathematischen Wissenschaften; unter diese die übrigen, welche wir oben genennt haben. Sie haben bald mehrern bald wenigern Antheil an dem Mathematischen; die Musik giebt ein Beispiel von diesen, die Baukunst von jenen. Trennt man von ihnen diesen Antheil, so bleibt nur etwas Unvollkommenes noch übrig, was auf Empfindung, Wahrnehmung und Analogie beruhet [14]). Drittens, in Ansehung der Behandlung ihres Gegenstandes theilen sich die Künste in theoretische und praktische. Jene beschäftigen sich mit Erkenntniß, diese mit der Wirklichmachung der Gegenstände. (γνωστικαι, πρακτικαι.) Plato schränkt aber den Begrif der praktischen Wissenschaften nur auf die Hervorbringung eines Werkes (εργον) ein [15]).

In engerer Bedeutung werden Künste von den Wissenschaften unterschieden, 1) durch ihre Behandlung, sie sind praktisch, 2) durch den Mangel oder geringern Grad von wissenschaftlicher Form [16]). Die Wissenschaften im Gegensatz der Künste sind theoretisch, sie beschäftigen sich mit der Erkenntniß; sie sind zweitens einer strengen wissenschaftlichen Form empfänglich. Dieser engere Begriff von Wissenschaft liegt bei der Philosophie zum Grunde, und diesen müssen wir weiter zergliedern. Die meisten Merkmale, aus welchen er zusammen gesezt ist, sind schon oben bei der Eintheilung der Künste vorgekommen.

Jede Wissenschaft ist eine Erkenntniß [17]). Die Erkenntniß eines Gegenstandes ist das Bezogenwerden der Vorstellung auf denselben, wodurch er von andern unter-

---

14) Philebus, S. 299, 300.
15) Politicus S. 7. Gorgias, S. 11.
16) Philebus, S. 299. Epinomis, S. 239 seq. de republ. VII, S. 166.
17) Politicus, S. 7. de republica V. S. 60, 63.

unterschieden wird ¹⁸). Wenn mehrere verschiedene Vorstellungen auf einen Gegenstand bezogen werden, so kann man nicht behaupten, daß man eine Erkenntniß von demselben besitze, indem es nothwendig ist, daß eine oder die andere von diesen Vorstellungen nicht demselben Gegenstande angehöret, auch möglich ist, daß sie alle fälschlich auf ihn bezogen werden ¹⁹). Daher müssen die Vorstellungen wahr sein, sie müssen sich auf den Gegenstand beziehen, und zwar so, daß sie denselben von allen andern unterscheiden. Dieses ist aber nicht eher möglich, als bis alle Merkmale, welche dem Gegenstande eigenthümlich sind, und wodurch er sich von allen andern Gegenständen unterscheiden läßt, zum Bewußtsein gebracht worden sind ²⁰).

In jeder Erkenntniß werden mit dem Gegenstande diejenigen Vorstellungen verbunden, welche ihm als Merkmale zukommen. Eine Vorstellung mit der andern verbinden heißt, urtheilen ²¹). Keine Erkenntniß kann daher ohne Urtheile (δόξα) sein, aber ein Urtheil ist noch keine Erkenntniß. Denn die Urtheile können eben so wohl falsch, als wahr sein. Wenn man ohne sich eines Grundes bewußt zu sein urtheilet, so hat man nur eine Meinung, welche veränderlich und wandelbar sein kann. Auch die richtigsten Meinungen sind nur blind; sie sind eben das, was blinde Wegweiser, welche uns auf den richtigen Weg führen, ob sie gleich den richtigen eben so wenig als den falschen kennen ²²). Zu dem Urtheil muß also noch etwas hinzukommen, wodurch es erst Erkenntniß wird, und dieses ist die Herleitung aus einem Grunde (λογισμὸς αἰτίας), wodurch sie erst Festigkeit oder

P 4   Unwan-

---

18) Theaetet. S. 188, 192, 193.
19) Sophista, S. 231. Alcibiades I. S. 20. Minos, S. 131.
20) Politicus, S. 63.
21) Sophista, S. 296.
22) Meno. S. 383-386. de republica VI, S. 115.

Unwandelbarkeit erlangen ²³). Dieser Grund ist nichts anders als der allgemeine Begrif, welcher die niedern Begriffe unter sich begreift, oder vielmehr das allgemeine Merkmal, welches allen denen Gegenständen zukommt, welche unter jenem Begriffe stehen. So lange man nicht den allgemeinen Begriff von einem Gegenstande gefunden hat, so lange ist es auch unvermeidlich, daß man in den concreten Begriffen und Urtheilen hin und her schwanken, einen concreten Fall bald unter dieses bald unter jenes Urtheil subsumiren, d. h. nur meinen muß. Die Menschen müssen so lange in ihren Urtheilen über das, was in den einzelnen Fällen recht oder unrecht ist, schwanken und uneinig sein, als der allgemeine oberste Begrif von der Gerechtigkeit noch nicht gefunden ist ²⁴). Also gehören zu einer Erkenntniß 1) Begriffe, 2) Sätze, 3) Principe, oder solche Sätze, welche die Synthesis der Vorstellungen in den Sätzen bestimmen. Und da es höhere und niedere Principe giebt, so muß man in der Erkenntniß auf einen obersten Grund zu kommen suchen, welcher keinen andern höhern voraussetzt. Die Erfindung desselben ist die Gränze des Erkennbaren, und sie erhebt die Erkenntniß zur Wissenschaft, in dem strengsten Sinne ²⁵). Wissenschaft ist Erkenntniß aus dem obersten Princip (αρχη) und setzt die Zergliederung eines allgemeinen Begriffes in seine Merkmale und Arten voraus, um die Verbindung der Vorstellungen in dem Urtheilen nach dem allgemeinen Begriffe oder Princip vollständig bestimmen zu können ²⁶).

Um den vollständigen Begrif von Wissenschaft, wie er in der Platonischen Philosophie bestimmt worden ist, noch

23) Meno, S. 385.
24) de republic. V. 64, 65, 57, 58.
25) de republica VI. S. 124. de republica VII, S. 165, 166.
26) Sophista, S. 274, 275. Politicus, S. 63.

noch genauer kennen zu lernen, müssen wir noch den Gegenstand untersuchen, welchen er zu einer Wissenschaft rechnete. Meinung und Wissenschaft sind von einander wesentlich verschieden. Eine Meinung ist mancherlei Veränderungen ausgesetzt, die Wissenschaft unveränderlich; jene kann falsch sein, und widerlegt werden, diese ist allezeit wahr und unwiderlegbar. Auch durch den Grad von Deutlichkeit und Evidenz (σαφηνεια) unterscheidet sich die Wissenschaft von der Meinung [27]. Dieses führet ganz natürlich auf den Schluß, daß der Gegenstand der einen von dem Gegenstande der andern verschieden sein müsse. Der Gegenstand der Wissenschaft ist das Beharrliche, Unveränderliche, was keinem Wechsel der Bestimmungen verschieden ist (το αει κατα ταυτα ἑαυτως εχον); das Absolute (το ον) oder das Wesen eines Dinges (ουσια). Das heißt, das Allgemeine, das durch Vernunft gedachte, nicht Empfindbare (νοητον) [28]. Der Gegenstand der Meinung ist das Veränderliche, was bald so, bald anders ist, wechselt, an einem Dinge entstehet und wieder vergehet, was durch die Sinnlichkeit und den Verstand zugleich vorgestellt (angeschauet) wird. (αισθητον). Es ist zwar etwas Wirkliches, aber weil es nicht beharrlich ist, so kann man eben so wenig sagen, es ist, als es ist nicht; es stehet zwischen dem, was gar nicht ist, und dem Absoluten mitten inne (το ον και μη ον) [29]. Durch die Sinnlichkeit entstehen Vorstellungen von einzelnen Objekten und ihren Veränderungen, in welchen nichts Bleibendes angetroffen wird. Der Verstand verbindet den Stoff dieser Vorstellungen, und erzeugt

---

27) de republica V. S. 63–65. de republica VI. S. 135. de republica VII. S. 166.
28) Timaeus, S. 348. de republica V. S. 60, 69. de republica VII. S. 166. Theaet S. 141.
29) Timaeus, S. 348. de republica V. S. 60–63 Theaet. S. 141.

zeugt dadurch Begriffe, welche auf die Gegenstånde bezogen werden. Auch in diesen kommt noch nichts Unveränderliches vor, in so fern der Stoff derselben etwas ist, das an den Objekten wechselt. Um das Veränderliche von dem Unveränderlichen zu trennen, muß der Verstand nur dasjenige verbinden, was nicht wechselt, oder in allem Wechsel bleibt, d. h. die unveränderlichen Bestimmungen, unter welchen ein Gegenstand nicht angeschauet, nur gedacht wird [30]). Die veränderlichen Bestimmungen nennt er τὰ πολλα, die unveränderlichen τὸ ἕν [31]). Indem also der Verstand nur die unveränderlichen Bestimmungen zusammenfaßt, in Begriffe vereiniget, und auf einen Gegenstand beziehet, so entstehet dadurch der Begrif eines Objektes, welches nicht angeschauet, sondern nur gedacht wird, mit lauter Bestimmungen gedacht wird, welche in der Zeit nicht wechseln.

Diese durch die Vernunft denkbaren, absoluten Gegenstände und ihre Bestimmungen, sind die οντα, welche Plato für die eigentlichen Gegenstände der Wissenschaft hielt. Die Ursache davon ist leicht einzusehen. Analysis ist nur möglich, wo eine Synthesis vorgegangen ist. Was der Verstand verbunden hat, das kann er auch wieder auflösen und in seine Merkmale zergliedern. Hierin bestand aber, wie wir vorher gesehen haben, das Wissen, und die Wissenschaft in einer vollendeten Analysis, d. h. aus einem Begrif, der keinen höhern über sich erkennet, das ist, aus einem Princip, welches nur eine Idee sein kann. Aus eben dem Grunde wird das μη ον, und das ον και μη ον, von den Gegenständen der Wissenschaft ausgeschlossen. Was durch den Verstand verbunden worden ist, das hat auch eben dadurch Realität; ob eine objektive oder nur subjektive, wird hier noch nicht entschieden. Das Nichts, was ganz und gar nicht ist, ist

weder

---

30) Theaetet. S. 141-144.
31) Epistol. VII. S. 132, 133.

weder ein Gegenstand der Sinne, noch des Verstandes; weil aller zu verbindende Stoff fehlet, so ist kein einziges positives Urtheil von ihm möglich ³²). Dasjenige an Erscheinungen, was nur durch die Empfindung gegeben wird, beruhet auf der Form der Zeit, ist veränderlich. Die anschaulichen Prädicate werden daher bald in den Begrif des Objektes aufgenommen, bald davon ausgeschlossen, bald so bald anders mit demselben verbunden (ον και μη ον). Ihre Synthesis beruhet auf der Erfahrung, daher können sie nicht als Merkmale aus einem Begrif abgeleitet werden ³³). Dieses ον, der Gegenstand der Wissenschaft, wird auch das Wahre (αναληδες) genennt ³⁴). Wahrheit ist die Uebereinstimmung eines Prädicates mit seinem Subjekte, beruhet also auf einem Urtheil, kann nur gedacht werden ³⁵). Daher leuchtet die Identität des Denkbaren und Gedachten mit dem Wahren ein.

Da der Gegenstand der Wissenschaft ganz verschieden ist von dem Gegenstande der Meinung, so muß man auch, um die Möglichkeit der einen und der andern zu erklären, ein zweifaches Vermögen annehmen, welche er mit dem Nahmen επιστημη und δοξα bezeichnet ³⁶). Plato unterscheidet das sinnliche Vorstellungsvermögen und das Denkvermögen, Verstand und Vernunft (δοξα, νοησις). Die Vernunft ist ihm aber das eigentliche Vermögen der Wissenschaft, weil sie allein nach dem Unbedingten oder Absoluten strebet, da der Verstand hingegen bei dem Bedingten stehen bleibet ³⁷). Ueber diese Eintheilung

---

32) de republica V. S. 59, 60, 62, 63. Sophista, S. 243s 241.
33) de republic. V. S. 63, 64.
34) Philebus, S. 306.
35) Sophista, S. 294, 295.
36) de republica V, S. 60.
37) de republica VI. S. 125. de republ. VI, S. 166.

lung werden mehrere Erläuterungen in dem ersten Theile der Platonischen Philosophie vorkommen. Jede Kunst und Wissenschaft wird der Idee nach als etwas Ganzes, Vollständiges, Unveränderliches und Unwiderlegbares betrachtet [38]).

Also zusammen: Wissenschaft im strengsten Sinne ist die systematische Erkenntniß des Absoluten, (Unveränderlichen, Unbedingten) aus Vernunftbegriffen, in weiterer Bedeutung ist sie die Erkenntniß des Unveränderlichen nicht aus unbedingten Gründen der Vernunft, sondern aus bedingten des Verstandes (διανοια) [39]). Hiermit haben wir auch den Begrif der Philosophie gefunden, denn Wissenschaft im strengsten Sinne und Philosophie ist eins [40]). Die vollständige Analysis und Synthesis eines Begriffes, oder die vollständige Entwicklung eines Begriffes in seine Merkmale und untern Begriffe, das Aufsteigen von niedern zu höhern Begriffen und die Herleitung des Besondern aus dem Allgemeinen heißt Denken, und die Wissenschaft, welche die Regeln davon entwickelt, ist die Denkwissenschaft (διαλεκτικη). Diese ist die reinste und strengste Wissenschaft, und der unveränderlichste Charakter des Philosophen [41]). Wissenschaft ist die Form der Philosophie und in so fern mit ihr einerlei; denn Plato unterscheidet hierin die Form und den Stoff der philosophischen Wissenschaften noch nicht genug. Wenn auch der Begrif der Philosophie noch nicht bestimmt genug ist, so hat sich doch Plato durch das Wahre, welches er enthält, und vorzüglich durch die Auszeichnung der Form derselben, ein unstreitiges Verdienst um alle nachfolgende Arbeiten der Denker und um die Philosophie selbst erworben.

38) de republica I, S. 177, 178. de republica V. S. 62.
39) de republica VI, S. 165.
40) Definitiones, S. 295.
41) Philebus, S. 220, 303. Politicus, S. 63. Sophista, S. 274, 275. de republica VI, S. 165, 166.

worden. Nachdem in diesem Begriffe die wesentliche Form der Philosophie aufgestellt worden war, so wurde jedem philosophischen Kopfe sein Geschäft, die Wissenschaft des Nothwendigen und Absoluten im Ganzen oder einzelnen Theilen zu bearbeiten, außerordentlich erleichtert, weil er den Begrif als einen Kompaß ansehen konnte, welcher ihn bei seinen Untersuchungen leitete.

Plato drückt sich in Ansehung des Begrifs der Philosophie nicht immer auf diese Art aus, weil er kein streng wissenschaftliches Buch über die Philosophie schrieb, und seine Gedanken oft in eine bildliche Sprache einkleidete. Alle verschiedenen Ausdrücke lassen sich aber sehr leicht auf jenen Begrif zurückführen. Die Philosophie, sagt er einmal, ist der Uebergang der Seele aus einem dunkeln verfinsterten Tage in einen hellen, in welchem man das, was ist, erkennen kann [42]). Er vergleichet nehmlich den Zustand eines Menschen, der ohne Erkenntniß vorzüglich der sittlichen Gegenstände beständig von schwankenden Meinungen herumgetrieben wird, mit einem Schlafe oder Traume [43]). Die Philosophie verbreitet durch die deutliche Entwickelung der Ideen gleichsam Tag über die dunkelsten Gegenstände, sie ist das innere Licht des Geistes. —. Philosophie ist die Richtung des edelsten Geistesvermögens auf die Betrachtung des Besten in der Natur [44]). Das edelste Vermögen des Menschen ist die Vernunft, das Göttliche in uns; das Beste in der Natur ist die Gottheit, das vollkommnste Wesen, die absolute Ursache der Welt. — Sie ist endlich die Bildung der Seele durch die Vernunft, und in so fern diese die Kenntniß der Vermögen und Kräfte der Seele voraussetzt,

---

42) de republica VII. S. 141. ὕπνε παραγωγη εκ ωπερεν της τινος ἡμερας εις αληθινην τε οντος ισης ανοδος.
43) de republica V. S. 58, 59.
44) de republica VII. S. 163 επαγωγη τε βελτιστε εν ψυχη προς την τε αριτα εν τοις ουσι θεαν.

setzt, diese Erkenntniß selbst, vorzüglich des edelsten Vermögens, der Vernunft, und das ist Selbsterkenntniß⁴⁵). Wir kennen nichts vortreflicheres als die Vernunft in Ihrem theoretischen und praktischen Gebrauche, und das Urbild derselben die Gottheit. Sie ist das oberste Vermögen, welchem alles übrige als Mittel und Werkzeug unterworfen ist; sie macht den vorzüglichsten Theil unsers Selbst aus. Durch die Erkenntniß dieses Vermögens werden wir erst in Stand gesetzt, und selbst kennen zu lernen, unsere Unvollkommenheiten und Vollkommenheiten einzusehen, und uns zweckmäßig auszubilden.

Da die Philosophie die Wissenschaft in dem strengsten Sinne ist, so hat sie auch eben den Gegenstand, nehmlich das durch Vernunft denkbare, Absolute und Unveränderliche. Dieses Absolute ist gränzenlos, auf keine Zeit eingeschränkt; es begreift alle Wesen⁴⁶). Hieraus entspringt der Begrif von einem absoluten Ganzen, einer Totalität oder Universum. Daher nennt er den Gegenstand der Philosophie auch το ὁλον και παν θειον τε και ανθρωπινον ⁴⁷). Das letzte beziehet sich wahrscheinlich auf die Gesetze der Sittlichkeit, wodurch die Menschen, als vernünftige Wesen, zu einem Reiche der Freiheit vereiniget werden⁴⁸). Unter dem ersten kann man die Natur verstehen, welche von der Gottheit durch die Einheit des Zweckes zu einem harmonirenden Ganzen eingerichtet worden ist⁴⁹). — Die Philosophie beschäftiget sich mit dem Allgemeinen. Sie untersucht nicht, was dieser oder jener Mensch sei, sondern was der Mensch überhaupt

45) Definit. S. 395. επιστημη ψυχης μετα λογυ ορθυ. Alcibiad. I. S. 54, 65, 66.
46) de republica, VI, S. 73. θεωρια παντος χρονυ, παντς δε ψσιας.
47) Ebendas. Man vergleiche damit Aristoteles bei dem Eusebius Praeparat. Euangelic. XI, 3.
48) Puliticus, S. 114, 115. de republica I. S. 198, 199.
49) Timaeus, S. 336, 337, 385.

haupt sei, und was ihm vermöge dieser Natur zu thun und zu leiden zukomme. Sie erörtert nicht das Recht und Unrecht in einzelnen Fällen, sondern überhaupt, was Gerechtigkeit und Ungerechtigkeit sei, und die Merkmale, wodurch sich das eine von dem andern und allen übrigen unterscheidet. Ob dieser, oder jener Mensch glückselig sei, gehet ihr nichts an, aber die Untersuchung über die menschliche Glückseligkeit überhaupt, worin sie bestehe, und wie sie erlanget werde [50]). — Die wichtigsten Gegenstände der Philosophie sind die σώματα. Bei einigen Dingen lassen sich ihre Merkmale sehr leicht durch die Anschauung ohne Zergliederung eines Begriffes finden. Demjenigen, welcher Kenntniß von einem dieser Gegenstände verlanget, kann man unmittelbar auf denselben verweisen. Nicht so ist es bei den wichtigsten und würdigsten Gegenständen. Es giebt von ihnen kein völlig entsprechendes Bild oder Abdruck für die Menschen, keine Anschauung, welche den Fragenden und Forschenden befriedigende Erkenntniß geben könnte. Sie können nur einzig und allein durch das Denken (durch die Entwickelung der Begriffe) deutlich gemacht werden [51]). Sie sind überhaupt dasjenige, was den innern Erscheinungen, vorzüglich den moralischen, zum Grunde liegt, die Seele mit ihren Kräften und Wirkungen [52]). Diese σώματα, welche auch unter dem Nahmen αυδη und νοητα vorkommen, sind also nichts anders als die denkbaren Gegenstände, welche von denen der äußern Anschauung unterschieden werden [53]).

Hieraus

50) Theätet. S. 117, 230.
51) Politicus, S. 64, 65. τοις δ'αυ μεγιστοις ουσι και τιμιωτατοις, ουκ εστιν ειδωλον ουδεν προς την ανθρωπων ειργασμενον εναργως, ὁ δειχθεντος, την τε πυνθανομενα ψυχην ὁ βουλομενος αποπληρωσαι, προς των αισθησεων τινα προσαρμοττων, ἱκανως πληρωσει.
52) Sophista, S. 261.
53) Phaedo, S. 179, 180. Theätet. S 76. Sophista, S. 261.

Hieraus läßt sich der Umfang seiner Philosophie bestimmen. Die Gränze der Denkbarkeit bestimmt auch die Gränze derselben. Alles was ein Gegenstand für den Verstand und die Vernunft ist, gehöret in den Umfang der Platonischen Philosophie. Da er den Begriff derselben in der Untersuchung und systematischen Ausführung des Absoluten oder Unbedingten setzte, so würde er im Stande gewesen seyn, ihr ganzes Gebiet mit vollständiger Bezeichnung ihrer Gränzen zu bestimmen, wenn er den Inhalt des reinen Verstandes deutlich erkannt hätte, welcher der Vernunft ihren Stoff darbietet. Aber eben deswegen, weil ihm diese Einsicht fehlte, konnte er zwar die Gränzen der Philosophie, welche das Absolut denkbare bestimmet, aber nicht das, was innerhalb den Gränzen lieget, oder ihr Gebiet abzeichnen. Unterdessen war doch diese Gränzbestimmung ein Gewinn für die Philosophie. Das Feld, welches innerhalb denselben eingeschlossen war, wurde von ihm und den folgenden Philosophen immer mehr angebauet und kultiviret, bis die kritische Philosophie das ganze Gebiet vollständig ausgemessen hat.

Aus dem angeführten Grunde darf man auch keine vollständige Eintheilung der Philosophie von dem Plato erwarten. Wenn man den Berichten alter Schriftsteller glauben darf, so sonderte Plato noch nicht einmal das Feld der formalen, der theoretischen und praktischen Philosophie von einander ab, sondern Aristoteles und Xenokrates nahmen zuerst diese Scheidung vor [54]. Diese Bemerkung hat in so fern seine Richtigkeit, daß man in den Platonischen Schriften keine solche strenge Absonderung dieser Theile der Philosophie wahrnimmt, als man bey dem Aristoteles findet, ob sich gleich Plato mit Untersuchungen aus allen diesen Theilen beschäftigte. Da aber

---

54) Sextus Empiric. aduers. Mathematic. VII, 16.

aber alle seine Schriften gewissermaßen als exoterische angesehen werden können, so bleibt es noch immer unausgemacht, ob er nicht in dem mündlichen Vortrage der Philosophie ihre Theile abgesondert, und wissentschaftlicher behandelt habe, als es in seinen Schriften geschehen ist. Es scheint mir sogar wahrscheinlich, daß er die Lehrsätze der Philosophie nach der Verschiedenheit der Gegenstände in besondere Fächer geordnet habe, und zwar aus folgenden Gründen. Erstlich kommen auch in seinen Schriften schon deutliche Spuren von der wissenschaftlichen Trennung der Theile der Philosophie vor, wie ich hernach weitläufiger zeigen werde. Zweitens: Der Gang der wissenschaftlichen Kultur der Philosophie leitete schon ganz natürlich auf die Unterscheidung der drei Theile. Vor Sokrates war die Philosophie fast durchaus speculativisch; Sokrates lenkte den Untersuchungsgeist auf das Praktische, Plato endlich fing zuerst an die Gesetze des Denkens zu erforschen [55]). Indem er also die speculative und praktische Philosophie mit einem neuen Zweige bereicherte, so war es eine natürliche Folge, daß er das ganze wissenschaftliche Gebiet der Philosophie in drei große Abtheilungen scheiden mußte. Es gehörte dazu ein so geringer Grad von Scharfsinn, daß ich mir keine Ursache denken kann, warum seinem philosophischen Geiste so etwas entgangen sein sollte. Drittens. Der Umstand, daß zwei Schüler von ihm zu gleicher Zeit diese Absonderung wirklich vornahmen, scheint mir der obigen Vermuthung noch mehr Gewicht zu geben. Aristoteles würde zwar auch für sich vermöge seines systematischen Kopfes auf diese Eintheilung geführt worden sein. Allein wenn ein Mann wie Xenokrates, der an philosophischem Geiste dem Aristoteles so weit nachsteht, ebenfalls den Inhalt der Philosophie in drei Theile absondert,

---

55) Diogenes Laert. III, 56.

sondert, wie Sextus berichtet, so kann ich mir diesen
Umstand nur dadurch erklären, daß ihnen beiden ihr ge-
meinschaftlicher Lehrer vorgegangen war. Endlich haben wir auch ein ausdrückliches Zeugniß für diese Behauptung, von dem Aristocles, einem peripatetischen
Philosophen des zweiten Jahrhunderts [56]). Ich gestehe
gerne, daß jeder von den angeführten Gründen allein
betrachtet, noch mancherlei Einwendungen zuläßt, und
keinen großen Grad von Wahrscheinlichkeit giebt; aber
der Zusammenhang und die Verbindung aller dreie giebt
der Vermuthung ein so großes Gewicht, daß sie für eine
historische Wahrscheinlichkeit gelten kann.

Jetzt will ich nun die historischen Belege aus frühen
Schriften beibringen, aus welchen erhellet, daß er wahrscheinlich die Philosophie in drei Theile abgetheilet habe.
Da seine Untersuchungen zuerst und vorzüglich auf die
Entdeckung eines Princips der Sittlichkeit abzielten, wie
ich in dem ersten Abschnitt gezeigt habe, so war es wohl
sehr natürlich, daß er alle die Fragen und die Resultate,
welche sich auf diesen Gegenstand bezogen, zusammen-
stellte und in ein Ganzes brachte, d. h. als eine eigne
philosophische Wissenschaft behandelte, zumal da dieser
Theil der Philosophie das größte Interesse für ihn hatte,
und ihn sein ganzes Leben beschäftigte. Nun finden wir
auch wirklich die praktische Philosophie unter einem eignen Nahmen und als eine besondere Wissenschaft bezeichnet. Er nennt sie am gewöhnlichsten die Wissenschaft
des Besten (ἐπιστήμη τȣ βελτιϛȣ) [57]), die Wissenschaft des
Guten und Bösen (ἡ ἐπιστήμη περι το αγαθον και το κα-
κον [58]); Praktische Vernunft oder Erkenntniß der
Gesetze der praktischen Vernunft, φρονησις und ἐπιστήμη

schlecht-

---

56) Eusebius Praeparat. Euangel. XI. 3.
57) Alcibiad. II. S. 90, 91.
58) Charmid. S. 151, 152.

schlechthin ⁵⁸), Weisheit ⁵⁹). Sie ist die Wissenschaft von dem, was geschehen und nicht geschehen soll ⁶⁰); die Wissenschaft von dem Rechthandeln oder der sittlichen Handlungsweise ⁶¹); die Wissenschaft, welche uns den höchsten Zweck lehret ⁶²); oder welche unterrichtet, wie die Menschen beschaffen sein müssen, wornach sie streben sollen, und wie sie dieses realisiren können ⁶³); eine Wissenschaft, welche Einheit, Ordnung und Uebereinstimmung in alle Wirkungen der Seele, in alle Handlungen und Reden der Menschen bringet ⁶⁴); die Wissenschaft der menschlichen Glückseligkeit ⁶⁵); die Wissenschaft von der Kultur und Ausbildung der Seele ⁶⁶). Alle diese verschiedenen Nahmen und Erklärungen beziehen sich auf einen einzigen Gegenstand, auf eine Wissenschaft, welche die höchsten Gesetze der Handlungen und den obersten Zweck für die Bestrebungen zum Gegenstande hat; also das Absolute in dem Praktischen. Diese Wissenschaft erhält man dadurch, daß man die reinen und höchsten Begriffe von dem, was gut, schön und sittlich ist, aufsuchet, aus ihrem Grunde ableitet, und durch die analytische und synthetische Entwicklung ihre mannichfaltige Anwendung zeiget ⁶⁷). Aus dieser Darstellung ergiebt sich augenscheinlich, daß Plato die praktische Philosophie als einen

Q 2 *beson-*

---

59) Definitiones, S. 288.
60) Theaetetus, S. 124.
61) Definition. S. 288. διδοναι καθ' ἣν νεμομεν τι ἑκαστον και τι υ ἑκαστον. Alcibiades II. S. 81.
62) ἡ αιτια τυ ορθως πραττειν. Euthydemus. S. 46.
63) Euthydemus. S. 41. εν ᾗ συμπιπτουσι τε ποιειν και τῳ χρησθαι τουτῳ, ὁ ποιῃ.
64) Gorgias, S. 89, 127. Alcibiad. I. 34.
65) Gorgias, S. 123. 126.
66) Charmides, S. 150, 151.
67) Gorgias, S. 118. Alcibiades, I. S. 55, 56.
68) de republica VII. 167. de republica V. S. 57, 58, 64.

besondern Theil von den übrigen absonderte, und als eine eigne Wissenschaft bearbeitete.

Die ganze praktische Philosophie faßt er auch unter dem Nahmen πολιτική zusammen, und verstehet darunter die Wissenschaft, welche das Beste der Seele, d. h. die sittliche Kultur zum Gegenstande hat. Die Bestimmung der Gesetze und Regeln des Handelns, und die Disciplin, oder die Nöthigung der Seele durch Strafmittel zu der verlassenen Bahn der Sittlichkeit zurückzukehren, sind ihre beiden Theile. Jene nennt er νομοθεσία, diese δικαστική. Sie entsprechen dem, was wir Ethik und Ascetik nennen*). Der Nahme πολιτική ist nicht gut gewählt, weil man darunter eigentlich die Anwendung der Gesetze der Vernunft auf die Regierung eines Staates, also einen Theil der angewandten Moral verstehet. Es wird daher auch bald in einem weitläufigern, bald in einem engern Sinne genommen, und begreift in jenem Falle die reine Moral, in diesem aber die Anwendung derselben auf die bürgerliche Gesellschaft**). Denn Plato glaubte, daß in allen Verhältnissen, die nehmlichen unveränderlichen moralischen Grundbegriffe statt finden, und daß die Gerechtigkeit in der Regierung eines Staates, und die Rechtschaffenheit eines einzelnen Menschen nach einerlei Grundsätzen beurtheilet werde.

Von dieser Wissenschaft des Guten oder Besten muß eine andere, die Wissenschaft des Guten (ἐπιστήμη τοῦ ἀγαθοῦ) sehr wohl unterschieden werden, welche von speculativer Art ist. Die Vernunft strebt nach dem Unbedingten; dieses zu erkennen, ist der Zweck der Philosophie als Wissenschaft in dem strengsten Sinne. Der Verstand forscht bei jeder Wirkung, nach einer Ursache, welche

69) Gorgias, S. 40.
70) Definit. S. 293. πολιτικὴ ἐπιστήμη καλῶν καὶ συμφερόντων; ἐπιστήμη ποιητικὴ δικαιοσύνης ἐν πόλει.

welche wieder eine andere Urſache vorausſetzt; die Vernunft denkt ſich aber eine abſolute Urſache, welche, ohne bedingt zu ſeyn, die Bedingung von allem andern iſt, um das Geſchäft des Verſtandes zu vollenden. Die Vernunft iſt die Quelle der Erkenntniß und der Sittlichkeit, des edelſten, welches wir kennen und beſitzen. Aber woher die Vernunft in dem Menſchen? In der ganzen Natur bemerkt man Ordnung, Regelmäßigkeit und Zweckmäßigkeit, welche wir nur von einem Vernunftweſen ableiten können. Woher dieſe, da ſie keine Folge von der menſchlichen Vernunft ſein kann? Die Vernunft wird alſo auf ein Weſen geleitet, welches der oberſte Grund von der Vernunft in dem Menſchen und der Vernunftmäßigkeit in der Natur iſt. Dieſes Weſen nennt nun Plato das (höchſte) Gut το αγαθον; es iſt die erſte Urſache, welche keine weiter vorausſetzt. Die höchſte Wiſſenſchaft iſt es, durch Begriffe zur Erkenntniß dieſes Weſens hinauf, und von demſelben zu dem Bedingten herabzuſteigen [71]). Da dieſes Weſen kein anderes als die Gottheit iſt, die Urſache von allem Guten und Zweckmäßigen, was in der Welt angetroffen wird, ſo iſt dieſe eben angeführte Wiſſenſchaft unſere Metaphyſik, deren letztes Ziel die Theologie iſt. Je nachdem die Vernunft entweder von dem Bedingten zu dem Unbedingten hinauf, oder von der oberſten Bedingung zu dem Bedingten herabſteiget, entſtehen zwei Wiſſenſchaften, nehmlich in jenem Falle die Wiſſenſchaft der erſten abſoluten Urſache, in dieſem die teleologiſche Weltbetrachtung in Verhältniß der oberſten Intelligenz; von der letztern machte er einen Verſuch in dem Timäus.

---

71) de republica VI. S. 112. 184. VII. S. 133. ἵνα μέχρι του ανυποθετου ιτι επι την του παντος αρχην ιων, ἁψάμενος αυτης, παλιν αυ εχόμενος των εκεινης εχόμενων, ὑτως επι τελευτην καταβαινη. S. 124.

Die erste Wissenschaft nennt Plato die allerhöchste Wissenschaft, indem sie das Feld des Intelligiblen begränzt, worin ihm Aristoteles, der sie σοφια nennt, beistimmt 72).

Die Betrachtung der Natur, als Inbegrif aller Erscheinungen, kann auf eine gedoppelte Art und aus einem zweifachen Gesichtspunkte angestellt werden, in so fern es zweierlei Ursachen giebt, Naturursachen und Endursachen. Die ersten sind bedingt, sie wirken mit Naturnothwendigkeit, ohne an sich die Kaussalität einer Vernunft vorauszusetzen; diese beruhen auf der Kaussalität einer Vernunft, welche nach Zwecken handelt. Jene nennt Plato die ersten Ursachen oder das Göttliche, diese die zweiten Ursachen (nehmlich dem Range nach) oder auch das Nothwendige 73). Je nachdem man nach den Naturursachen oder den Endursachen der Erscheinungen in der Welt forschet, entstehen daraus zwei verschiedene Wissenschaften, welche Plato mit keinem besondern Nahmen benennet hat, sie entsprechen aber unserer Physik und der Teleologie. Die erste hielt Plato, wie es scheint, für keine strenge Wissenschaft. Denn sie muß etwas Gegebenes annehmen, und als Princip brauchen, welches es doch nicht ist, weil niemand angeben kann, was Feuer, Wasser u. s. w. eigentlich sei; und dann beschäftiget sie sich mit Erscheinungen, die beständig wechseln 74). Indem er bemerkte, wie sehr verschieden die ältern Physiker die Erscheinungen erklärt hatten, so glaubte er, daß sich auf dem Wege der Vernunft vielleicht mehr Gewißheit

---

72) de republica VI. S. 119, 120. de republic. VI, S. 133, 167. Aristotel. Ethicor. Accom. VI, 7. Metaphysic. III, 1.

73) Timaeus, S. 337. την δε τε και ορισθησαν σρωτην αιτιαν τας της εμφρονος φυσεως αιτιας πρωτας μεταδιωκειν, οσα δε υπ᾽ αλλων μεν κινουμενων, ἑτερα δ᾽ εξ αναγκης κινουντα γιγνεται, δευτερας ποιητεον. S. 336, 339, 385.

74) Timaeus, S. 340. Philebus, S. 305, 306.

wißheit finden laſſe, als auf dem Wege des Verſtandes, und ſuchte die Natur von einer erſten verſtändigen Urſache nach Zwecken abzuleiten [77]). Sokrates war ihm ſchon in der Betrachtung der Natur nach Endzwecken vorgegangen; er verfolgte dieſen Weg weiter, und bereicherte die Philoſophie mit einer neuen Wiſſenſchaft.

In Anſehung des Gegenſtandes, womit ſich die Phyſiologie beſchäftiget, theilt ſie ſich in zwei Hauptzweige. Man unterſuchet nehmlich entweder die Natur der lebenden empfindenden und vernünftigen Weſen — Pſychologie, oder die unbelebte todte Natur — Phyſik. Aber keine von beiden kann vollſtändig und befriedigend abgehandelt werden, ohne die andere mit zu Hülfe zu nehmen. Alſo ſetzen beide eine Wiſſenſchaft von der Natur überhaupt, als einem Ganzen voraus [78]). Es iſt alſo ſehr wahrſcheinlich, daß Plato die Phyſiologie von der Metaphyſik unterſchieden, jene in die allgemeine Phyſiologie, dieſe aber wiederum in die Pſychologie und Phyſik und zwar aus einem gedoppelten Geſichtspunkte, aus teleologiſchen und phyſiſchen Grundſätzen eingetheilet habe, wenn er ſie auch gleich nicht alle mit gleichem Intereſſe bearbeitet hat.

Am klärſten zeigt ſich das obige Reſultat in Anſehung des dritten Theiles der Philoſophie, der Logik, oder wie ſie Plato nennt, Dialektik. Keine Wiſſenſchaft kann dieſer entbehren, weil jede derſelben die Gründe von etwas durch deutliche Entwickelung und Herleitung der Begriffe aus einem höchſten Begriffe angeben muß. Die Unentbehrlichkeit der Begriffe, erkennen, nicht erkennen, wiſſen, nicht wiſſen, welche in jeder Unterſuchung vorkommen, machte ihn zuerſt auf die Nothwendigkeit einer deutlichen Entwickelung dieſer Begriffe aufmerkſam

---

75) Phaedo. S. 221–224.
76) Phaedrus, S. 370–372.

merksam ⁷⁷). Ohne Verbindung der Vorstellungen in ein Bewußtsein ist keine Sprache, kein Urtheilen und Denken, und also auch größtentheils keine Philosophie möglich. Weil aber eben sowohl Vorstellungen zusammen gefaßt werden können, welche zusammen gehören, als welche nicht zusammen gehören, wodurch eine Rede, ein Urtheil wahr oder falsch werden kann, so ist diejenige Wissenschaft von dem größten Werth, welche die Möglichkeit und Nothwendigkeit der Verbindung der Vorstellungen zeigt — und dieses ist die Dialektik ⁷⁸). Sie lehret aus dem Gemeinsamen mehrerer Vorstellungen allgemeine oder Gattungsbegriffe, und aus dem Verschiedenen Begriffe von den Arten bilden; sie zeiget, wie ein Begrif mit dem andern zusammenhänge, oder von demselben getrennt werden, und wie man etwas aus höhern Begriffen ableiten, d. h. einen Grund angeben müsse ⁷⁹). Sie ist also die Wissenschaft des Denkens, jeder wissenschaftlichen Sprache, (διαλεγεσθαι) und der Form aller Wissenschaften⁸⁰). Plato versichert, daß die ältern Philosophen die Regeln von der Bildung der allgemeinen Begriffe und der Eintheilungen noch nicht deutlich erkannt haben⁸¹). Also ist Plato eigentlich der erste Philosoph, der die formale Philosophie oder die Logik wissenschaftlicher bearbeitet hat; ohne ihn würde wahrscheinlich Aristoteles nicht in Stande gewesen sein, sie ihrer Vollendung so nahe zu bringen.

Plato zeichnete also drei Wissenschaften aus, welche er für die wichtigsten, erhabensten und nothwendigsten hält.

77) Theaetet. S. 166.
78) Sophista. S. 274, 288.
79) Sophista. S. 274, 275. ἢ τι κινουσιν ἑαυτα δυνατει και ὅτι μη, διακρινειν κατα γενος ἐπιταςθαι. de republica VII, S. 165-167. Phileb. S. 219, 220. Politicus, S. 63.
80) Philebus, S. 303, 304. Phaedo, S. 214. Charmides, S. 142, 143, 147.
81) Sophista, S. 304. Philebus, S. 220. Politicus, S. 62, 63.

hält. Die eine beschäftiget sich mit dem Denken, die andere mit der Erkenntniß der Gegenstände, vorzüglich des allerhöchsten Wesens; die dritte mit dem Handeln. Alle drei sind der strengsten wissenschaftlichen Form fähig; alle drei sind Wirkungen der Vernunft, welche das Absolute und Unbedingte in allen drei verschiedenen Rücksichten suchet, nehmlich absolute Grundsätze des Denkens, ein absolutes Wesen in dem ganzen Umfang des Erkennens, absolute Grundregeln für das Handeln. Folglich stellte er durch die drei Wissenschaften die wichtigsten Probleme der Philosophie auf, und erwarb sich ein Verdienst um dieselbe, welches nur durch das, sie befriedigend aufgelößt zu haben, überwogen werden konnte, wenn er auch selbst zu dieser Auflösung gar nichts beigetragen haben sollte. —

Es ist noch die Frage zu beantworten übrig: Welche Verbindung und Zusammenhang unter diesen drei Theilen Plato angenommen habe? An sich sind sie schon durch das Vernunftvermögen, welches sie aufgegeben hatte, und allein zu Stande bringt, unter einander verbunden. Aber es giebt noch eine andere Verbindung. Die Moral ist die allerwichtigste und für jeden Menschen unentbehrlichste Wissenschaft. Die Begriffe und Urtheile von dem was gut, sittlich und gerecht ist, haben keinen Gegenstand, welcher durch äußere Anschauung erkannt würde, sondern sie beziehen sich auf etwas blos Geistiges, Ideales (ἀσώματον). Es ist daher von den wichtigsten Folgen für die Menschheit, daß sie zu deutlichen Begriffen erhoben und durch vollständige Bestimmung ihrer Merkmale von allen andern unterschieden werden, oder mit andern Worten, daß man sie unter Principien in eine Wissenschaft zusammenfasse [*]). Keine Wissenschaft ist aber möglich, ohne Kenntniß der Gesetze des Denkens d. h.

Dialek-

---

[*]) Politicus, S. 64, 65.

Dialektik. Die Verbindung dieser Wissenschaft mit der Moral ist also einleuchtend. — Zweitens die Moral stellt ein Ideal von moralischer Vollkommenheit auf, welches in keiner wirklichen Erfahrung angetroffen wird, und die menschliche Natur weit übersteiget. Die Vernunft aber enthält auch eine Idee von einem Wesen, welches dem Ideale vollkommen entspricht — der Gottheit. Das Bestreben der Menschen, immer sittlicher zu werden, wozu sie durch ihre Vernunft verpflichtet sind, ist also eigentlich ein Streben, der Gottheit ähnlich zu werden [83]). Die Moral sezt also die Wissenschaft von der Idee der Gottheit voraus. Ohne diese ist nicht einmal eine vollständige Erkenntniß von der Sittlichkeit möglich, indem durch jene Wissenschaft die Sittlichkeit erst als das höchste Gut erscheint [84]). Der Gedanke, daß die Menschen eine vollkommene Sittlichkeit in diesem Leben nicht erreichen können, zu welcher sie doch unbedingt verpflichtet sind, nöthigte die Vernunft, ein künftiges Leben anzunehmen, und die Unsterblichkeit, welche mit dem Interesse der Sittlichkeit in einem deutlichern Zusammenhang, als bis dahin, erschien, durch objektive Gründe zu beweisen [85]). Hierdurch wurde die Physiologie in Verbindung mit der Moral gesezt, welche Plato noch durch ein anderes Band verknüpfte. Die Betrachtung der Natur außer uns leitet auf die Nachforschung eines Princips der Ordnung und Regelmäßigkeit, oder der Gottheit hin, in ihr liegt also der erste Anreiz und Veranlassung zur Philosophie [86]). Die Bemerkung des regelmäßigen Ganges der Natur und ihrer Zweckmäßigkeit hat auch vielfältigen Einfluß auf die geistige

83) Theaetet. S. 121, 122.
84) de republica VI. S. 113, 114.
85) Phaedo, S. 150–152, 184, 190, 191. Epinomis, S. 237, 274.
86) Timaeus, S. 338.

geistige und sittliche Bildung des Menschen, wenn er sich bestrebt, seine Gedanken und Handlungen nach jenem Muster in vollkommene Harmonie und gesetzmäßigen Zusammenhang zu bringen 87). Die Sittenlehre ist also die höchste Wissenschaft; um ihrer willen sind alle andere nothwendig; sie ist das Band, welches sie alle mit sich und unter einander verbindet. Eben so wie die Vernunft durch Gesetzmäßigkeit oder Sittlichkeit alle Vorstellungen, Gefühle, Bestrebungen und Handlungen der Menschen in zweckmäßige Harmonie und Einheit bringet, eben so vereiniget sie durch die Beziehung auf Sittlichkeit, und ihr großes Interesse alle Wissenschaften und Zweige der Kenntnisse in ein geordnetes Ganze 88).

Die mathematischen Wissenschaften schloß Plato, wie wir oben gezeigt haben, aus dem Umfange der Philosophie aus, und zwar aus einem gedoppelten Grunde; Erstlich, weil sie der Anschauung nicht entbehren können, da hingegen die philosophischen Wissenschaften durch Begriffe zu Stande gebracht werden. Er unterscheidet hier aber eine äußere und innere Anschauung, z. B. von einem Cirkel, Quadrat, Durchmesser. Jene giebt nur das Bild, jene enthält das Schema, welches durch jenes dargestellt wird. — Eine Unterscheidung, welche durch die Entdeckung der Formen der Sinnlichkeit ihre vollkommene Bestätigung erhalten hat 89). Zweitens, es fehlet diesen Wissenschaften an einem obersten Princip, ohne welches sie auf wissenschaftliche Erkenntniß im strengsten Sinne keinen Anspruch machen können. Die Mathematiker nehmen die Begriffe von Gleich und Ungleich

---

87) Timaeus, S. 331, 432, 433.
88) Gorgias, S. 76.71, 123.127. Politicus, S. 103.106. ταυτην δει επιτηδευσαι αξειν ξυμπασαν την αλλην. Alcibiades II. S. 89.94.
89) de republica VI, S. 123. Epistola VII, S. 131.

ungleich, Figuren, Winkeln u. s. w. an, ohne sie weiter zu erklären, und entwickeln aus diesen eine ganze Reihe von Folgesätzen⁹⁰). So mußte freilich der Philosoph urtheilen, der noch keinen Begrif von der Form der Sinnlichkeit und der reinen Anschauung hatte, von welchen der Verstand den Stoff zu jenen Begriffen erhält. — Aber widerspricht sich nicht Plato selbst, wenn er an einem andern Orte behauptet, die Künste bekämen nur durch die Verbindung mit Mathematik eine wissenschaftliche Form? Muß nicht Mathematik dem zu Folge selbst Wissenschaft sein? dafür hält sie auch Plato, aber nur in einem gewissen Sinne. In so fern sie in einer Reihe von Schlüssen bestehet, welche durch gewisse Grundbegriffe Zusammenhang bekommt, ist die Mathematik wissenschaftlich; in so ferne aber die Grundbegriffe selbst keine weitere Entwickelung ihrer Merkmale zulassen, deren sie doch bedürfen, fehlt ihr das vorzüglichste Erfoderniß einer Wissenschaft, ein Princip.

Wenn also gleich die mathematischen Wissenschaften selbst keinen Theil der Philosophie ausmachen, so stehen sie doch mit derselben in einem sehr genauen Zusammenhange, und machen gleichsam die Propädeutik des Philosophen aus. Sie werden selbst durch die Thätigkeit des Verstandes, einer Art des Denkens, zu Stande gebracht, und erhalten dadurch eine Art von Verwandtschaft mit der Philosophie, welche auf Vernunft, einer andern Art des Denkens, beruhet. Sie befördern ferner auch das Denken in einem hohen Grade durch die Uebung des Verstandes und durch mannichfaltigen Anlaß zu neuen Untersuchungen⁹¹). Wegen dieser Verbindung und des Einflusses auf die Bildung des philosophischen Geistes, welchen Plato von den mathematischen Wissenschaften erwartete, wird es an diesem Orte nicht un-

zweck-

---

90) de republica VI. S. 122.
91) de republica VII. S. 161, 162. S. 141.

zweckmäßig sein, so kurz als möglich anzugeben, was Plato von dem Begrif, Inhalt, Behandlung und Einfluß jeder derselben im Besonderen gesagt hat.

Die Arithmetik ist die Wissenschaft des Gleichen und Ungleichen, wie viel jedes ist, d. h. die Wissenschaft, die Summe des Einartigen (der Zahl) an sich oder in Verhältniß zu bestimmen [92]). Gemeine Leute zählen die Einheiten von sehr verschiedenen (konkreten) Dingen, als zwei Heere, zwei Thiere. In der wissenschaftlichen (Plato nennt sie auch die philosophische) wird alles konkrete abgesondert, sie bestimmt nur die Vielheit des Einartigen, Mannichfaltigen (Schemate der Größe) ohne Rücksicht auf das Mannichfaltige, welches zusammengefaßt wird, zu nehmen. Es giebt also eine gemeine und eine wissenschaftliche Arithmetik [93]). Sie ist entweder rein, oder angewandt auf Flächen, und die Geschwindigkeit der Bewegung [94]). Ihr Nutzen in dem gemeinen Leben, in allen Geschäften und Künsten ist augenscheinlich. Wenn sie aber nicht allein zu Zwecken des gemeinen Lebens, als des Gewerbes, sondern auch um ihrer selbst willen als Wissenschaft geübt wird, so hat sie einen entschiedenen Einfluß auf die Bildung des Geistes. Denn sie übt den Verstand, indem sie ihn zu großen Anstrengungen in dem Denken anreizt. Daher kommen auch diejenigen, welche von Natur Anlagen und Fähigkeiten dazu besitzen, in allen andern Wissenschaften leichter und besser fort. Sie gewöhnt den Geist, sich über das Sinnliche zu erheben, und von allem Konkreten zu abstrahiren, — denn selbst eine Einheit kann nur gedacht nicht angeschauet werden, — und ist in so fern eine Vorübung zum Philosophieren [95]).

Die

---

92) Protagoras, S. 182. Gorgias, S. 12, 18, 19.
93) Philebus, S. 301.
94) Politicus, S. 93, 94.
95) de republ. VII. S. 143, 151. Epinomis, S. 245, 270, 273.

Die Geometrie ist die Wissenschaft, die Größe in den Gränzen der Ausdehnung (des Raum erfüllenden, τόπου) d. h. in den Figuren zu bestimmen. Sie hat es nicht mit Dingen zu thun, welche entstehen und vergehen, sondern der Gegenstand, dessen Erkenntniß sie ist, ist etwas Unveränderliches (etwas Inneres, dessen Grund und Beschaffenheit aber Plato noch nicht bestimmt genug erkennen konnte). Deswegen schärft sie nicht weniger als die Arithmetik die Fertigkeit zum Denken, und reitzt den menschlichen Geist seinen Blick aufwärts zu richten, und nicht blos an dem Sinnlichen zu kleben. Zur Betrachtung der Natur sind beide Wissenschaften unentbehrlich. Viele Künste und Geschäfte können ihrer nicht entbehren. Damit aber die Geometrie jene wohlthätige Wirkungen auf die Bildung des Geistes äußere, muß sie aus reinem Interesse und wissenschaftlich getrieben werden. Denn es giebt auch eine gemeine, mechanische Geometrie (Feldmessung). Plato bediente sich ihrer vorzüglich dazu, um den Satz „der Mensch nimmt sein Wissen aus sich selbst, oder es giebt gewisse nicht empirische Erkenntnisse," anschaulich zu beweisen [96]).

Den Uebergang von der Geometrie zur Astronomie sollte die Wissenschaft von Ausmessung der Körper (Stereometrie) machen, allein sie war, wie Plato sagt, noch nicht erfunden [97]). Die Astronomie betrachtet Körper, in so fern sie in Bewegung sind, aber nicht mit den Augen des Körpers sondern des Verstandes. Sie erforscht nicht die scheinbare Größe und Bewegung, sondern die wirkliche nach allen ihren Verhältnissen und Beziehungen auf Ordnung und Harmonie, welches nicht anders als durch Schlüsse und den Gebrauch der Arithmetik und Geometrie geschehen kann. Die Beobachtung der

---

96) Meno, S. 339. de legibus VII. S. 385. Epinomis, S. 370. de republica VII. S. 311 – 314.
97) de republica VII. S. 355.

der schönsten Ordnung und Harmonie des Himmels führet unmittelbar zu der Idee einer höchsten Vernunft, als Urheberin derselben. Wenn die Astronomie auf diese Weise und zu diesem Zweck studiret wird, so erhebt sie den Geist von dem Jrdischen zum Himmlischen, d. h. sie übt und stärkt die Thätigkeit der Vernunft ⁹⁸)

Die Bewegung giebt auch Stoff zu noch andern Wissenschaften, z. B. zur Musik und Harmonie. Sie ist die Wissenschaft von den Verhältnissen der Töne in Ansehung der Zeit und der Bewegung. Wenn sie eine wissenschaftliche Form bekommen soll, so muß sie nicht bloß die Verhältnisse, welche in den hörbaren Tönen und Akkorden angetroffen werden, zählen und messen, wie bisher geschehen ist, sondern alles dieses nur als Stoff zu der Untersuchung: welche Verhältnisse sind harmonisch, welche nicht, und welches ist der Grund davon, ansehen und behandeln. In dieser Gestalt wird sie zur Untersuchung des Schönen und Guten von großem Nutzen sein.⁹⁹)

Platos umfassender Geist leuchtet aus diesen Aeußerungen unwidersprechlich hervor. Er beobachtete sehr richtig den Einfluß dieser Wissenschaften auf die Belebung, Uebung und Stärkung des denkenden Geistes, aber er bemerkte auch eben so scharfsinnig, daß, indem sie das Denkvermögen bilden, sie eben dieselbe wohlthätige Wirkung zurückerhalten, und zu Geisteswerken geformt werden. Daher weist er sie immer auf das Vorstellungsvermögen, als ihren Ursprung, und die einzige Quelle ihrer Vervollkommnung zurück. Es würde lächerlich sein, sagt er, wenn ein Geometer geometrische Figuren, welche von einem berühmten Künstler gemahlt oder ausgearbeitet sind, nicht etwa nur als

Kunst-

---

98) de republica VII, S. 156.159. Epinomis, S. 270. de legib. XII. S. 229.
99) de republica VII. S. 160, 161. Philebus, S. 300, 312

— 256 —

Kunstwerke loben, sondern auch mit aller Aufmerksamkeit betrachten wollte, um, was Gleichheit und die Zahlverhältnisse an sich seien, von ihnen zu lernen ¹⁰⁰). Sei es auch, daß der Irrthum, als wenn wir durch das Denken dem Wesen der Dinge an sich näher kommen könnten, hier seine Rolle mitspielet, so ist er doch dadurch wohlthätig geworden, daß er auf die wahre Quelle aller reinen Erkenntniß aufmerksam gemacht hat.

Jetzt ist es Zeit, noch einen allgemeinen Blick auf seine Philosophie zu werfen, um ihre Form und eigenthümlichen Charakter kennen zu lernen. Wir haben gezeigt, daß sie nach der Idee, welche sich Plato von ihr gebildet hatte, Vernunftwissenschaft sein soll, d. h. Erkenntniß aus Principien, daß ihr Gegenstand das Unbedingte, Unveränderliche, Nothwendige sei, und daß sie ihr systematisches Gebäude nur durch Befolgung der Gesetze des Denkens zu Stande bringen könne. Wir finden diese Merkmale vielleicht auch bei den vorhergegangenen Philosophien, aber bemerken auch einen beträchtlichen Unterschied. Die Vernunft hatte von jeher nach einer solchen Wissenschaft gestrebt, und die ältern Philosophen hatten alle ihre Bemühungen auf diesen Punkt gerichtet, weil sie durch das unaufhaltbare Streben der in ihnen wirkenden Vernunft das Bedürfniß derselben empfanden. Allein sie konnten sich selbst nicht eigentlich strenge Rechenschaft geben, was diese Wissenschaft sei, worin sie bestehe, was sie für einen Zweck habe und wie sie zu Stande zu bringen sei. Ihr Geist arbeitete mehr nach einem dunkeln Gefühle, als nach deutlichen Begriffen, nach einem Ziele, ohne deutliches Bewußtsein desselben, ohne bestimmte Regeln des Verfahrens. Da Plato, so viel wir wissen, der erste war, der durch einen mehr entwickelten Begriff von der Philosophie ihr den Weg vorzeichnete,

---

100) de republica VII. S. 158.

zeichnete, welcher sie zu ihrem Ziele führen sollte, so ist seine Philosophie auch die erste, welche nach deutlich gedachten Grundsätzen verfuhr, oder eine Methode befolgte. Und dieses ist der erste eigenthümliche Charakter derselben.

Die Philosophie soll das Unveränderliche und Nothwendige erkennen. Die besondere Art und Weise, durch welche, wie Plato überzeugt war, sie nur allein dieses allgemeine Problem auflösen könnte, macht das zweite charakteristische Merkmal derselben aus. Er hatte sich überzeugt, daß diese Erkenntniß aus keiner andern Quelle als aus der unsers Bewußtseins abgeleitet werden könne, und daß also das Unveränderliche in uns selbst aufgesucht werden müsse. Da die Behauptungen der Weisen so verschieden, so entgegengesetzt und widersprechend waren, so schloß er daraus, daß man über solche Gegenstände noch nichts wisse. Denn das Wissen schließe alle Uneinigkeit aus. Auf diese Bemerkung hatten viele Sophisten ihren Skepticismus gestützt. Wenn es keine Wissenschaft giebt, so kann man von einem Gegenstand auch nichts Gewisses ausmachen. Daraus folgt also, daß eine Behauptung nicht weniger wahr ist, als die ihr entgegengesetzte. Ueberhaupt glaubten einige, sei jede Untersuchung, es sei über welchen Gegenstand es immer wolle, unmöglich. Denn wisse man etwas von demselben, so sei die Untersuchung überflüssig; wisse man aber nichts, so sei sie nicht möglich. Gegen diese Behauptung, mit welcher die Möglichkeit aller Philosophie verschwand, sich zu verwahren, sahe Plato nur ein einziges Mittel, daß man nehmlich annehme, daß es eine angebohrne Erkenntniß gebe, welche jeder aus sich selbst schöpfen könne, oder daß es reine Begriffe und Sätze gebe, welche von der Erfahrung unabhängig seyn. Denn alsdann bedürfe es nur einer äußern Veranlassung, damit die Seele sich diese Begriffe und Sätze zum Bewußtsein bringe, und nur einer Reflexion auf sich selbst, um sie in dieser Eigenschaft zu erkennen. Der Untersuchungsgeist werde durch nichts mehr aufgemuntert, als durch die Möglichkeit, sichere Erkenntnißgründe und zwar in sich selbst zu finden [161]).

Auf der andern Seite überzeugte ihn ein unwiderstehliches Gefühl, daß es eine Erkenntniß und Wissenschaft geben müsse. Die Ueberzeugung sittlich zu handeln, kündigte sich mit einer solchen Nothwendigkeit an, daß sie durch keine Einwendung, durch keine Vernünftelei unterdrükt werden könnte. Diese einzige Wahrheit, welche unerschütterlich stehen bleibt, wenn auch alles übrige, was für wahr gegolten hat, widerleget werden sollte, ist Bürge dafür, daß es eine gewisse Erkenntniß und Wissenschaft geben müsse [162]). Die ganze Mathematik gab ihm merkwürdige Beispiele von ganz evidenten Sätzen, welche jeder ohne Belehrung aus seinem eignen Bewußtsein entwickeln könne [163]). Wie viel lag nicht in einer einzigen Beobachtung von der Art, wie viel Stof zu den wichtigsten Untersuchungen, wie viel Aufschluß über die Natur des Erkenntnißvermögens? Ob er gleich die wichtigen Resultate, welche sich daraus herleiten ließen, noch nicht ahnden, viel weniger selbst verfolgen konnte, so machte ihn doch das Nachdenken über dieses Faktum auf ein Vermögen in uns aufmerksam, woraus alle Vorstellungen und Erkenntnisse zulezt entspringen, und worin die Gründe aller Ueberzeugung und Gewißheit angetroffen werden müssen.

Plato gewann also dadurch einen ganz neuen Gesichtspunkt für alle seine Forschungen, und überhaupt für alle Aufgaben der Philosophie. Er wollte nicht von den Gegenständen erfahren, was sie an sich sind, sondern in dem Vorstellenden die Merkmale finden, unter welchen

---

161) Meno, S. 349-351, 361.
162) Gorgias, S. 172.
163) Meno, S. 353-360.

welchen sie vorgestellt werden müssen. Er wollte nicht untersuchen, was die Dinge an sich, sondern was sie für Uns, für das Vorstellende sind. Dieses war unstreitig der richtige Gesichtspunkt für die Philosophie, aber er wurde dadurch wieder verfälscht, daß Plato nicht zwischen dem Dinge, in so fern es vorgestellt wird, dem Vorgestellten und dem Dinge, das nicht vorgestellt werden kann, dem Dinge an sich, unterschied, und nach der damahligen Lage der Dinge, nicht unterscheiden konnte.

Woher es aber kam, daß sich Plato diesen Gesichtspunkt wählte, ist eben nicht schwer zu begreifen. Wenn man fragt, was ist ein Ding, so will man weiter nichts wissen, als die Merkmale, welche man mit einem Subjekte verbindet, oder verbinden muß. Die Verbindung eines Merkmals mit seinem Subjekt ist ein Urtheil. Durch Urtheile, und in wie fern Urtheile aus Begriffen bestehen, durch Begriffe bestimmen wir die Frage: was ein Ding sei. Die Vorstellungen, welche aus dem sinnlichen Stoffe erzeugt werden, geben keine unveränderlichen Merkmale von den Gegenständen ab, weil sie, in so fern sie angeschauet werden, in ihren Bestimmungen immer wechseln. Durch sinnliche Vorstellungen und aus ihnen erzeugte Begriffe kann man also nicht die Frage: was ein Ding sei, beantworten, sondern nur was es in einer bestimmten Zeit sei. Nun enthält aber jene Frage unstreitig eine höhere Anforderung, nehmlich die Bestimmung der Merkmale, welche einem Dinge nicht in einer beliebigen Zeit, sondern unveränderlich zukommen. Wenn also über das Wesen der Dinge etwas ausgemacht werden soll, so muß es eine andere Art von Begriffen geben, welche nicht auf Erfahrung (zum wenigsten ihrem Inhalte nach) beruhen. Und diese giebt es wirklich, nehmlich die angebornen, welche sich in jeder Seele ursprünglich finden. Ohne sie läßt sich kein Gegenstand denken, und sie kommen jedem derselben unveränderlich zu. Werden diese reinen Begriffe mit einem

Gegenstande verbunden, so denken wir ihn unter beständigen unveränderlichen Prädicaten, die keinem Wechsel der Zeit unterworfen sind. Dadurch wird er als ein ν, das ist als ein Ding mit unveränderlichen Prädicaten gedacht; der Inbegrif derselben ist sein eigentliches Sein oder Wesen (νεια) — es ist Ding an sich — da es hingegen, wenn es mit den Prädicaten vorgestellt wird, welche aus der Anschauung gezogen werden, als Erscheinung (ον και μη ον, was ist und nicht ist) vorgestellet wird.

Auf diese Art kann nun auch die Philosophie sich mehr Hofnung machen, ihren Zweck, das Unveränderliche zu erkennen, mit einem glücklichern Erfolg zu erreichen. Ihre Untersuchung hat nun um so leichter einen guten Fortgang, weil sie es nicht mit den Dingen, sondern mit den Begriffen von denselben zu thun hat. Dieses scheint mir der Ideengang des Plato zu sein, welcher in allen seinen Untersuchungen sichtbar wird. In folgender Stelle wird man ihn ganz deutlich entdecken. „Da ich durch die mißlungenen Versuche noch nicht abgeschreckt wurde, die Dinge zu betrachten [104]), so glaubte „ich, ich müßte mich nur davor hüten, daß es mir nicht „eben so ergehe, wie denen, welche die Sonne bei einer „Verfinsterung beobachten. Denn wenn sie nicht das „Bild der Sonne im Wasser oder sonst etwas betrachten, „sondern in die Sonne selbst blicken, so verlieren sie zu„weilen den Gebrauch der Augen. Eben dieses schwebte „auch meinem Gemüthe vor, und ich befürchtete, die

Seh-

---

[104]) In dem Texte stehet: ετναιδει επιχειρηκα τα οντα σκοπειν. Nach dieser Lesart ist das folgende Beispiel ganz unpassend. Wenn er das Vorhaben schon aufgegeben hatte, die Objekte selbst zu betrachten, wie konnte er befürchten, er möchte eben so von ihnen geblendet werden, als einer, der mit seinen Augen in die Sonne schauet. Ich glaube daher, daß man ετειδη μη επιχειρηκα lesen müsse, und habe dieses in die Uebersetzung aufgenommen.

„Sehkraft meiner Seele möchte ganz und gar verfälscht
„werden, wenn ich meine Augen selbst auf die Dinge
„richtete und sie gleichsam mit jedem Sinne zu betasten
„suchte. Das Beste also, glaubte ich, wäre, wenn ich
„meine Zuflucht zu dem Denken nähme, und in den Be-
„griffen das Wesen der Dinge zu erforschen suchte. Doch
„meine Vergleichung ist vielleicht auf eine gewisse Weise
„nicht ganz passend. Denn ich kann schlechterdings
„nicht einräumen, daß derjenige, welcher die Dinge
„nach ihren Begriffen betrachtet, sie mehr in Bildern be-
„trachte, als derjenige, welcher die Objekte selbst an-
„schauet. Dieses ist mein Gang. Demjenigen Begrif,
„welcher mir von jedem Dinge der richtigste scheinet,
„lege ich allezeit zum Grunde, und was mir mit diesem
„Begriffe überein zu stimmen scheint, das nehme ich als
„etwas Wahres und Wirkliches an [105])."

Da also, wie Plato glaubte, das Wesen der Dinge,
nur durch Begriffe, und vorzüglich durch die reinen, angebornen, erkannt werden kann, und der Verstand überhaupt, vorzüglich aber die Vernunft, das Vermögen
ist, die Wahrheit oder das objektive Sein der Objekte zu
erkennen, so ist seine Philosophie intellektuel und zwar
rein intellektuel, aber doch mit einer gewissen Einschränkung. Denn er unterscheidet jede Vorstellung von dem
Gegenstande, worauf sie bezogen wird. Die Vernunftbegriffe werden nun auch auf einen Gegenstand bezogen,
und er wird dadurch erkannt (das Ding an sich). Allein
der Begrif ist daher doch auch nicht das Ding an sich
selbst, sondern nur das, wodurch er erkannt wird.
Hierdurch gewann seine Philosophie den Vortheil, daß
sie vor dem Idealismus bewahret blieb, indem er die
Dinge nicht zu bloßen Vorstellungen machte. Er hob
deswegen auch den Unterschied zwischen körperlichen und
unkörperlichen Dingen nicht auf, sondern vertheidigte
ihn

---

105) Phaedo, S. 225, 226.

ihn vielmehr gegen das materialistische und spiritualistische System ¹⁰⁶). Zweitens behauptete er auch nicht, daß der Vernunftbegrif das Wesen eines Dinges vollständig und vollkommen enthalte, sondern nur, daß er sich demselben am meisten und in der nächsten Entfernung nähere ¹⁰⁷). Dieses folgte schon aus der Unterscheidung zwischen dem Begrif und dem Gegenstande. Und dann erkennet die Vernunft nur das Unveränderliche, welches nur allein das Erkennbare ausmacht.

Auf diese Art wurde das Erkennen mit dem Denken verwechselt, und das Denkvermögen trat an die Stelle und in die Rechte des Erkenntnißvermögens. Der Satz des Widerspruchs wurde der erste Grundsatz nicht allein des Denkens, sondern auch des Erkennens ¹⁰⁸). Der oberste Satz seiner Philosophie läßt sich so ausdrücken: Die Dinge an sich werden durch den reinen Verstand und Vernunft erkannt; durch die Sinnlichkeit und den empirischen Verstand stellen wir uns nur Erscheinungen vor. Die weitere Ausführung davon setzt die Begriffe von dem Vorstellungsvermögen voraus, und wird daher erst in dem zweiten Bande vorkommen.

Hieraus läßt sich der alte Streit entscheiden, ob die Platonische Philosophie dogmatisch oder skeptisch sei ¹⁰⁹). Sie ist unstreitig dogmatisch, und mußte es sein, weil sie sich auf den Satz stützet: die Dinge an sich sind

---

106) Epistol. VII, S. 131, 132. Dieses ist es, wenn Aristoteles saget, Plato habe die Ideen von den Dingen getrennt, wegen seiner größern Kenntniß der logischen Gesetze. Methaphysic. I, 6. το μεν εν τω εν και τας αριθμες περι τα πραγματα ποιησαι και μη χωρισε δι Πυθαγορειοι και ὁ των ειδων εισαγωγη δια την εν τοις λογοις εγινετο σκεψιν. XII, 4.
107) Epistol. VII, S. 131, 132.
108) Phaedo, S. 216.
109) Sextus Empiric. Hypotypos. Pyrrhon. I, 33. Cicero Acad. Qu. IV, 5, 24.

sind erkennbar durch das Vernunftvermögen. Sie ist
es in dem bestimmtesten Sinne des Wortes, weil sie die
Erkennbarkeit der Dinge an sich, ohne vorgängige Kritik
des Vernunftvermögens in dem metaphysischen Gebrauche, annimmt und behauptet. Deswegen ist aber
nicht alles, was in den Platonischen Schriften vorkommt,
dogmatisch in der Bedeutung, daß er es für wirkliche
Erkenntniß der Dinge assertorisch behauptet habe. Denn
Plato war zum Theil zu bescheiden, als daß er alle Sätze,
die für ihn subjektive Wahrheit hatten, auch sogleich all-
gemeingültig hätte halten sollen. Er war völlig davon
überzeugt, daß es die Vernunft endlich einmal in Ansehung der Gründe der nothwendigsten Ueberzeugungen zur
Gewißheit bringen werde, hielt es aber auf der andern
Seite auch für möglich, ja für unvermeidlich, daß sich
die subjektive Vernunft eines jeden Menschen in Ansehung
der Erkenntnißgründe irren und täuschen könne. Aus
diesem Grunde munterte er auch seine Schüler zur wiederholten Prüfung derjenigen Sätze auf, aus welchen er
einen Beweis abgeleitet hatte auch wenn sie von ihnen
überzeugt wären; warnte sie aber auch vor dem Fehler,
welcher bei der Prüfung der Wahrheiten, und dem Forschen nach ihren Gründen das Gemüth so leicht über-
schleiche, daß man alle Schuld von der fehlgeschlagenen
Erwartung auf die Beschaffenheit der Ueberzeugungen
schiebe, an der Möglichkeit einer Erkenntniß zweifele,
und zuletzt selbst das Vernunftvermögen zu hassen anfange [110]).

Es ist noch eine andere Ursache, welche uns verleitet, alle Behauptungen, welche in seinen Schriften vorkommen, für seine eignen dogmatischen Lehrsätze zu halten. Einen großen Theil derselben nimmt die Darstel-
stellung und Widerlegung fremder Meinungen ein; in
seinen Widerlegungen verfährt er oft skeptisch, er setzt

einer

110) Phaedo, S. 205, 206, 243.

einer Behauptung eine andere entgegen, ohne die eine oder die andere anzunehmen. Ueberhaupt treffen wir in seinen Schriften nicht seine vollständige Philosophie an, sondern nur Bruchstücke aus derselben, und auch diese nicht rein, sondern mit vielem Zufälligen vermischt, und nach besondern Rücksichten auf Zeitumstände modificiret. Wir können, nach dem was in dem zweiten Theile darüber gesagt worden ist, nicht anders schließen, als daß wir aus denselben nur seine exoterische Philosophie kennenlernen. Es wird hier der Ort seine einige Worte über seine esoterische Philosophie zu sagen, so viel sich darüber nach einigen wenigen Datis vermuthen läßt.

Daß er ein gewisses philosophisches System hatte, welches er nur wenigen vertrauten Schülern mittheilte, und das seine eigentlichen Ueberzeugungen enthielt, ist schon aus den oben angeführten Stellen aus dem zweiten und siebenten Briefe klar. Hierzu kommen noch einige Stellen des Aristoteles, deren wir oben erwähnt haben. S. 114. Den Inhalt können wir nur muthmaßlich bestimmen. Aus dem zweiten Briefe erfahren wir so viel, daß eine Untersuchung über die φύσις τε πρώτη einen Theil der geheimen Philosophie ausmachte. Dieses Erste ist wahrscheinlich das Wesen der Wesen, der oberste Grund alles Denkbaren, dessen Erkenntniß er in dem sechsten Buche der Republik für die oberste Wissenschaft hielt. Da er an die Frage von dem Wesen der Gottheit gleich die Frage über den Ursprung des Uebels anfüget, so läßt sich daraus schließen, daß die geheime Philosophie das Verhältniß der Gottheit zur Welt untersuche habe. Aristoteles führet einige Lehrsätze von dem Raume oder dem beharrlichen Substrat der Materie, und den Elementen an. Also war sie wahrscheinlich eine Metaphysik oder Ontologie, eine Lehre über das Wesen der Dinge, und ihren Zusammenhang aus Principien. Noch mehr Bestätigung erhält dieses durch eine Stelle des Simplicius, welche wir S. 114. angeführet haben.

Nach-

Nach dem Numenius ohnbeſchadet bei dem Euſebius enthielt die geheime Philoſophie auch ſeine Ueberzeugungen von der Religion, welche mit dem abergläubiſchen Religionsſyſtem des Volkes in Widerſpruch ſtanden. Wenn Ariſtoteles verſichert, daß Plato unterſucht habe, ob man in einer Unterſuchung von Principien aus, oder zu Principien fort gehen müſſe, ſo kann man mit gutem Grunde annehmen, daß ſeine eſoteriſche Philoſophie ſich auch mit der formalen Philoſophie beſchäftiget habe ¹¹¹). Es iſt mir daher wahrſcheinlich, daß er nicht weniger auch von der praktiſchen Philoſophie, um welcher willen doch die ganze Philoſophie war, und folglich von allen dreien Theilen derſelben in ſeinen eſoteriſchen Vorträgen oder Schriften gehandelt habe. Für dieſe Vermuthung ſcheint mir auch ein Fragment des Ariſtocles, welches Euſebius erhalten hat, zu ſprechen ¹¹²). „Plato, ſagt er, überzeugte ſich, daß es nur eine und die nehmliche Wiſſen„ſchaft ſei, welche von den göttlichen und menſchlichen „Dingen handelte. Er theilte ſie aber zuerſt in drei „Theile. Ein Theil beſchäftige ſich mit der Unterſu„chung über die Natur des Univerſums (Metaphyſik der „Natur) der zweite mit den menſchlichen Dingen (Prak„tiſche Philoſophie) der dritte mit den Geſetzen des Dem„kus (Logik). Da der Menſch ein Theil des Univerſums

---

111) Ariſtotel. Nicomach. I, 4. ου γαρ και Πλατων απορει και ο ξυτη, ποτερον απο των αρχων η επι τας αρχας εστιν ἡ ὁδος.

112) Euſebius Praeparat. Euangelic. XI, 3. Πλατων μεντοι κατανοησας, ὡς ἐστι μια τις ἡ των θειων και ἀνθρωπινων επιστημη, πρωτος διειλε, και φησι, την μεν τινα περι της του παντος φυσεως ειναι πραγματειαν· την δε περι των ανθρωπινων· τριτην δε την περι τας λογικας εξιν δε μη δυνασθαι τα ἀνθρωπινα κατιδειν ἡμας, ει μη τα θεια πρoτερον οφθειη. Man kann bemit vergleichen Phaedrus, S. 371. und de republica VI, S. 73. πανταπασιν γαρ τη συμφολογια ψυχη μελλει τα ολα και παντος απ ενεργησεθαι, θειω τε και ανθρωπιω.

„fums fei, so könne der zweite Theil nicht ordentlich ab-
„gehandelt werden, ehe der erste bearbeitet sei." Diese
Eintheilung der Philosophie haben wir zwar auch in seinen Schriften gefunden, aber so bestimmt und klar
kommt sie doch nicht vor. Es ist also wahrscheinlich,
daß Aristocles sie aus seiner esoterischen Philosophie genommen hat.

Man kann also annehmen, daß die esoterische Philosophie sein eigentliches philosophisches System in einer
wissenschaftlichern Form und Verbindung enthielt; daß
in seinen Schriften viele Lehrsätze derselben wieder vorkommen, die aber doch nur einzelne abgerissene Stücke
sind, denen oft der Zusammenhang fehlet, und mit andern Bestimmungen vorgetragen sind, als sie in seinem
eigentlichen System hatten, wie aus zwei Stellen des
Aristoteles deutlich erhellet [113]). Sie können nur dadurch einige Verbindung erhalten, wenn man sie nach
dem Zweck und dem obersten Grundsatz, worüber wir
doch aus seinen Schriften einige Kenntniß erlangen,
verbindet und anordnet. Dieses wird eines von unsern
Hauptgeschäften in der Darstellung der Platonischen
Philosophie ausmachen.

113) Aristotel. Physicor. IV, 2. de generation et corruptio-
ne II, 3.

Dritter Abschnitt.

Von den Quellen der Platonischen Philosophie oder dem Verhältniß derselben zu den vorhergehenden philosophischen Systemen.

Wenn es ausgemacht ist, daß alle Philosophen, welche je selbst gedacht haben, durch gewisse Zeitumstände, durch herschende Vorstellungsarten und Maximen, bald mehr bald weniger bestimmt worden sind, gewisse Gegenstände in Untersuchung zu nehmen; daß diese Fakta auch sogar auch den Geist des Denkers und auf die Art seiner Untersuchung mannichfaltigen Einfluß gehabt haben: so muß man unstreitig annehmen, daß die Platonische Philosophie in einer Art von Verbindung und Verhältniß mit den vorhergehenden philosophischen Versuchen gestanden habe. Dieß ist eine ausgemachte Sache in der Geschichte der Philosophie. Allein über die Bestimmung des Verhältnisses finde ich von den frühesten Zeiten bis in die neuern nur verworrene Begriffe, und wenige Versuche, mit gründlicher Kenntniß und Würdigung der Philosophie des Plato bestimmt anzugeben, was er empfangen und was er selbst zu seinem System hinzugethan habe. Man behauptete immer, daß Plato einen Theil seines Systems aus der Pythagoräischen und Eleatischen, einen andern aus der Heraclitischen, und einen dritten endlich aus der Sokratischen genommen habe, und man ließ ihm oft weiter kein Verdienst, als diese drei Arten von Philosophemen vereiniget zu haben [1]).

Allein

---

[1]) Apuleius de Philosophia Socratis S. 167. Diogenes Laert. III, 8. Brucker Histor. Crit. Philosoph. I, S. 642. 665.

Allein so wahr es auf der einen Seite ist, daß die Platonische Philosophie mit den drei genannten eine gewisse Aehnlichkeit hat, eben so gewiß ist es, daß sie sich eben so sehr von allen diesen unterscheidet. Es ist daher nicht möglich, das Verhältniß dieser Systeme richtig zu beurtheilen, wenn man nur auf die Aehnlichkeit, nicht aber zugleich auf die Verschiedenheit derselben Rücksicht nimmt.

Wir werden also in diesem Abschnitte eine allgemeine Betrachtung über das Verhältniß der Platonischen Philosophie zu den vorhergehenden Versuchen der philosophischen Köpfe anstellen. Die Bestimmung derjenigen Lehrsätze, welche Plato von andern entweder unverändert angenommen, oder verändert, weiter ausgeführt, entwickelt und aus Gründen hergeleitet hat, gehört nicht hieher, sondern in die Darstellung seiner Philosophie. Wenn diese Schribung aber zuverläßig sein soll, so muß eine Vergleichung dieser Systeme überhaupt vorausgehen, welche die Aehnlichkeit und Verschiedenheit im Allgemeinen angiebt. Damit wir aber nicht einseitig oder nach bloßen subjektiven Vorstellungsarten entscheiden, müssen wir einige Data, welche uns alte Schriftsteller angegeben haben, zum Grunde legen, und aus diesen die Aehnlichkeit und Verschiedenheit der Systeme herleiten. Wir werden dadurch in den Stand gesetzt werden, zuletzt einige allgemeine Gesichtspunkte anzugeben,

aus

---

665. Meiners Geschichte der Wissenschaften 2ter B. S. 698. Die beiden letzten Schriftsteller betrachten die Platonische Philosophie als ein Aggregat von verschiedenen nicht verträglichen ja sogar widersprechenden Systemen. Hrn. Tiedemann läßt dem Plato mehr Gerechtigkeit wiederfahren. Geist der speculativen Philosophie 2ter B. S. 65, 66. In seinen argumentis dialogorum Platonis hat er zuerst angefangen bei einzelnen Lehrsätzen den Scheidepunkt zu bemerken, bis an welchen die vorhergehenden Denker gekommen, und über welchen Plato hinausgegangen ist.

aus welchen die Platonische Philosophie mit allen vorhergehenden Philosophemen verglichen werden kann.

Wie fangen mit der Pythagoräischen Philosophie an. Aus ihr und der Eleatischen soll Plato seine Metaphysik genommen haben. Bei dem ersten Anblicke erscheinet auch eine so große Aehnlichkeit zwischen beiden, daß man geneigt wird, diese Behauptung für völlig gegründet zu halten. Die Pythagoräische Schule forschte nach einem obersten Grunde, aus welchem das Wesen und der Zusammenhang der Dinge erkläret werden könnte. Ihre Kenntniß in den mathematischen Wissenschaften und die sich ihnen aufdringende Bemerkung, daß wir nichts als lauter Verhältnisse an den äußern Gegenständen erkennen können, führte sie wahrscheinlich auf das berühmte Zahlensystem, woraus sie die ganze Natur erklärten. Plato glaubte dieses aus einem System von Vernunftbegriffen oder Ideen thun zu können. Das Zahlensystem der Pythagorder und das Ideensystem des Plato scheinen aber nicht sehr von einander unterschieden zu sein. In beiden wird das Sinnliche aus etwas Uebersinnlichen erkläret. Aber nun dürfen wir auch die Abweichungen beider von einander nicht übersehen, welche Aristoteles am besten aus einander gesetzt hat. Die Platonische Philosophie folgte der Pythagoräischen, aber sie hatte auch ihr Eigenes. Die Pythagorder sagten, die Dinge wären eine Nachahmung der Zahlen; Plato hingegen behauptete, die Dinge nähmen nur Theil an den Zahlen. Jene lehrten, die Dinge wären die Zahlen selbst, Plato aber trennte sie von sinnlichen Gegenständen, er setzt sie außer denselben. Plato bestimmte für die mathematischen Dinge (reinen Anschauungen) einen mittlern Platz zwischen den sinnlichen Gegenständen (oder vielmehr den empirischen Anschauungen) und den Ideen, indem sie sich von jenen dadurch unterschieden, daß sie ewig und unveränderlich, von diesem aber, daß es mehrere ähnliche Vorstellungen einer und derselben

ben Art gebe. Von jedem Dinge giebt es nur eine Idee. An statt ihrer unbestimmten Einheit setzte er die Dyas, und mit ihrem Unbestimmten vertauschte er das zu Große und zu Kleine. Zu allen diesen Veränderungen bestimmte ihn seine größere Einsicht in die Gesetze des Denkens, welche jenen noch mangelte *). Aus dieser Darstellung ergiebt sich 1), daß Plato die Pythagordischen Zahlenbegriffe von den Ideen unterschied. Daher siehet auch Aristoteles die Ideenlehre als eine eigne Erfindung des Plato an. 2) Die Zahlen der Pythagorder sind die Begriffe, welche aus den reinen Anschauungen des Raumes und der Zeit erzeugt werden. Die Ideen sind aber die Vernunftbegriffe. 3) Daher ist das Pythagordische System mathematisch metaphysisch, das Platonische aber logisch metaphysisch. 4) Plato betrachtete die Ideen und Zahlen als Vorstellungen in uns, welche aber uns angeboren waren. Hierdurch konnte er sie von den Dingen selbst unterscheiden. Die Pythagorder hypostasirten ihre Zahlen; Plato erklärte nur aus den uns angebornen reinen Begriffen, sowohl den mathematischen als den rationalen die Dinge. Und hierdurch zeigt sich ein ganz verschiedener Gesichtspunkt, aus welchem Plato und jene Männer ihre metaphysischen Untersuchungen einleiteten. Diese gingen von den Objekten der Vorstellungen, dieser hingegen von dem Vorstellungs-

---

a) Aristoteles Metaphysic. 1, 6. μετα δε τας ειρημενας φιλοσοφιας η Πλατωνος επεγενετο πραγματεια, τα μεν πολλα τοις Πυθαγορειοις τουτοις ακολουθουσα, τα δε και ιδια παρα την των Ιταλικων εχουσα φιλοσοφιαν. — — τo δε εντι τo επειρον ὡς ἑνος δυαδα ποιησαι, τo δ' απειρον εκ μεγαλου και μικρου, τουτ' ιδιον. και ετι ὁ μεν τους αριθμους παρα τα αισθητα, οἱ δ' αριθμους ειναι φασιν αυτα τα πραγματα, και τα μαθηματικα μεταξυ τουτων υ τιθεασι. το μεν υν τo ἑν, και τους αριθμους παρα τα πραγματα ποιησαι, και μη ὡσπερ οἱ Πυθαγορειοι, και ἡ των ειδων εισαγωγη, δια την εν τοις λογοις εγενετο σκεψιν. οἱ γαρ προτεροι διαλεκτικης υ μετειχον.

ſtellungsvermögen aus. Und dieſes iſt auch wirklich der Gang der Kultur der räſonnirenden Vernunft, welche von dem Bewußtſein der Gegenſtände, auf das Bewußtſein der Vorſtellungen und von dieſem endlich auf das Selbſtbewußtſein geleitet wird. Es erhellet endlich auch daraus, daß ſein Geſichtspunkt weit umfaſſender war. Er fand das erſte Princip der Pythagoräer für unzureichend, und nahm ihrer zwei an, die Einheit und das Mannichfaltige gerade nach der dunkel geahndeten Beſchaffenheit der Merkmale der Vorſtellung. Hieraus entſpringen ſehr weſentliche Unterſchiede zwiſchen ihren beiden metaphyſiſchen Syſtemen. Dieſe Verſchiedenheit betrift nur einige Punkte dieſes Syſtems. Wären nur einige Denkmähler ihrer Philoſophie auf uns gekommen, deren Aechtheit unbezweifelt wäre, ſo würde vielleicht noch ein beträchtlicher Abſtand zwiſchen beiden in Anſehung des Formalen bemerket werden. Ariſtoteles macht ſelbſt durch einen Wink darauf aufmerkſam. Ohne der Ehre dieſer Denker zu nahe zu treten, und ohne im geringſten ihrer Bewunderung etwas zu entziehen, kann man doch wohl nicht umhin anzunehmen, daß ſie, ſo gut ſie auch ihre Behauptungen auf Gründe geſtüzt hatten, dennoch nicht im Stande waren, ihre Begriffe ſo vollſtändig zu entwickeln und ihre Schlüſſe ſo bündig an einander zu reihen, als es dem menſchlichen Verſtande, nach ſo vielen vorangegangenen Verſuchen, ein Jahrhundert ſpäter möglich war.

Wenn man alſo fragt, in welchem Verhältniß die Pythagordiſche Philoſophie zur Platoniſchen ſtehe, ſo ergiebt ſich aus dem Vorhingeſagten folgendes Reſultat. Die Pythagordiſche Philoſophie hat unſtreitig auf den philoſophiſchen Geiſt des Plato und ſeine Philoſophie mannichfaltigen Einfluß gehabt. Wahrſcheinlich gab ſie ihm die erſte Veranlaſſung zu metaphyſiſchen Unterſuchungen, ſie ſtellte ihm das erſte Beiſpiel einer metaphyſiſchen Erklärung der Natur vor, aus dem er gewiß ſehr viel

lernen

lernen konnte. Sie half ihm auf die Spur von reinen metaphyſiſchen Begriffen, ſo wie es die ſokratiſche in dem Moraliſchen thut. Plato nahm aus ihr ſehr vielen Stoff, welchen er in ſein Syſtem verwebte. Dieſes will wahrſcheinlich Ariſtoteles mit den Worten ſagen: die Platoniſche Philoſophie folgte in vielen Stücken der Pythagoräiſchen. Aber daraus folgt ganz und gar nicht, daß Plato ein bloßer Schüler der Pythagoräer, oder ein Nachbeter war. Sein Geſichtspunkt und ſein Ideengang iſt original. Er hatte ſich eine eigne Anſicht verſchaft, zu welcher ihm die Pythagoräiſche Philoſophie höchſtens Veranlaſſung gegeben hat. Sein Syſtem gehöret ihm an. Um dieſes auszuführen, nahm er zwar mancherlei Stoff aus dieſer Philoſophie, wie aus andern; aber er verarbeitete ihn auch erſt und bildete ihn aus, daß er zu dem Ganzen ſeines Gebäudes paßte. Dieſe Ausbildung beſtand in einer mehrern Entwickelung der Begriffe, in Aufſuchung höherer Gründe, in einer andern Verbindung und Anordnung.

Wir haben geſehen, daß Ariſtoteles dem Plato die Einführung der Ideen in die Philoſophie als ſein Eigenthum beileget, und nichts ſtimmt ſo ſehr mit dem Geiſte ſeiner Philoſophie überein als dieſe Ausſage. Bei dem Diogenes findet ſich aber ein Fragment des Alcimus, in welchem er unter andern auch die Lehre von den Ideen und von der Veränderlichkeit der Erſcheinungen in dem Dichter Epicharmus findet, und daher behauptet, daß Plato dieſe Lehre von dieſem Dichter angenommen habe[1]). Allein nach dem, was wir geſagt haben, muß dieſe Behauptung ſchon verdächig vorkommen. Man bezweifelt überhaupt die Aechtheit dieſer Fragmente des Epicharmus. Und wenn ſie auch ächt ſein ſollten, ſo findet man in ihnen mehr Spuren von der Meinung einer allgemeinen Veränderlichkeit aller Dinge, als von den Ideen

---

[1]) Diogenes Liaert. III, 8 ſeq.

Ideen. Dieses stimmt auch mit einer Stelle des Plato überein, wo er diesen Dichter als einen Anhänger der Heraclitischen Philosophie anführet *).

Wir verbinden hiermit sogleich das Eleatische System. Diese Philosophie, welche durch den außerordentlichen Tiefsinn, und Bündigkeit der Schlüsse auch jetzt noch die Bewunderung verdient, war eigentlich nur eine metaphysische Untersuchung über das unveränderliche Sein, oder das Beharrliche (ον). Dieser Begrif von dem Einen Unveränderlichen, oder der Substanz, wird hier nicht als ein Begrif der auf einen Gegenstand angewendet werden kann, sondern selbst als ein gedachter Gegenstand betrachtet; das denkbare Sein wird mit der Wirklichkeit verwechselt, und der Begrif hypostasirt. Es existirt nur Eins, und bloß Eins ist das Universum. — Auch Plato forschte wie die Eleatischen Philosophen nach dem Unveränderlichen, aber er kam auf ein ganz anderes Resultat. Nach dem ersten Grundsatz seiner Philosophie erkennen wir die Dinge durch Begriffe. Die Begriffe können aber auf verschiedene Gegenstände angewendet werden, d. h. sie sind nur Formen des Denkens. Der Begrif der Wirklichkeit läßt sich z. B. mit der Bewegung und der Ruhe, mit Einem und vielen Subjekten vereinigen. Dieser logischmetaphysischer Gesichtspunkt bewahrte ihn also vor dem Fehler des Philosophen von Elea. Der Begrif einer unveränderlichen Substanz führte denselben auf den Begrif des Allumfassenden, des vergötterten Universums, oder der zur Natur gemachten Gottheit. Plato hingegen gelangte durch den Begrif der unbedingten Ursache zu dem Begrif der Gottheit, welche er daher auch von allem Bedingten, der Welt unterschied. Dieses erfoderte nicht nur die Einheit

*) Theaetetus. S. 70, 118.

heit seines speculativen Systems, sondern auch das Interesse der praktischen Vernunft, welchem jenes untergeordnet war. — Bei dieser Verschiedenheit der Systeme darf man nicht erwarten, daß er einige Lehrsätze von den Eleatikern entlehnet habe. Einige Sätze, welche in beiden vorkommen, sind Grundsätze des Verstandes und alles Denkens, welche kein Philosoph von dem andern borgen darf, wenn er nicht aufhören will, Philosoph zu sein. Es würde daher lächerlich sein, wenn man z. B. den Grundsatz der Kaussalität, aus Nichts wird Nichts, dessen beide bei ihrem Philosophiren nicht entbehren konnten, darum für einen entlehnten Satz halten wollte, weil ihn die Eleatiker früher gebraucht haben.

Wenn Plato, wie einige Schriftsteller geglaubt haben, sein System zum Theil aus dem Eleatischen genommen hätte, so müßte sich dieses am ersten in Ansehung der Parmenidischen Philosophie ausweisen. Denn diesen Mann schätzte Plato wegen seines tiefen Forschungsgeistes außerordentlich hoch, und er scheint ihn weit über alle ältere Philosophen zu setzen [1]. Nun findet sich aber von dem gerade das Gegentheil, indem er einen Hauptsatz seines Systems nicht nur nicht annimmt, sondern sogar aus dem Gegentheil einen eignen Lehrsatz seiner Philosophie bildet. Er hatte behauptet, nur das ον sei wirklich, das μη ον sei ganz und gar nichts Wirkliches, und man dürfe gar nicht weiter nachgrübeln, was es sei. In Ansehung des Ersten tadelt Plato, daß er den Begrif von dem ον nicht bestimmt habe. In Ansehung des Zweiten giebt er dem Parmenides Recht, wenn er darunter einen leeren Begrif, dem gar kein Gegenstand entspreche, verstanden habe. So etwas sei ganz undenkbar. Wenn aber, wie Plato annimmt, das ον Etwas sei, das mit positi-

---

[1] Theaetet. S. 137. Sophista. S. 203.

den Prädicaten gedacht werde, so müsse das μη ον dasjenige sein, was mit negativen Prädicaten vorgestellt werde. In diesem Falle sei das letzte nicht das Gegentheil von dem Ersten, sondern nur etwas Verschiedenes, ein Merkmal, welches dem einem Subjekte angehöre, und dem andern abgesprochen werde, und in dieser Rücksicht habe das Eine so gut Realität als das Andere. Plato betrachtete also das μη ον nicht als Ding, sondern als einen Begrif, welches auch sein logischmetaphysischer Gesichtspunkt foderte. *).

Wiewohl nun Plato nichts aus dem Eleatischen Systeme nehmen konnte, in dem Sinne nehmlich, in welchem es die angeführten Schriftsteller verstehen, und wenn er wirklich einigen Stof daraus entlehnte, ihn zuerst nach Erfoderniß seines eignen Lehrgebäudes umbilden mußte, wodurch er selbst sein Eigenthum wurde: so kann man aber auch nicht läugnen, daß diese Philosophie, wie die Pythagordische, großen Einfluß auf die Bildung seines Systems gehabt habe. Die Aufführung eines solchen metaphysischen Gebäudes aus einem einzigen Begrif konnte nicht anders als lehrreich für ihn sein, da er die Idee davon ebenfalls nur auf eine andere Art, nach dem Bedürfniß der praktischen Vernunft ausführen wollte. Sie führte ihn durch Nachdenken nicht weniger als die Pythagordische auf die Bemerkung von gewissen übersinnlichen Begriffen. Durch die weitere Verfolgung dieses Gedankens, durch die Nachforschung über den Ursprung derselben, stellte sich ihm auf einmal sein ganzes Intellectualsystem dar. Die Dunkelheiten und Schwierigkeiten dieser Philosophie machten ihn auf das Bedürfniß einer größern Deutlichkeit durch logische Bestimmung und Zergliederung der Begriffe aufmerksam. Plato machte also wirklich Gebrauch von der Eleatischen Philosophie, aber einen philosophischen; er benuzte die vor-

*) Sophista. S. 240 seq. 284, 285.

hergehenden Verſuche der räſonnirenden Vernunft, aber
als Selbſtdenker.

Heraclits Lehrgebäude beruhete ganz auf Mate‑
rialismus. Nichts exiſtirt nach ihm als die Materie,
die aber von zweierlei Art iſt, grobe und feine. Die
feinſte durchdringt alles, ſie iſt das wirkende Princip.
Hieraus folgerte er die Veränderlichkeit aller Dinge.
Dieſen Lehrſatz, glaubt man, habe Plato von dem He‑
raclitus angenommen, aber auf welche Art, iſt noch nicht
unterſucht worden. In ſeiner frühen Jugend hatte er
dieſe Philoſophie von dem Kratylus gehöret, aber ſie
konnte, wie es ſcheint, ſeinem Kopfe keine Befriedigung
geben, und ſie führte ihn endlich auf ſeine Ideenlehre [7]).
Wahrſcheinlich bemerkte er etwas Wahres in der Be‑
hauptung, daß alles flieſſe, welches aber zu allgemein
ausgedrückt und daher noch nicht gehörig beſtimmt ſei.
Sollte dieſe Behauptung in dieſer Allgemeinheit gelten,
ſo konnte keine Erkenntniß irgend eines Gegenſtandes
ſtatt finden. Dieſes empörte ſeinen zu Speculationen
hinſtrebenden Kopf, und reizte ihn zur Unterſuchung
über den wahren Sinn und Umfang jener Behauptung.
Sein fortgeſetztes Nachdenken führte endlich die Unter‑
ſcheidung zwiſchen den Erſcheinungen, in ſo fern ſie be‑
harrlich ſind, und in ſo fern ſie wechſeln, zwiſchen den
ſinnlichen Vorſtellungen, welche auf das Einzelne gehen,
und den Begriffen, welche das Allgemeine, die Arten und
Gattungen zum Gegenſtande haben [8]). Hierdurch konnte
er nicht nur den innern Streit ſeines Kopfes beilegen, ſon‑
dern ſich auch einen Grund von dem Wahren und Falſchen
angeben, welches in dem Heraclitiſchen Syſtem enthalten
war. Von dieſer Seite that ihm dieſe Philoſophie einen
großen Dienſt, indem ſie ihn durch ihre Einſeitigkeit auf
die

[7] Ariſtoteles Metaphyſicor. I, 6. XIII, 4.
[8] Ariſtotel. Metaphyſicor. I, 6. Timaeus, S. 348.

die Entdeckung sehr wichtiger Sätze hinleitete. Allein man kann nicht sagen, daß er die Heraclitische Lehre von dem allgemeinen Flusse der Dinge angenommen, oder gar von dem Heraclitus entlehnt habe, weil er sie erstlich näher bestimmen mußte, ehe sie in sein System paßte. Es streitet dagegen auch noch ein anderer Grund. Heraclit hatte seine Behauptungen in ein solches Dunkel gehüllet, daß Plato, Aristoteles und alle andere Schriftsteller über seine Unverständlichkeit klagen⁹). Er hatte daher auch die Gründe seiner Behauptung, die seinem Gemüthe vielleicht nur dunkel vorschwebten, nicht mit deutlichen Begriffen ausgeführet. Unterdessen fand diese doch viele Anhänger, unter welchen der Sophist, Protagoras der berühmteste ist. Aber auch dieser hatte sie angenommen, ohne ihr neue Gründe zu geben, oder die Heraclitischen mehr zu entwickeln. In dieser Gestalt fand Plato, wie er selber versichert, diese Lehre, mehr als eine Meinung (μυθος) als auf Gründe gestützte Behauptung. Er nahm sich nach seinem eignen Ausdruck dieses hilflosen Waisen an, und führte zuerst die scharfsinnigsten Beweise und Gegengründe gegen die möglichen Einwürfe aus¹⁰). Also hat diese Behauptung dem Plato eben so viel, ja vielleicht noch mehr zu verdanken, als dem Heraclit. Von dieser Seite kann er daher auch nicht als ein Kompilator angesehen werden.

Wir gehen zu der Sokratischen Philosophie über. In einer andern Schrift habe ich das Resultat von meinem Nachdenken über die Verschiedenheit der Platonischen und Sokratischen Philosophie weitläufig vorgetragen. Ueber die Beurtheilung denkender Gelehr-

---

9) Theäter, S. 139. Aristotel. Rhetor. III, 5. Diogenes, IX, 6.
10) Theätetus, S. 97, 100.

ten, noch die wiederholte Selbstprüfung meiner Gründe hat mir bis hieher Ursache gegeben, meine Ueberzeugung zu ändern. Ich werde daher mit Verweisung auf jene ausführlichere Abhandlung nur überhaupt von dem Verhältniß dieser beiden Philosophien handeln.

Das lebhafte aber dunkle Bewußtsein von sittlichen Urtheilen, Begriffen und Gefühlen war die Quelle, woraus die ganze Sokratische Philosophie entsproß, war der Grund, worauf sie sich stützte. Sein ganzes Bestreben war auf die Erweckung, Ausbildung und Belebung dieser Ueberzeugungen in andern Menschen gerichtet. Er trug sie nicht als eigne subjektive Wahrheiten, auch nicht als Lehrsätze vor, die auf objektiven Gründen beruhen, sondern er philosophirte sie gleichsam aus jedem menschlichen Herzen heraus. Denn er setzte voraus, daß sie jeder Mensch in sich selbst antreffen müsse, wovon ihn sein inniges Gefühl überzeugte. Er philosophierte also nicht für die Schule, sondern für das Leben. Seine Moral bestand in den Aussprüchen seines gesunden Menschenverstandes und seines für alles Schöne und Gute lebhaft empfindenden Herzens, welche sich ihm bei einzelnen Veranlassungen und Unterredungen darstellten, und aus Regeln, welche auf konkrete Fälle angepaßt waren. Er fing zwar zuerst an, die allgemeinen Begriffe von moralischen Gegenständen zu entwickeln, allein weil er immer nur individuelle Beispiele z. B. von Tugenden zum Grunde legte, und aus ihnen die Merkmale ableitete, so behielten auch seine Erklärungen immer etwas Individuelles, und Schwankendes. Seine Absicht war dabei, nur den Verstand auf Begriffe zu leiten, welche in dem wirklichen Leben als Regeln brauchbar sein könnten, nicht aber Begriffe für die wissenschaftliche Moral zu bilden; er betrachtete die moralischen Gegenstände in Konkreto, in der Anwendung, nicht in Abstrakto.

Nach

Nach einem obersten Grunde der Sittlichkeit forschte er nicht, denn der lag in dem unentwickelten Bewußtsein derselben, und bei seinem Erziehungsgeschäfte legte er jedem Thatsachen vor, und ließ ihn aus denselben Folgerungen ziehen, welche für sein Bewußtsein klar waren. An dasselbe schlossen sich auch gerne andere Gesinnungen und Ueberzeugungen z. B. von der Glückseligkeit, der innern Ruhe des Gewissens, der Religion an.

Plato hatte einen andern Entzweck und einen andern Gesichtspunkt als Sokrates. Seine Neigung zu Speculationen, die sich schon zeigte, als er noch Schüler des Sokrates war, reizte ihn unaufhörlich zur Erforschung der Gründe der Sittlichkeit. Dem Sokrates verdankte er wahrscheinlich seine moralische Bildung, und sein Interesse für alles, was auf Sittlichkeit Beziehung hat. Dieses lebhafte Gefühl wurde sein Führer in seinen Untersuchungen über die Pflichten und ihre Gründe, hielt ihn von Verirrungen ab, und zeigte ihm in seinem Innern die Quelle, woraus seine Wißbegierde Nahrung erhalten konnte. — Aus gewissen Thatsachen, die wir im ersten Abschnitt angegeben haben, überzeugte er sich, daß es eine Philosophie für die Pflichten der M. geben müsse, und daß sie die wichtigste und unentbehrlichste Wissenschaft sei ⁱⁱ). Diese nach seinen Kräften zu Stande zu bringen, war sein' großer Entzweck. Zu dem Ende untersuchte er die wichtigsten philosophischen Begriffe, z. B. von dem Guten, von den Tugenden, um auf ihre Grundbegriffe zu kommen, welche allen konkreten Begriffen und Urtheilen zum Grunde liegen. Auch hier blieb er seinem logischen metaphysischen Gesichtspunkte getreu. Bei dem Nachdenken über den Grund der sittlichen Begriffe machte er manche Ent-

11) Epistol. VII, S. 97.

deckungen über die Natur des Vorstellens und des Begehrens, über den Unterschied des vernünftigen und unvernünftigen Theiles der Seele ¹³).

Die Morallehre des Plato unterschied sich hauptsächlich durch die Entdeckung eines Grundes aller sittlichen Erkenntniß, so wie aller theoretischen, nehmlich der Vernunft. Indem er aus dieser alle Begriffe, die sich auf die Sittlichkeit beziehen, ableitete, konnte er sie allgemeiner, und durch die Absonderung des Konkreten, reiner ausdrücken. Sie bekamen dadurch mehr Zusammenhang und Harmonie unter einander. Plato legte dadurch den Grund zu einer wissenschaftlichen Moral. Indem durch seine höhern Abstraktionen ein höheres und reineres Ideal von Sittlichkeit hervor ging, zeigte sich auch das Bedürfniß der Vernunft, zum Behuf derselben die Wahrheiten der Religion auf feste Ueberzeugungsgründe zu stützen. Daher denn seine Versuche einer metaphysischen Demonstration derselben.

Sokrates schränkte alle Untersuchungen des menschlichen Geistes auf das Nützliche oder Brauchbare für das Praktische Leben (worunter die sittliche Erkenntniß den ersten Platz einnahm) ein, und verwarf alle Speculation, weil er sie als unnütz oder gar irreligiös betrachtete. Da aber Plato die Quelle aller Erkenntniß sowohl in dem Theoretischen als in dem Praktischen, in einem gemeinschaftlichen Vermögen der Vernunft entdeckte, so konnte er, ohne der Vernunft zu widersprechen, nicht das eine Interesse dem andern aufopfern, sondern erklärte sich für beide. Daher machte er den ersten Versuch die Speculation mit der praktischen Vernunft, die Moral mit der Religion durch metaphysische Beweisgründe zu vereinigen.

Sokra-

13) Aristotel. *de anim. moral.* I, 1.

Sokrates hatte dem Plato die nächste Veranlassung zu seiner ganzen Philosophie gegeben. Denn die Beziehung auf Sittlichkeit war, wie wir oben gesehen haben, das Band, welches alle drei Theile der Philosophie an einander knüpfte. Sobald Plato das Bedürfniß einer wissenschaftlichen Bearbeitung der Moral, und die Bedingungen derselben, lebhaft dachte, so bald stellte sich seinem Bewußtsein auch die Nothwendigkeit einer Theorie des Denkens (als des einzigen Erkenntnißvermögens) dar, womit hernach die Wissenschaft der erkenabaren Dinge von selbst sich aufdrang. Sokrates hatte ihm also eigentlich das große Thema seiner Philosophie zur Bearbeitung aufgegeben, wiewohl er zur Ausführung desselben unmittelbar nichts beigetragen hat. Die Idee einer solchen Philosophie, der Plan und die Ausführung gehöret dem Plato als Eigenthum an.

Unterdessen kann man nicht läugnen, daß Plato vielen Stof aus der Sokratischen Philosophie in seine Schriften verwebet hat, aber doch auf eine Art, welche einen selbstdenkenden Kopf verräth. In seinen frühern Dialogen, in welchen zum Theil nur noch entferntere Spuren seiner eignen Ideen vorkommen, bearbeitete er wahrscheinlich Gegenstände, wozu ihm die Sokratische Philosophie unmittelbar Veranlassung gegeben hatte. Sie handeln nehmlich von den menschlichen Dingen, über welche Sokrates einzig und allein philosophierte. Daher kommt es, daß sie mit den Unterredungen seines Lehrers viel Aehnlichkeit haben, welche uns Xenophon hauptsächlich aufbewahret hat. In allen diesen wird keine Behauptung aufgestellet, sondern die Ausführung und Bestreitung fremder Behauptungen macht fast den ganzen Inhalt aus. Ueber jede der vier Kardinaltugenden, werden verschiedene Definitionen angegeben und geprüft, aber keine thut dem Forschungsgeiste und dem

Scharffsinne des Plato Genüge, weil sie zu enge oder zu weit waren, und das allgemeine Merkmal, welches sie zu Arten eines Geschlechts machten, nicht enthielten. Das Hauptresultat, auf welches diese Schriften hinführen, ist dieses. Die vollständige Erkenntniß der sittlichen Gegenstände ist für jeden Menschen unentbehrlich, aber es ist noch keine Wissenschaft vorhanden, welche die moralischen Begriffe und Urtheile aus ihrem Grund abgeleitet hat. Hierdurch zeigte Plato, wie ich mir die Sache vorstelle, den Punkt an, auf welchen sein philosophisches Nachdenken gerichtet war, nach einem höhern Grunde zu forschen, aus welchem sich die sittlichen Erkenntnisse ableiten ließen. Die Erklärungen, Begriffe und Resultate, welche Sokrates gefunden hatte, waren also nur die Veranlassungen zu weiterem Denken, sie waren die Materialien, welche er unter höhere Regeln und Grundsätze zu ordnen suchte. In diesen Dialogen kommen aber auch noch andere Gedanken vor, welche von seinen Streben nach Erkenntniß aus Principien zeugen, durch welche sich seine Philosophie von der Sokratischen unterscheidet, z. B. seine Ideen von einer Logik, die sich schon in seinem Charmides äußern. Je mehr diese in seinen spätern Schriften zum Vorschein kommen, desto mehr Verschiedenheit offenbaret sich zwischen diesen beiden Männern, desto mehr verliert sich die Aehnlichkeit, welche durch die Einheit des Gegenstandes in seinen frühern Werken entstanden war.

Wenn wir also das Verhältniß der Platonischen Philosophie zu den ältern Philosophen nach allgemeinen Gesichtspunkten bestimmen wollen, so müssen wir den Inhalt und die Form derselben unterscheiden. Die Form oder der Zusammenhang durch Gründe, der Grad der Entwickelung der Begriffe, die Art und Weise sie aus höhern abzuleiten, die Anordnung nach Principien zu einem Ganzen, die Beschaffenheit der Principien, und

über-

überhaupt die ganze Bearbeitung des Stoffes zu einem System ist, ob sie gleich durch die vielen vorhergegangenen Versuche der Philosophen veranlaßt worden ist, dennoch eigenes Werk seines Geistes. Daher lassen sich von dieser Seite auch die meisten Unterscheidungspunkte wahrnehmen. Erstlich. Jeder von den vorher gegangenen Philosophen arbeitete entweder nur für die Speculation oder für das praktische Leben. Daher ihre Einseitigkeit und Beschränktheit. Die Platonische Philosophie umfaßte das Interesse der speculativen und praktischen Vernunft. Zweitens. Auf dem Wege der Speculation waren verschiedene philosophische Systeme hervorgegangen, welche durch den einseitigen Gesichtspunkt ihrer Urheber, einander widersprachen. In dem einen wird nur der Materie, in dem andern nur den Ideen Wirklichkeit zugesprochen; nach dem einem wird alles Wirkliche für veränderlich, in dem andern für unveränderlich erkläret. Hier wird nur eine Substanz behauptet, und ihr Merkmal in der Unveränderlichkeit gesucht, dort wird das Dasein mehrerer angenommen, welche sich durch ihre Veränderlichkeit offenbaren. Plato vereinigte alle diese verschiedenen Rücksichten in seiner Philosophie, indem er bestimmte, in wie fern die Dinge als veränderlich oder unveränderlich gedacht werden. Drittens. Die ältern Philosophen gingen von den Dingen, Plato von Begriffen aus. Viertens. In den ältern Philosophien war durchgängig ein Mangel von Deutlichkeit und Bestimmung der Begriffe, weil sie noch nicht die Gesetze des Denkens zum deutlichen Bewußtsein gebracht hatten. Plato ersezte diesen Mangel durch den ersten Versuch einer Logik. Fünftens. Die frühern Systeme entbehrten des Vortheiles, daß sie von bestimmten Principien, oder auch nur bestimmten Begriffen von der Philosophie ausgehen konnten. Plato verschafte sich den Gebrauch derselben durch einen Begrif von Philosophie.

In

In Ansehung des Inhalts benutzte Plato freilich die Produkte des philosophischen Geistes, welche vor ihm erschienen waren, indem er vielerlei Lehrsätze aus den Systemen annahm, und in sein eignes einverleibte. Aber er bewies sich auch dabei als einen denkenden Kopf, der auch entlehnten Behauptungen eine eigne Bildung und Form mittheilte. Dieses konnte auch nicht anders sein, wenn er sich ein eignes System entworfen hatte, woran nicht gezweifelt werden kann. Er mußte die Materialien welche ihm die Denkmäler des menschlichen Verstandes darboten, meistentheils erst nach dem Zweck und Erforderniß seines Systems verarbeiten, entwickeln, an einander reihen, wenn sie zu einem Ganzen tauglich sein sollten, durch welche Verarbeitung sie sein erworbenes Eigenthum werden. Diese Materialien aber machen nicht den ganzen Inhalt seiner Philosophie aus. Da er den Umfang der Philosophie so ansehnlich erweiterte, ein ganz neues Gebiet hinzusetzte, wo ihm die Arbeiten der frühern Denker nicht zu Statten kamen; da er von einem neuen Gesichtspunkt ausging, und nach eignen Grundsätzen seine Untersuchungen einleitete, so konnte es nicht fehlen, daß er sich die Materialien zu seinem vorhabenden Bau größtentheils selbst aufsuchen und herbeischaffen mußte. Diese nebst der Form seiner Philosophie machen sein ursprüngliches Eigenthum aus.

Wenn nun dieses seine Richtigkeit hat, so läßt sich sowohl die eine Behauptung, daß die Platonische Philosophie nur ein Aggregat von drei verschiedenen Systemen; als auch die andere: daß sie die älteste Philosophie des menschlichen Verstandes sei, in Ansehung ihres Ursprungs erklären und in Ansehung ihrer Wahrheit beurtheilen.

Diejenigen, welche die erste Behauptung annehmen, haben ihr Augenmerk nur auf die Materialien und den Inhalt

Inhalt der Platonischen Philosophie gerichtet. Sie fanden, daß Plato der erste gelehrte Philosoph war, der die Behauptungen seiner Vorgänger kennet, und oft ausdrücklich anführet. In seinen Schriften trafen sie Materialien aus allen Philosophien, vorzüglich den drei oben genannten, wieder an, und bemerkten das Bestreben des Philosophen, verschiedene entgegengesetzte Systeme mit einander zu vereinigen. Sie entdeckten mancherlei Widersprüche, und nicht wohl vereinbare Behauptungen, welche sie aus der Vermischung verschiedener ungleichartiger Systeme erklärten. Indem sie nun auf die Form seiner Philosophie keine Rücksicht nehmen, der Verbindung der einzelnen Sätze durch Grundsätze nicht nachspüren, können sie freilich keine Einheit entdecken, und müssen seine Philosophie für einen unglücklichen Versuch halten, unvereinbare Systeme zusammenzusetzen. Es ist aber nicht abzusehen, wie Plato sich diese Vereinigung nur als als möglich habe denken können, ohne die Beziehung der einzelnen Theile auf ein Princip wahrzunehmen, oder wie er noch eine Stelle unter den Philosophen verdiene, wenn er sie ohne eine solche Einheit der Idee, d. h. unphilosophisch verbunden hätte. Diese Vorstellungsart ist zu eingeschränkt, und einseitig und daher falsch.

Die andere Behauptung, deren vorzüglichster Vertheidiger Herr Plessing ist, hat den nehmlichen Fehler. Er glaubte darthun zu können, daß die ältern Griechen sowohl als die Ausländer, von deren Theologie wir einige Kenntniß haben, fast ein und ebendasselbe System gehabt haben, welches Plato in spätern Zeiten öffentlich lehrte, und welches er von den Alten angenommen hatte [15]). Nicht allein in den vorhergehenden philosophischen

15) Memnonium. Zweiter Band, S. 290, 291.

ſchen Syſtemen findet er dieſe Ideenlehre, ſondern erſtrekt ſie auch ſogar auf die Religionsſyſteme der Völker, vorzüglich dasjenige, welches in den Myſterien herrſchend war. Es giebt allerdings eine Aehnlichkeit und Beziehung unter dieſen Syſtemen, welche den Inhalt betrift, aber auch eine Verſchiedenheit, welche aus der Form der Platoniſchen Philoſophie entſpringt. Die ältern Philoſophen ſuchten die nehmlichen Probleme aufzulöſen, welche den Gegenſtand der Platoniſchen Philoſophie ausmachen: aber ſie betrachteten ſie nur einſeitig. Sie forſchten nach dem lezten Grunde der Entſtehung und der Natur der Welt, ſo weit ſie dieſelbe kannten, nehmlich der phyſiſchen, ſie ſuchten den Grund in dem Inbegrif der phyſiſchen Welt. Ihre Syſteme waren materialiſtiſch. Plato forſchte nach dem Princip alles Denkbaren, aus Intelligibelen Principien. Eben ſo verſchieden war die Beſchaffenheit ihrer Syſteme in Anſehung der wiſſenſchaftlichen Behandlung. Wie konnte ein Mann von ſo großem Scharfſinn und Gelehrſamkeit dieſe beträchtliche Differenz überſehen? Er allegoriſiret erſtlich Platoniſchen Sinn in jene materialiſtiſchen Syſteme hinein, und findet alsdann freilich, was er ſelbſt hineingetragen hatte, und wundert ſich, wie Ariſtoteles den Sinn dieſer Syſteme ſo grob habe entſtellen können. Allein Ariſtoteles und Plato, der ſie aus eben demſelben Geſichtspunkte betrachtet, haben ganz unſtreitig Recht¹⁴). Geſezt es fände ſich auch dieſe Aehnlichkeit wirklich, ſo kann doch die Verſchiedenheit in der wiſſenſchaftlichen Behandlung, die gewiß nicht unbeträchtlich iſt, nicht geläugnet werden. — Jedwedes Religionsſyſtem beruhet auf den Ueberzeugungen von Gottes Daſein und einem künftigen Stand der Belohnung. Auch die Platoniſche

---

14) Sophiſta, S. 258, 259, 260.

tonische Philosophie hat ihr Religionssystem, wodurch sie eine gewisse Beziehung auf das Religionssystem aller Völker bekommt. Allein was dort aus historischen Gründen geglaubt wird, das machte Plato zu einer Frage der theoretischen Vernunft, wodurch sie sich wieder von jedem populären Religionssystem unterscheidet. Diese Unterscheidung vernachlässigte Plessing, trug die speculative Theologie des Plato mit allem dem, was mit ihr zusammenhängt, in jene hinein, und leitete nun aus diesen jene wieder ab. Dieses Versehen läßt sich einigermaßen dadurch entschuldigen, daß Plato selbst durch einige Stellen Veranlassung zu der Verwechselung seiner Philosophie mit der Mysterienreligion gegeben hat, wiewohl er auch wieder durch andere dafür sorgte, daß man ihn nicht mißverstehen konnte. Weil er den Zweck der Mysterien nach seinen eignen Ideen erklärt, oder vielmehr bestimmt, was er seyn sollte, als was er ist, so kehret nun Plessing die Sache um, und glaubt, seine Philosophie und die Lehren der Mysterien wären einerlei gewesen, weil sie auf einerlei Zwecken beruhet hätten [15]). Die richtige Erklärung dieser Stelle widerspricht aber nicht nur selbst dieser Behauptung, sondern auch viele andere Stellen beweisen augenscheinlich, daß Plato die Mysterien nach einem andern Maaßstabe beurtheilte [16]). Wenn endlich diese Identität wirklich statt gefunden hätte, so mußte man annehmen, daß die Priester der Mysterien nicht allein gewisse Sätze vorgetragen, sondern sie auch deutlich entwickelt und aus Vernunfgründen abgeleitet hätten, welches aber schon an sich nicht wahrscheinlich ist, und mit vielen Stellen in Widerspruch stehet. So versichert Plutarch, daß der Hierophant die

15) Phaedo, S. 157.
16) Politic. S. 74. de republica S. 218, 220. Epistol. VII, S. 113. Cratylus, S. 289, 290.

die geheime Lehre vorgetragen habe, ohne einen Grund anzuführen, woraus Glaube oder Ueberzeugung hätte entstehen können [17]). Cicero, der doch ein Eingeweihter war, behauptet, daß Plato die Ueberzeugung von der Fortdauer der Seelen zuerst aus Gründen hergeleitet habe [18]). Wenn nun in den Mysterien nicht einmal für die Hofnung der Unsterblichkeit Ueberzeugungsgründe sind gelehret worden, so kann man es noch weit weniger von andern Gegenständen erwarten.

Kurz man muß die Eigenthümlichkeiten und den Geist der Platonischen Philosophie gänzlich verkennen, oder sie willkührlich in die ältern Systeme übertragen; man muß den ausdrücklichen Urtheilen des Plato und des Aristoteles widersprechen, wenn man sie entweder für ein Aggregat von vielen zusammengetragenen Sätzen, oder für ein blos gelerntes oder angenommenes System halten will. Das Gegentheil davon wird sich, wie wir hoffen, noch besser in der folgenden Darstellung dieser Philosophie selbst zeigen.

17) Plutarchus de oraculor defectu t. II. S. 422. ταστ᾽ εφην περι τουτων μυθολογοντες ηρεμα στεγωμεν, καθαπερ εν ταις μυστηριοις, μηδεμιαν αποδειξιν τε λογε μηδε πιστιν επιφεροντες.

18) Tusculan. Qu. I, 17.

Ende des ersten Bandes.

Druckfehler.

Seite 2 Zeile 3 Anapilibes muß heißen Anaxilides.
— 3 — 11 Stratocles — Stratocles.
— — — 13 Isocleus — Isarchus.
— — — Neanthrd — Neanthes.
— — — 16 Evborus — Diogenes.
— 6 — 13 Porilampas — Porilampes.
— 7 — 7 Schleßblicke — Scharfblicke.
— 10 — 9 war — wer.
— — — 12 würde — wurde.
— 12 letzte Z. Runde — Rund.
— 13 — 4 vom Ende Aristopenus — Aristoxenus.
— — — 3 — Tarogra — Tanagra.
— 19 — 21 ist Hercules aus Versehen zweimal gesetzt.
— — — 3 vom Ende ναριχης —. νεαντης.
— 20 — 10 — des — der.
— 21 — 8 — andere — anderen.
— 37 — 3 Nactanebis — Nectanebo.
— 44 — 13 Aeginaten — Aegineten.
— 45 unten in der Anmerkung ταιθαθι — ταιθιθι.
— 52 in den Anmerk. Z. 3 L — tom.
— 67 — 28 Annicaris — Annicerid.
— 78 — 10 Lobomas — Leodamas.
— 92 Anmerk. Z. 4 λιαλεν — λαλεν.
— 93 Anmerk. Z. 2 Gynefius — Synefius.
— 99 — 10 δεντεροι — δευτεροι.
— — — 11 Φοςφορος — Φωςφορος.
— 102 — 1 παραλαγμα — παραδειγμα.
— 103 Anm. Z. 1 muß nach Physic. das Avic. weggestr. werden.
— 105 — 18 τοιχειν — τειχειν.
— 107 — 27 Aristobarus — Aristobarus.
— 113 — 3 vom Ende Schri — Schrift.
— — — letzte Zelle getra — getreue.
— 122 — 10 Berilampes — Porilampes.
— 123 vorletzte Z. An — Anfla.
— — letzte Z. Seg — Segner
— 126 — 17 nach Leser muß statt ; ein, stehen.
— 129 — 4 wußten — wüsten.
— 138 — 5 vom Ende Burant — Burnet.
— 146 letzte Z. wichtigen — richtigen.
— 162 — 23 herschende — herschenden.
— — — 24 festßehende — festßehenden.
— 164 — 3 Gegende — Gegenden
— 174 — 8 entwarsen — entworfen.

Einige Zusätze.

S. 114. Nach dem Zeugnisse des Suidas in dem Worte αγαθου δαιμονος waren die αγραφα δογματα wirklich eine Schrift, aber nicht des Plato, sondern des Aristoteles. ὅτι περὶ τ' ἀγαθῶ β. βλιον συντάξας Αριστοτελης, τας γραφὰς τε Πλατωνος δοξας εν ταυτῃ κατατάττει, και μέμνηται τε συντάγματος Αριστοτελης, εν τῳ τρίτῳ περὶ ψυχῆς (s. 2) ἐπονομαζων αυτο περὶ φιλοσοφίας. Womit Philoponus übereinstimmt Commentarius in Physic. Aristot. τας δ' αγραφοὺς συνουσίας τε Πλατωνος αυτος ὁ Αριστοτελης συνεγραψατο. Allein es scheint nicht wahrscheinlich, daß τα αγραφα δογματα und περὶ φιλοσοφίας eine und die nehmliche Schrift seyn könne. Denn warum führte es Aristoteles nicht unter dem eigentlichen Titel an? Die Art wie er der αγραφων erwähnet, zeigt offenbar, daß es ein Aufsatz von dem Plato und nicht von ihm sein kann. Αλλον δε τροπον, sagt er, ἐπὶ τε λέγων τὸ μεταλαμπτικον τοῖς λεγομενοις αγραφοις δογμασι.

Ebendas. Die Schrift διαιρέσεις führet Aristoteles auch de partib. animal. 1, 2 an. Daß dieses wirklich eine Schrift vom Plato war, erhellet unwidersprechlich aus dem dreizehnten Briefe des Plato, wo er an den Dionysius schreibt: και εγω του του αυτο παρακαινάζων, των τε Πυθαγορειων τιμων σε και των διαιρεσεων. S. 171. Die meisten Ausleger haben dieses von einer Person verstanden, von welcher hernach Plato spricht nehmlich dem Helicon. Cornarius glaubte, die Stelle sei verderbt, und wollte daher suppliren των διαιρεσεων εμπειρον. Dieses ist aber nicht nöthig, wenn man annimmt, daß Plato von einer Schrift redet, von welcher er einen Theil dem Dionysius überschicket.

Aus dieser Stelle kann man auch schließen, daß Plato ein Werk über die Pythagorische Philosophie aufgesetzt hat, dessen Verlust zu bedauern ist.

So wie Plato in einem besondern Dialog Untersuchungen anstellte, über den Begrif und Charakter eines Sophisten und eines Politikers, eben so hatte er auch eine besondere Schrift der Entwickelung des Begriffs von dem Philosophen bestimmt. Politicus, S. 3, 4. Sophista, S. 201. 204. Ob er dieses Vorhaben nicht ausgeführet, oder ob dieser Dialog verlohren gegangen, kann aus Mangel an allen Nachrichten nicht ausgemacht werden.

www.ingramcontent.com/pod-product-compliance
Lightning Source LLC
Chambersburg PA
CBHW030740230426
43667CB00007B/782